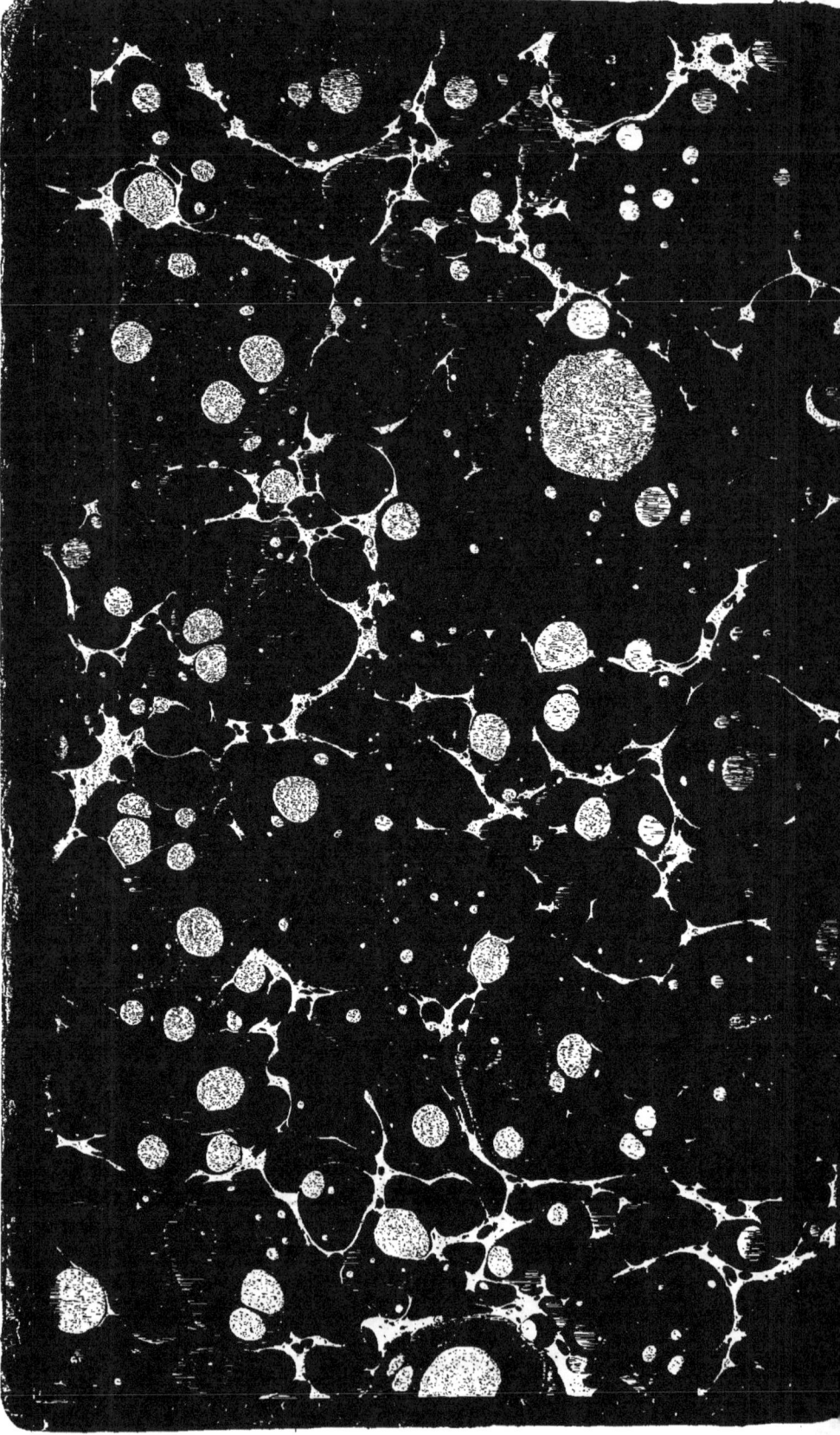

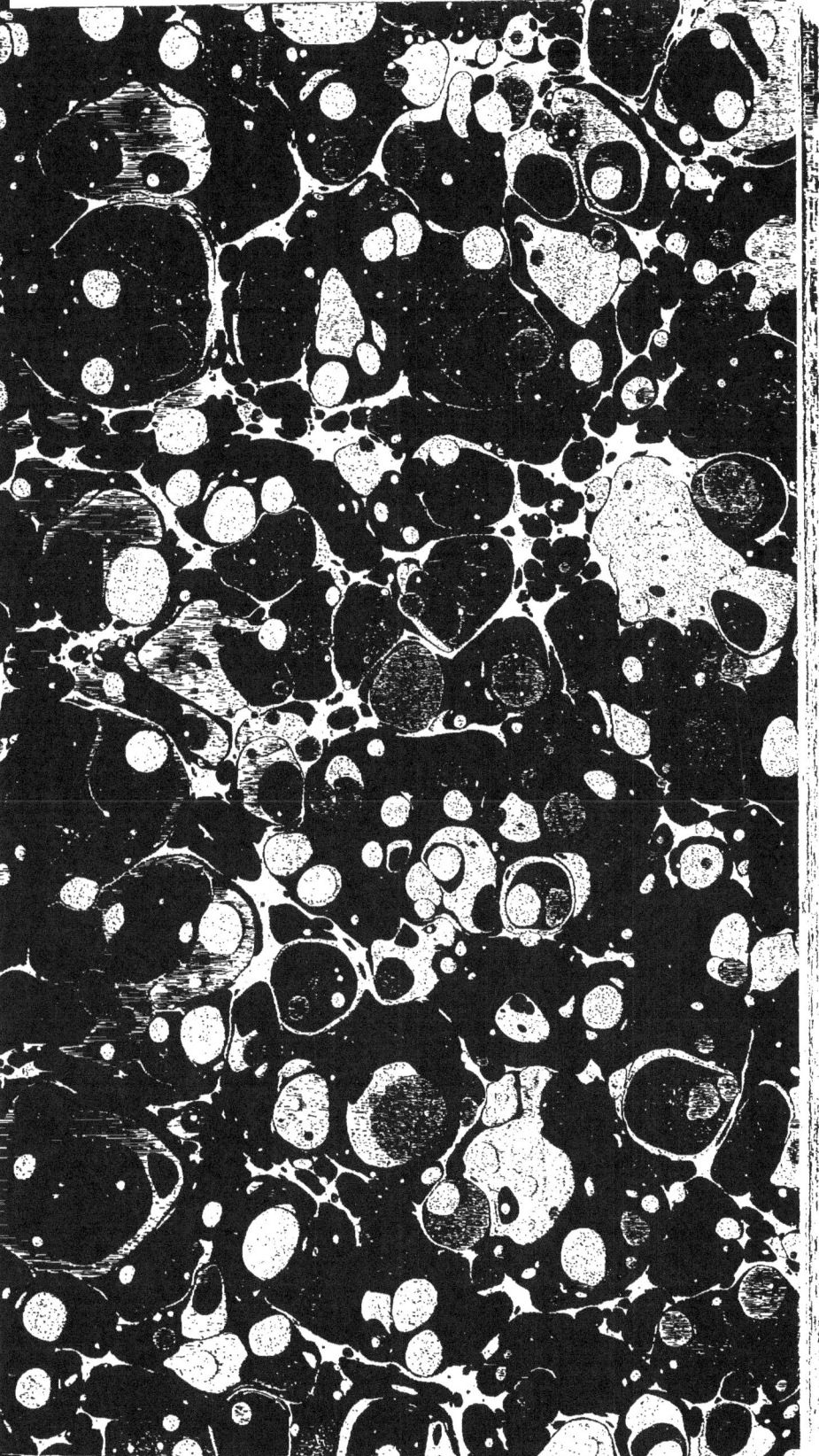

L. 2180.
B. J. 2.

OEUVRES
DE
M. J. DE CHÉNIER.

DE L'IMPRIMERIE DE FIRMIN DIDOT,
IMPRIMEUR DU ROI ET DE L'INSTITUT, RUE JACOB, N° 24.

OEUVRES

DE

M. J. DE CHÉNIER,

MEMBRE DE L'INSTITUT;

RECUEILLIES ET PUBLIÉES

PAR M. LEPEINTRE;

ORNÉES

DU PORTRAIT DE L'AUTEUR D'APRÈS M. HORACE VERNET,
ET D'UN FAC SIMILE DE SON ÉCRITURE.

TOME II.

PARIS,
GUILLAUME, LIBRAIRE, RUE HAUTE-FEUILLE, N° 14.

M DCCC XXIII.

HENRI VIII,

TRAGÉDIE EN CINQ ACTES,

REPRÉSENTÉE, POUR LA PREMIÈRE FOIS, SUR LE THÉATRE DE LA NATION,
LE 27 AVRIL 1791.

PERSONNAGES.

HENRI VIII, roi d'Angleterre.
ANNE DE BOULEN, épouse de Henri VIII.
JEANNE SEYMOUR.
CRAMMER, archevêque de Cantorbéry.
LE DUC DE NORFOLK.
NORRIS.
ÉLISABETH, fille de Henri VIII et d'Anne de Boulen.
UNE FEMME de la suite d'Élisabeth.
COURTISANS.
PAGES.
GARDES.

La scène est à Londres. Le quatrième acte se passe dans la Tour; les autres, dans un portique du palais des rois d'Angleterre.

HENRI VIII,
TRAGÉDIE.

ACTE PREMIER.

SCÈNE PREMIÈRE.

JEANNE SEYMOUR, CRAMMER.

CRAMMER.

Je puis donc sans témoins vous parler en ces lieux
Que j'avais si long-temps interdits à mes yeux !
Au récit imprévu du malheur de la Reine,
Madame, un saint devoir à Londres me ramène ;
Et du pied des autels, au pied du trône admis,
J'oserai m'opposer à ses vils ennemis.
La voix des courtisans, voix trompeuse et funeste,
Lui reproche à grands cris l'adultère et l'inceste :
Parmi ses détracteurs je ne puis vous compter ;
Je vois le rang superbe où vous devez monter :
Un trône vous attend ; la route en est ouverte :

La Reine vit encor, mais le Roi veut sa perte.
Je connais son dépit et son nouvel amour,
Et je connais aussi les vertus de Seymour.
Votre cœur me prévient, et se plaît à m'entendre :
Ah! ne repoussez pas un intérêt si tendre;
Et, si contre Boulen tout s'unit aujourd'hui,
Que sa rivale au moins devienne son appui!
Assez d'autres sans moi, pleins d'un servile zèle,
Flatteront désormais votre grandeur nouvelle :
Je dois à l'innocence apporter mon secours.
Ma bouche connaît peu le langage des cours;
Je n'entre point ici pour approuver les crimes,
Et des prêtres flatteurs j'abhorre les maximes.
Je ne veux point, madame, unir à l'encensoir
Les soins du ministère et l'abus du pouvoir :
Loin de moi ce desir impie et sacrilège!
Je prétends réclamer le plus saint privilège.
Par nous la vérité doit aller jusqu'aux rois :
Près de mon souverain j'exercerai mes droits.
Puisse un Dieu qui toujours a prêché l'indulgence
L'éclairer par ma bouche, et fléchir sa vengeance!

JEANNE SEYMOUR.

Pontife respecté, vos desirs sont les miens :
Servons tous deux la Reine, et soyons ses soutiens.
Soumise à son empire, élevée auprès d'elle,
Je garde à ses bienfaits un souvenir fidèle.
D'un rang trop périlleux si j'aimais la splendeur,
Voudrais-je par un crime acheter ma grandeur?

ACTE I, SCÈNE I.

Non; je hais cet orgueil qui rend l'ame insensible,
Et je veux moins d'éclat, mais un cœur plus paisible.
CRAMMER.
Gardez ces sentimens, ils sont dignes de vous.
JEANNE SEYMOUR.
Puisse la Reine encor désarmer son époux!
CRAMMER.
D'un si prompt changement quel est donc le mystère!
JEANNE SEYMOUR.
Hélas! vous en voyez la cause involontaire.
Heureuses toutes deux, tranquilles, si toujours
Loin d'elle et loin du Roi j'avais passé mes jours!
Il m'aime... On connaît trop ses orgueilleux caprices;
L'amour en tous les tems causa ses injustices.
De liens importuns soigneux de s'affranchir,
Sous un devoir pénible il ne sait point fléchir.
Des princes d'Aragon la fille infortunée,
Pour un nouvel hymen jadis abandonnée,
Vit d'un injuste arrêt son hymen outragé;
De cet empire entier le culte fut changé;
Et de l'heureux Volsey la disgrace éclatante
Marqua, vous le savez, cette époque importante.
C'est le jour de la Reine; il devait arriver.
Elle éprouve un malheur qu'elle a fait éprouver:
L'amour la couronna; c'est l'amour qui l'opprime.
Captive, elle gémit dans le séjour du crime;
Et son frère, et Norris, long-temps aimé du Roi,
Lui qu'auprès de la Reine attachait son emploi,

Lui qui, par son crédit, ses vertus, son courage,
Des Anglais, jeune encore, a mérité l'hommage;
Quelques autres sujets qui, dans un rang plus bas,
Servaient aussi la Reine et suivaient tous ses pas,
Victimes du pouvoir et de la calomnie,
Partagent de ses fers l'illustre ignominie.
C'est peu qu'en la voyant réduite à l'abandon,
Aucun n'ose aujourd'hui demander son pardon;
Des amis du pouvoir que devait-elle attendre?
Mais, hélas! sans frémir vous ne pourrez l'entendre,
Celui de qui la voix préside au jugement:
Son flatteur autrefois, Norfolk en ce moment
Brisant le nœud sacré qui l'unit à la Reine,
Du monarque inflexible irrite encor la haine;
Et, de son propre sang criminel oppresseur,
Ose insulter lui-même aux enfans de sa sœur.
Lorsque ma voix timide, et toujours impuissante,
Rappelle à son époux cette épouse innocente,
Il m'écoute avec peine; et, loin d'être touché,
Il me jure un amour que je n'ai point cherché.
O vous à qui le ciel accorde ses lumières,
Boulen n'a plus d'espoir qu'en vos seules prières!
Pour elle au cœur du Roi sachez vous adresser;
Et, si mon sort enfin peut vous intéresser,
Crammer, en la sauvant d'une injuste disgrace,
Sauvez-moi du malheur de régner à sa place.

CRAMMER.
Ainsi vous dédaignez une orgueilleuse erreur!

Hélas! plus imprudente elle aima son malheur.
Mais si tous deux enfin, regrettant sa puissance,
Nous lui sommes liés par la reconnaissance,
Quel autre à son destin peut rester étranger!
Sous le joug des bienfaits elle a su tout ranger.
Accueillant la misère aux heureux importune,
Ses dons encourageaient la timide infortune;
Par ses royales mains l'indigent secouru
N'était plus indigent quand elle avait paru.

JEANNE SEYMOUR.

Je m'en souviens, pontife, et je répands des larmes.
Puisqu'à la vérité vous prêtez tant de charmes,
Une lueur d'espoir flatte encor mes souhaits.
On ouvre: c'est le Roi qui descend du palais.
Vous voyez tous ces grands vendus à la puissance,
Dont la bouche homicide égorge l'innocence,
Et qui, se disputant la faveur d'un coup-d'œil,
A ramper sans pudeur ont placé leur orgueil.

SCÈNE II.

JEANNE SEYMOUR, HENRI, CRAMMER;
COURTISANS, PAGES, GARDES, au fond du palais.

HENRI.

C'est vous, madame! vous! des ennuis les plus sombres
Que votre aspect chéri vienne éclaircir les ombres:
Embellissez, charmez par vos soins généreux

Mes jours pleins d'amertume, et plus brillans qu'heureux.
Vous, que j'aime à revoir, pontife respectable,
Vous savez le destin d'une épouse coupable :
Oubliez son nom même.

CRAMMER.

Il fut long-tems sacré,
Ce nom, Sire; autrefois vous l'avez adoré.
Le peuple anglais balance; il estimait la Reine.
Aurait-elle en effet mérité votre haine?
Un injuste soupçon peut tromper votre cœur,
Et l'humaine prudence est sujette à l'erreur.
Malheur au souverain que la vérité blesse!
Heureux le sage roi qui connaît sa faiblesse,
Et qui, laissant fléchir sa douce autorité,
Cherche, accueille, encourage, entend la vérité!
Soyez digne aujourd'hui du trône et de vous-même;
Écoutez les conseils d'un peuple qui vous aime :
« Sous vingt tyrans, dit-il, ces murs ensanglantés
« N'ont vu que des forfaits et des calamités.
« Henri doit aux Anglais un règne moins sinistre.
« Au lieu de tous ces rois, esclaves d'un ministre,
« Nous voyons sur le trône un monarque chéri,
« Ministre de son peuple, et roi sans favori;
« Protecteur de la foi, zélé pour sa défense,
« Mais des tyrans sacrés combattant la puissance.
« Il a d'un grand exemple étonné l'univers :
« Londres du Vatican ne porte plus les fers.
« Henri se repent-il de sa première gloire?

« Faut-il que l'avenir reproche à sa mémoire
« Tous ces piéges sanglans, ces vengeances des rois,
« Ces attentats commis par le glaive des lois? »
Sire, de votre peuple ainsi la voix s'explique.
J'ose unir mes accens à cette voix publique.
Des Anglais et du ciel remplissez le desir :
Punir est un tourment, pardonner un plaisir;
C'est de la royauté le droit le plus auguste,
Un devoir aussi saint que celui d'être juste.
Il faut plaindre le sort du prince infortuné
Dont le cœur endurci n'a jamais pardonné.

HENRI.

J'ai lieu d'être surpris d'entendre ce langage.
Ce n'est point, je le crois, pour me faire un outrage,
Qu'un pontife m'apporte au sein de mon palais
Ce qu'il ose appeler les vœux du peuple anglais.
Mais je connais ce peuple, et l'esprit qui l'anime :
Il brave un souverain faible et pusillanime;
Sous un maître inflexible il ne sait que ramper;
Dix rois l'ont asservi sans daigner le tromper.
Jean, que déshonoraient les succès de la France,
Vit avec son bonheur décroître sa puissance :
Mais, dans les derniers temps de ces Plantagenets,
Les rois faisaient la guerre à leurs propres sujets;
Le poison, les bourreaux, s'unissant à l'épée,
Ne faisaient qu'affermir la couronne usurpée;
Et le peuple, écrasé sous un joug oppresseur,
Adorait ses tyrans et vantait leur douceur.

Les Anglais, dans le cours d'un règne plus prospère,
En ses moindres desirs ont prévenu mon père;
Moi-même, il faut parler avec sincérité,
Moi-même je suis las de leur facilité.
De l'empire avec vous j'ai changé la croyance;
Un seul mot a vaincu leur faible résistance;
Avec vous maintenant c'est la publique voix
Qui parle de conseils, qui les prend pour des lois!
Réprimez les transports de votre zèle austère;
Allez, vos cheveux blancs, votre saint ministère,
Vos vertus, jusqu'ici m'ont fait tout excuser:
De mes bontés enfin vous pourriez abuser.

CRAMMER, à Seymour.

Elle n'a plus que vous.

(Il sort.)

SCÈNE III.

JEANNE SEYMOUR, HENRI; COURTISANS, PAGES, GARDES, au fond du palais.

JEANNE SEYMOUR.

Dois-je aussi m'interdire
Cet intérêt touchant que le malheur inspire?
Le besoin de calmer un injuste courroux,
Le droit de la pitié, me le défendez-vous?
Je le réclame encor, dussé-je vous déplaire;
Non, vous n'oublîrez pas celle qui vous fut chère;
Elle répand des pleurs que vous faites couler;

ACTE I, SCÈNE III.

Mais, Sire, un mot de vous pourrait la consoler.

HENRI.

Soutiendrez-vous toujours une épouse infidèle?
Je vous vois, je vous aime, et vous me parlez d'elle!
J'ai cherché le bonheur par cent chemins divers :
Des camps et de la paix ignorant les revers,
Étendant chaque jour les droits du diadême,
Prince, législateur, et pontife suprême,
Fameux par le savoir, puissant par les écrits,
J'ai d'un peuple féroce enchaîné les esprits;
Du rêve des grandeurs ma jeunesse bercée
Au vain nom de la gloire attachait ma pensée;
Crédule, j'ai goûté tous les plaisirs d'un roi,
Sans trouver ce bonheur qui fuyait devant moi.
Il est auprès de vous dans l'air que je respire :
Sujette encor de nom, vous possédez l'empire;
Le diadême est prêt; et les autels parés
Bientôt des feux d'hymen se verront éclairés.

JEANNE SEYMOUR.

Ah! que me parlez-vous d'hymen, de diadême?
Pardonnez; mais enfin ce rang, ce trône même,
Tout vient me rappeler un cuisant souvenir.
L'éclat dont votre bouche embellit l'avenir
Laisse une nuit profonde en mon ame effrayée.
Catherine à vos jours était encor liée,
Quand, fière d'un encens qu'elle obtenait de vous,
Boulen vous vit porter le nom de son époux;
Boulen qui, maintenant captive et solitaire,

Gémit d'avoir régné sur vous, sur l'Angleterre.
Deux reines sous mes yeux ont rempli tour à tour
Le trône où vous voulez me placer en ce jour.
Sous mes yeux cependant tour à tour opprimées,
Vous m'aimez aujourd'hui, vous les avez aimées.

HENRI.

Ainsi vous avez cru de frivoles discours!
Catherine, unissant ses destins à mes jours,
Ne trouva qu'un époux qui l'évitait sans cesse,
Et jamais d'un soupir n'accueillit sa tendresse :
Je fus dans tous les temps contraint de l'estimer;
Faible prix des vertus que l'on voudrait aimer!
Jeune encor, sans pouvoir, et sujet de mon père,
Vendu par des traités comme un prince vulgaire,
D'un lien politique enchaîné malgré moi,
Sitôt que je l'ai pu, j'ai dégagé ma foi.
J'aimai long-temps Boulen, cet aveu m'humilie ;
Mais j'ai dû mépriser une épouse avilie.
Sa coupable conduite appelait ma rigueur :
Elle a voulu se perdre et se fermer mon cœur.
Eh quoi! n'est-il pas temps qu'à la fin je respire?
D'un objet criminel j'ai rejeté l'empire.
C'est quand on vous chérit, quand on subit vos lois,
Qu'on peut être, madame, orgueilleux de son choix :
Les vertus, la beauté, la grâce plus touchante,
En vous tout me séduit, et m'attire, et m'enchante;
Tout, jusqu'à cet effroi si modeste et si doux,
A l'aspect d'un haut rang digne à peine de vous.

SCÈNE IV.

JEANNE SEYMOUR, HENRI, CRAMMER;
COURTISANS, PAGES, GARDES, au fond du palais.

CRAMMER.
Sire, un pressant motif en ces lieux me ramène;
Je viens mettre à vos pieds cet écrit de la Reine.
HENRI.
Vous a-t-elle chargé de me le présenter?
CRAMMER.
Aucun des courtisans n'osait vous l'apporter.
HENRI.
Dans cet écrit sans doute elle se justifie;
Mais ce n'est plus à moi d'ordonner de sa vie.
JEANNE SEYMOUR.
C'est vous qui régnez, Sire, et vous qui l'accusez;
Vous ignorez ses vœux; daignez au moins...
HENRI, donnant la lettre à Jeanne Seymour.
Lisez.

JEANNE SEYMOUR, lisant.
« Sire, je vous écris à mon heure suprême.
    « Bientôt vous m'allez condamner.
« Que le cœur qui m'aima se pardonne à lui-même,
« Et que le ciel encor daigne vous pardonner!
« Prenez soin de ma fille en immolant sa mère;
« Épargnez mes amis, c'est mon vœu, mon espoir;
    « Épargnez les jours de mon frère.

« Laissez-moi seule enfin subir ma destinée ;
« Mais plaignez votre épouse, et que l'infortunée
« Puisse, avant d'expirer, vous entendre et vous voir ! »
Eh bien !

HENRI.

Qu'ordonnez-vous ?

JEANNE SEYMOUR.

Rien, Sire; mais j'espère
Qu'au moins d'Élisabeth vous entendrez la mère.

HENRI.

Prélat, Boulen encore à mes yeux peut s'offrir.
C'est vous qui l'exigez, il faut vous obéir,
Madame; et dans ma cour votre empire commence.
Tout ce que l'équité pardonne à la clémence,
Tout ce qui m'est permis, vous l'obtiendrez du Roi :
Vous adorer, vous plaire est un besoin pour moi.
Au sortir du conseil où mon devoir m'entraîne,
Je verrai, j'entendrai celle qui fut la Reine;
Et, pour prix d'un effort qui remplit vos souhaits,
Mon cœur auprès de vous viendra chercher la paix.

JEANNE SEYMOUR.

La paix ! Ah ! votre cœur peut encore y prétendre,
Si, daignant consoler une épouse si tendre,
Vous resserrez des nœuds qui sont dignes de vous.
Qu'elle soit reine encor, c'est mon vœu le plus doux.

ACTE II.

SCÈNE PREMIÈRE.

HENRI, NORFOLK.

HENRI.

Il faut subir encor ce pénible entretien :
Boulen, auprès de moi Seymour est ton soutien.
Mais d'un sombre mystère il est temps de m'instruire.
M'as-tu servi, Norfolk? et viens-tu de séduire
Tous ces vils accusés, dociles au pouvoir?
Je t'avais, tu le sais, commandé de les voir,
D'oser leur dévoiler le secret de ma haine,
De leur offrir le jour s'ils accusaient la Reine.

NORFOLK.

Ils viennent de parler.

HENRI.

Je ne suis point trahi?

NORFOLK.

Tous ont versé des pleurs, mais tous ont obéi.

HENRI.

On ne peut de son frère espérer de faiblesse.

Gagnons du moins Norris par la même promesse.

NORFOLK.

Norris!

HENRI.

Oui. Tu l'as vu, flattant avec fierté,
Conserver dans ma cour un ton de liberté;
Il affectait, Norfolk, une franchise austère.

NORFOLK.

Quel moyen fléchira cet altier caractère?

HENRI.

Son crédit, ma faveur qu'il pourrait recouvrer....

NORFOLK.

Qu'il pourrait....

HENRI.

Tu m'entends : fais-lui tout espérer.
C'est ce fatal amour qui me condamne au crime.
Mais je vois s'avancer ma nouvelle victime;
Le dédain sur ses pas remplace le respect :
On cherchait ses regards; on fuit à son aspect.
Sortons : à lui parler en vain je me prépare;
Je sens un trouble affreux qui de mon cœur s'empare.
Quoi! ce prélat toujours fatiguera mes yeux!

SCÈNE II.

HENRI, NORFOLK, CRAMMER.

CRAMMER.

La Reine votre épouse approche de ces lieux,
Sire.

HENRI.

Auprès de Boulen un moment je vous laisse;
Ne vous allarmez pas, je tiendrai ma promesse.

(Henri et Norfolk sortent.)

SCÈNE III.

CRAMMER, ANNE DE BOULEN, conduite par des gardes.

ANNE DE BOULEN.

Me trompé-je? est-ce encor le soleil qui me luit?
Hélas! de ma prison je regrette la nuit.
Cette douce clarté pour moi n'a plus de charmes;
Le jour blesse mes yeux fatigués par les larmes;
Et ces superbes murs, voilés de ma douleur,
M'offrent partout le deuil qui règne dans mon cœur.
N'ai-je point vu le Roi? Tout se tait! tout m'accable!

CRAMMER.

La vertu malheureuse en est plus respectable.

ANNE DE BOULEN.

Que vois-je? c'est Crammer: il ne fuit point mes pas!

CRAMMER.

Reine....

ANNE DE BOULEN.

Moi, votre reine! Ah! ne m'insultez pas.

CRAMMER.

Avez-vous pu douter de mes soins, de mon zèle?
Je vous dois tout, madame, et je vous suis fidèle.

ANNE DE BOULEN.
Vous êtes donc le seul?

CRAMMER.
Non; parmi les Anglais,
Beaucoup n'ont pas encore oublié vos bienfaits;
Et regrettent ces jours où vos mains fortunées
Du prince et de l'état réglaient les destinées.
Sous le poids de vos maux le peuple est abattu;
Il exalte en pleurant votre auguste vertu :
Loin des rois, il n'a point à flatter leur caprice;
Et jusque sur le trône il blâme l'injustice.

ANNE DE BOULEN.
Le peuple doit gémir. Et cette cour...

CRAMMER.
Hélas!
Vous n'avez plus d'amis au séjour des ingrats.

ANNE DE BOULEN.
Les cruels autrefois adoraient ma fortune.
Mais chassons du passé la mémoire importune.

CRAMMER.
Avec votre destin, madame, ils ont changé.

ANNE DE BOULEN.
Je vous revois : mon cœur est un peu soulagé.
Vous avez fui la cour aux jours de ma puissance;
D'un prélat vertueux j'ai respecté l'absence;
A la cour maintenant qui peut vous appeler?
Vous venez pour me plaindre et pour me consoler!

ACTE II, SCÈNE III.

CRAMMER.

D'un serviteur zélé vous devez plus attendre;
Je viens pour vous servir, je viens pour vous défendre.
Quand le bonheur public naissait autour de vous,
Je priais pour vos jours et ceux de votre époux;
Au temple renfermé, dans nos paisibles fêtes,
Je conjurais le ciel de veiller sur vos têtes;
Les vœux d'un peuple entier s'unissaient à mes vœux :
Je n'entends aujourd'hui que ses cris douloureux;
Et je viens en des lieux pleins de vos infortunes
Apporter mes sanglots et les plaintes communes.

ANNE DE BOULEN.

Ah! comptez-vous fléchir mon insensible époux?

CRAMMER.

Je l'ai vu; j'ai tenté d'apaiser son courroux.
J'ai tenté; trop heureux si mon récit fidèle
Pouvait d'un plein succès vous donner la nouvelle!
Mais il m'a refusé, sans lasser mon espoir.
Que dis-je? votre époux consent à vous revoir.
J'assiégerai ses pas. Vous aussi, vous, madame,
Tâchez par vos discours de ramener son ame;
Montrez-lui, sur un front plus soumis qu'abattu,
La tranquille douleur qui sied à la vertu.

ANNE DE BOULEN.

Vous me rendez, Crammer, un rayon d'espérance;
Et j'en avais besoin....

CRAMMER.

Je le vois qui s'avance.

Il est maître, il est fier; cherchez à l'attendrir.
Adieu. (Il sort.)

SCÈNE IV.

HENRI, ANNE DE BOULEN.
(Les portes du palais sont fermées.)

HENRI, à part.
C'est elle. Allons. Combien je vais souffrir!

ANNE DE BOULEN, à part.
Son aspect me consterne. A quoi dois-je m'attendre?

HENRI, toujours à part.
Mais n'importe; il le faut: j'ai promis de l'entendre.

ANNE DE BOULEN, encore à part.
Daigne-t-il seulement jeter les yeux sur moi?

HENRI.
Vous avez souhaité de revoir votre roi,
Madame.

ANNE DE BOULEN.
Juste ciel! quel effrayant langage!

HENRI.
Eh quoi! ce nom sacré vous paraît un outrage?

ANNE DE BOULEN.
Sire, entre nous jadis il fut des noms plus doux.

HENRI.
Je ne dois plus porter le nom de votre époux.

ANNE DE BOULEN.
L'hymen à votre sort m'a donc en vain liée?

ACTE II, SCÈNE IV.

Présente à vos regards, je suis donc oubliée?

HENRI.

Ne parlez plus des nœuds que vous avez brisés;
Ne vous souvenez plus de mes feux méprisés.

ANNE DE BOULEN.

J'ai méprisé vos feux? vous ne pouvez le croire.

HENRI.

Oui, vous avez trahi vos sermens, votre gloire.

ANNE DE BOULEN.

Si j'ai pu vous déplaire, ordonnez mon trépas;
Mais en m'ôtant le jour, ne me flétrissez pas:
Contentez-vous du sort où vous m'avez réduite.

HENRI.

Ainsi donc c'est à moi d'excuser ma conduite!
Vous m'étonnez.

ANNE DE BOULEN.
   Daignez me l'expliquer au moins.

HENRI.

Mes bienfaits envers vous manquent-ils de témoins?

ANNE DE BOULEN.

Ils vivent dans mon cœur, malgré votre colère.

HENRI.

Et ce cœur a brûlé d'un amour adultère!
Et l'objet de mon choix, oubliant sa fierté,
A de notre union souillé la pureté!

ANNE DE BOULEN.

Moi!

HENRI.

Bien plus, j'en rougis, et pour mon diadême,
Et pour votre complice, et surtout pour vous-même :
La nature et l'hymen, à la fois outragés,
Ont demandé vengeance et ne sont point vengés.
Mais il faut mettre un terme à tant d'ignominie.

ANNE DE BOULEN.

Ah! ces cris de la rage et de la calomnie
Ont-ils dans votre cœur prévalu contre moi?

HENRI.

A ces cris odieux ma cour ajoutait foi.
Si la vérité parle, est-ce à vous de vous plaindre?
Si c'est la calomnie, est-ce à vous de la craindre?
Il est temps que les lois se déclarent pour vous,
Et que votre innocence éclate aux yeux de tous.

ANNE DE BOULEN.

Eh! de quels magistrats dépend ma destinée!
L'intérêt dans leur cœur m'a déja condamnée.
C'est vous qui m'accusez, et je vois vos flatteurs
Juges tout à la fois et calomniateurs ;
Je vois des courtisans vendus au rang suprême,
Choisis dans ce palais, et choisis par vous-même.

HENRI.

Non; ceux que j'ai chargés d'interpréter les lois,
Madame, en aucun temps n'ont pu vendre leur voix :
Ne les outragez plus; ce discours qui m'offense,
Bien loin de vous servir, nuit à votre défense;
Aux droits de l'équité vos juges sont soumis.

Pourquoi les soupçonner? sont-ils vos ennemis?
Pourraient-ils, voudraient-ils condamner l'innocence?
L'un d'eux vous est, madame, uni par la naissance.
Ayez moins de frayeur.

ANNE DE BOULEN.

Eh quoi! vous me quittez!

HENRI.

Vous devez maintenant savoir mes volontés.
Que voulez-vous encore?

ANNE DE BOULEN.

J'ai tout dit. Mais vous, Sire,
Consultez votre cœur; n'a-t-il rien à me dire?
Vous gardez le silence! interrogez ces lieux:
Quel spectacle jadis ils offraient à mes yeux!
Ici de votre cour et du peuple entourée,
Ici de vos sujets, de vous-même adorée,
Ce souvenir m'est cher; ne me l'enviez pas;
Ici, parmi les fleurs qu'on semait sur nos pas,
Au milieu des concerts et des cris d'allégresse,
Près de vous, et le cœur plein de votre tendresse,
Je courais à l'autel vous nommer mon époux.

HENRI.

Ah! tout est bien changé.

ANNE DE BOULEN.

Rien n'est changé que vous.

HENRI.

Osez-vous...

HENRI VIII.

ANNE DE BOULEN.

Trop long-temps j'ai gardé le silence;
Le poids qui m'accablait tombe avec violence.
Que vous avais-je fait pour tant de cruauté?
Que ne me laissiez-vous dans mon obscurité?
Pourquoi m'appeliez-vous sur ce trône perfide?
Pourquoi m'entraîniez-vous en un piége homicide?
Je vivais ignorée, et de mes humbles jours
Nul souci jusque-là n'avait troublé le cours;
Je n'étais point esclave, insultée, opprimée;
J'étais heureuse enfin: mais vous m'avez aimée.
Tout à coup enchaînée à ma triste grandeur,
Captive, et malheureuse, hélas! avec splendeur,
J'ai vu mes jours marqués d'éternelles alarmes;
Souvent au sein des nuits j'ai répandu des larmes.
Aux temps de mon éclat si j'ai peu mérité
Cet appareil de gloire et de prospérité,
J'en atteste le ciel, et mon cœur, et vous-même,
Et j'en atteste encor ce sacré diadême
Que vos bontés jadis attachaient sur mon front;
Je n'ai pas un instant mérité mon affront.
Songez, Sire, songez qu'à vous seul asservie,
Je vous ai consacré mon amour et ma vie;
Que du jour où j'ai pu vous nommer mon époux
Je n'ai jusqu'à ce jour respiré que pour vous.
La couronne, un palais, n'ont rien que je regrette:
Je n'ai point oublié que je naquis sujette.
Reprenez ma grandeur, vos bienfaits, votre amour:

Vous n'avez pas besoin de me ravir le jour.
Ah! je saurais mourir; mais, hélas! je suis mère;
Mais je laisse une fille, et vous êtes son père;
Ou plutôt maintenant ma fille n'en a plus;
Au fond de votre cœur tous ses droits sont perdus :
Ma fille est sans appui; moi seule je lui reste,
Et je sens que ma mort lui serait trop funeste.
Faudra-t-il que ses yeux, errans dans ce palais,
Cherchent toujours mes yeux sans les trouver jamais?
Que sa voix innocente, et jamais entendue,
Appelle en vain sa mère au tombeau descendue?
Non; c'est trop de rigueur. Nous quitterons ces lieux;
Vous ne reverrez plus des objets odieux :
Nos deux noms inconnus périront sur la terre;
Loin de vous, loin d'ici, bien loin de l'Angleterre,
En quelque antre écarté je puis m'ensevelir :
La misère et l'exil ne me font point pâlir;
Dans les bois, dans les flancs d'un rocher solitaire,
J'irai, j'irai cacher et la fille et la mère.

HENRI, à part.

Je succombe. Ah! Seymour!

ANNE DE BOULEN.

J'embrasse vos genoux.

HENRI.

Arrêtez.

ANNE DE BOULEN.

Dois-je encor espérer...

HENRI.

Levez-vous.
Mon cœur voudrait, madame, exaucer vos prières ;
Mais souvent un monarque a des devoirs sévères.
D'ailleurs à mes bontés faut-il avoir recours,
Quand les juges n'ont point prononcé sur vos jours ?
Je ne puis deviner leur sentence suprême :
Attendez-la du moins, je l'attendrai moi-même ;
Je lui dois obéir : vous savez que les lois
Sont l'organe du ciel et commandent aux rois.
Puissiez-vous désarmer un tribunal sévère !
A ma fille, à la vôtre allez montrer sa mère.
Adieu.

SCÈNE V.

ANNE DE BOULEN, HENRI, NORFOLK.

ANNE DE BOULEN.

Je sors. Et vous, témoin de ma douleur,
Vous avez autrefois partagé ma grandeur :
J'ouvrais à vos conseils une oreille docile ;
Vous rendiez grâce alors à ma bonté facile :
Mais la fortune change, il faut subir sa loi ;
C'est à moi de prier pour mon frère et pour moi.
Vous, ne rejetez point votre triste famille ;
Songez à votre sœur, et contemplez sa fille,
Sa fille, qui perdant les bontés d'un époux,
N'a d'ami, de soutien, de protecteur que vous.

ACTE II, SCÈNE V.

NORFOLK.

Je suis juge, madame, et l'équité m'enchaîne;
Mon cœur ne connaît plus l'amitié ni la haine.

ANNE DE BOULEN.

Hélas! (Elle sort.)

SCÈNE VI.

NORFOLK, HENRI.

HENRI, préoccupé et regardant sortir Anne de Boulen.
(A part.) (A Norfolk.)
Qu'elle est à plaindre! Eh bien, qu'a dit Norris?

NORFOLK.

De mes offres d'abord il a paru surpris.

HENRI.

Je le crois; mais enfin servira-t-il ma haine?

NORFOLK.

Il voudrait seulement parler devant la Reine.

HENRI.

J'y consens; devant elle: il remplit mes souhaits.

NORFOLK.

Il voudrait sous vos yeux confondre les forfaits.

HENRI.

Il me délivrera d'un fardeau qui m'accable.
Dès que je vis Seymour, Boulen devint coupable:
Elle usurpe en ces lieux la place de Seymour.
Que l'arrêt se prononce avant la fin du jour:
D'un jugement public que l'appareil austère

Présente la justice aux regards du vulgaire :
A sa raison timide on doit en imposer,
Le braver, s'il le faut, mais souvent l'abuser,
Mêler adroitement la force et la prudence,
Éterniser l'erreur qui fait sa dépendance.
Allez, et que le frein de mon autorité,
S'il n'est chéri du peuple, au moins soit respecté.

ACTE III.

SCÈNE PREMIÈRE.

ANNE DE BOULEN, CRAMMER.

CRAMMER.

L'ENTRETIEN d'un époux redouble vos alarmes!
Est-il vrai qu'il ait pu résister à vos larmes?
Seul auteur de vos maux, les aurait-il aigris?

ANNE DE BOULEN.

Ah, c'est vous! Laissez-moi reprendre mes esprits.

CRAMMER.

Madame, expliquez-moi ce trouble inconcevable:
Parlez.

ANNE DE BOULEN.

Je viens de voir cet époux redoutable,
Ou plutôt ce tyran : sans dépit, sans remord,
Il semble d'un œil calme envisager ma mort.
Le croirez-vous, pontife? il souffrait à m'entendre.
A le fléchir enfin ne pouvant plus prétendre,
Dans mes plus chers parens trouvant des ennemis,
J'allais revoir ma fille, on me l'avait permis.

Dans ces lieux, où jadis avec tant de constance
Les flots d'adulateurs assiégeaient ma présence,
Je marche lentement, seule, et les yeux baissés,
Parmi des courtisans à me fuir empressés.
J'arrive. Quelle image et fatale et touchante!
Les bras tendus vers moi ma fille se présente;
Ma fille! elle a volé sur mes genoux tremblans,
Mais avec tant de joie et des cris si touchans!
Elle me caressait et me faisait entendre
Les sons délicieux de sa voix faible et tendre:
« Ma mère, disait-elle, enfin je te revoi;
« Ah! voilà trop long-temps que je suis loin de toi!
« J'ai bien pleuré. » Ces mots, ce ton plein d'innocence,
Cette douce candeur, ces charmes de l'enfance,
Rien n'a pu dans mon cœur ramener le repos;
Je n'ai, pour lui parler, trouvé que des sanglots.
Que l'hymen est puissant! que ses nœuds sont augustes!
Mon époux me proscrit; ses rigueurs sont injustes:
Mais quand Élisabeth paraît devant mes yeux,
Cet époux si cruel ne m'est plus odieux.
Je regardais ma fille, et je nommais son père;
Souvent je la pressais sur le sein de sa mère;
Souvent je l'embrassais en l'arrosant de pleurs.
Plus sombre, et sans la voir, songeant à mes malheurs,
Avec un long soupir, interdite, égarée,
J'ai quitté cette chambre, et suis soudain rentrée;
Et prenant tout à coup ma fille entre mes bras,
Vers le lit nuptial je m'avance à grands pas:

Je l'observe, et mes yeux de larmes s'obscurcissent ;
Mes genoux affaiblis sous moi s'appesantissent ;
Tout ce qui m'environne augmente ma terreur :
A l'instant, malgré moi, je pousse un cri d'horreur.
Hélas! de ma raison j'avais perdu l'usage.
Je sors; Élisabeth courant sur mon passage,
En vain pour m'arrêter saisit mes vêtemens ;
Je fuis, je me dérobe à ses embrassemens ;
Je fuis, pâle, tremblante, et presque inanimée,
Traînant le noir chagrin dont je suis consumée :
Craignant de rencontrer ces funestes objets,
Loin d'eux quelques momens je viens chercher la paix :
Je ne puis la trouver dans cette ame abattue ;
Toujours Élisabeth est présente à ma vue.
Insupportable poids de tant d'adversité !
Vains sermens, nœuds cruels, triste fécondité !
Que n'as-tu, Dieu puissant, tranché ma destinée,
Le jour, le jour affreux où je fus couronnée !

SCÈNE II.

ANNE DE BOULEN, JEANNE SEYMOUR,
CRAMMER.

JEANNE SEYMOUR.

La voici.

ANNE DE BOULEN.

Ciel! fuyons.

HENRI VIII.

JEANNE SEYMOUR.

Où portez-vous vos pas?

ANNE DE BOULEN.

Loin de vos yeux, madame.

JEANNE SEYMOUR.

Ah! ne me craignez pas.
Je dois, je le sens trop, vous paraître importune;
Mais je viens consoler votre auguste infortune:
Je plains le cœur superbe au sein de la grandeur;
Il n'aura point d'amis dans les jours du malheur.

ANNE DE BOULEN.

Est-ce vous qui parlez?

JEANNE SEYMOUR.

C'est moi qui vous respecte.

CRAMMER, à Anne de Boulen.

Madame, ah! que sa voix ne vous soit point suspecte!

ANNE DE BOULEN.

Amis, parens, époux, quand tout m'ose outrager,
C'est ma rivale, ô ciel! qui vient me protéger!

JEANNE SEYMOUR.

Non, je ne la suis point: je suis votre sujette.

ANNE DE BOULEN.

Dans quel étonnement son langage me jette!

JEANNE SEYMOUR.

Le temps est précieux, madame; écoutez-moi:
De son appartement j'ai vu sortir le Roi;
Vos juges le suivaient: rien ne transpire encore;
Mais de jours plus sereins j'ose entrevoir l'aurore:

ACTE III, SCÈNE II.

Du moins, en terminant cet entretien secret,
Il marchait vers ces lieux d'un regard satisfait.
Près de vous, avec vous, je veux ici l'attendre.
L'impure calomnie en vain se fait entendre;
Ses clameurs, trop souvent plus fortes que les lois,
Ne pourront subjuguer ni mon cœur ni ma voix:
Le bonheur que je veux n'est pas dans la puissance:
Il est dans vos bontés et dans ma conscience.
Ma grandeur, c'est la vôtre. Ah! vivons désormais,
Vous sur un trône encor, pour verser des bienfaits;
Le Roi, pour oublier quelques momens d'ivresse,
Pour rendre à vos vertus sa première tendresse;
L'indigent, pour vous voir et cesser de gémir;
Et moi, pour vous aimer, vous plaire et vous servir.

ANNE DE BOULEN.

Hélas! à chaque instant, sur la moindre apparence,
Un cœur infortuné ressaisit l'espérance.
Je vous jugeais bien mal: me le pardonnez-vous?
Mais ne différons plus: courons vers mon époux.

SCÈNE III.

HENRI, ANNE DE BOULEN, JEANNE SEYMOUR, CRAMMER, NORFOLK, COURTISANS, PAGES, GARDES.

HENRI, bas à Norfolk.

Norris a tout promis; il est temps qu'il paraisse.

JEANNE SEYMOUR.

Voici le digne objet d'une auguste tendresse,
Celle qui vit son front par vos mains couronné.
Sire, présumiez-vous, en ce temps fortuné,
Qu'à des liens si beaux vous seriez infidèle?
Qu'un jour on oserait vous implorer pour elle?
Un injuste soupçon la noircit à vos yeux.
Ah! bien loin d'écouter des cris calomnieux,
A ses persécuteurs c'est à vous de répondre;
Un seul de ses regards suffit pour les confondre:
Et d'une épouse en pleurs l'aspect toujours chéri
Doit ramener sans peine un époux attendri.

HENRI.

Cet aspect, vos accents ont des droits sur mon ame,
Et ce noble intérêt vous honore, madame:
Mais à l'empire entier je sais ce que je doi;
Les juges de la Reine ont paru devant moi.

ANNE DE BOULEN.

Et que m'annoncez-vous?

HENRI.

      Que tout vous est contraire.
Sans doute on n'aura point l'aveu de votre frère.
Les autres accusés...

ANNE DE BOULEN.

     O ciel! que dites-vous?
Les autres...

HENRI.

   C'en est fait; ils vous accusent tous.

ANNE DE BOULEN.

Quoi! Je suis innocente, et par eux accusée!

HENRI.

La vérité par eux fut long-temps déguisée;
Mais le secret fatal, madame, est révélé.

ANNE DE BOULEN.

Norris a pu!...

HENRI.

Norris n'a pas encor parlé.
Vous justifîrait-il? osez-vous y prétendre?
Eh bien, dans ce moment je suis prêt à l'entendre.
(A un garde.)
Vous, courez à la Tour, amenez-moi Norris.

ANNE DE BOULEN.

Grand Dieu!

HENRI.

Vous pâlissez! Rappelez vos esprits.
Cet ordre vous surprend!

ANNE DE BOULEN.

Rien ne peut me surprendre;
Je connais mon époux, et je dois vous comprendre.
Un jour, sans doute, un jour, du moins vous rougirez
De l'horrible destin que vous me préparez.
Malheur à qui peut tout! il peut vouloir un crime.
Mais un infortuné que la puissance opprime,
A de quoi raffermir son courage abattu:
Il est un tribunal qui venge la vertu;

L'univers est soumis à ses lois redoutables.
L'innocent condamné par des juges coupables,
Sous leur indigne arrêt tombant désespéré,
Va soulever contre eux ce tribunal sacré :
Il meurt comblé de gloire au sein de l'infamie ;
Il meurt ; et l'échafaud, qui voit trancher sa vie,
Le couvrant tout-à-coup d'un éclat immortel,
Rend son nom plus auguste, et devient un autel :
C'est le sort que j'attends. En vain calomniée,
Dans le fond de mon cœur je suis justifiée.
Ce cœur est devant vous prêt à se découvrir,
Et je puis me louer puisque je vais mourir.
Je me rendrai justice : elle m'est refusée.
J'avoûrai cependant qu'autrefois abusée,
M'occupant de vous seul, et cruelle par vous,
Plus que le rang suprême adorant mon époux,
Fière de mon bonheur, j'ai vu d'un œil impie
Catherine verser des larmes que j'expie ;
Vous m'en voyez répandre à ce seul souvenir.
Je fus coupable. Hélas ! deviez-vous m'en punir ?
Mais depuis ce moment où les nœuds d'hyménée
Au destin d'un monarque ont joint ma destinée,
N'ai-je pas sur vos jours semé quelque douceur ?
Digne des noms sacrés et d'épouse et de sœur,
Mère... de votre fille, et reine bienfaisante :
Sire, ma vie entière à vos yeux est présente ;
La vertu, le devoir, ont marqué tous mes pas :
Vous pouvez maintenant prononcer mon trépas.

HENRI.

A la vertu, madame, accorder un refuge,
C'est le plus bel emploi d'un monarque et d'un juge :
Mais quand tout vous accuse, ai-je lieu de douter?
Est-ce vous seule enfin que l'on doit écouter?
D'autres ont avoué votre commune offense;
Nous verrons si Norris prendra votre défense :
Norris peut nous donner des éclaircissemens.
Il vient.

SCÈNE IV.

HENRI, ANNE DE BOULEN, JEANNE SEYMOUR, CRAMMER, NORRIS, NORFOLK, COURTISANS, PAGES, GARDES.

NORRIS.

Je me rends, Sire, à vos commandemens.
Dans ces lieux redoutés vous m'avez fait conduire.

HENRI.

Oui : j'ai voulu te voir, et tu peux nous instruire.
Rassure-toi, Norris, parle sans te troubler.

NORRIS.

Mon cœur est innocent, c'est au crime à trembler.

HENRI.

Ne me déguise rien.

NORRIS.

J'y consens, je le jure :
Ma bouche a de tout temps ignoré l'imposture.

HENRI.

Va, je ne doute point de ta sincérité;
Ton maître de ta bouche attend la vérité.

NORRIS.

Au serment que j'ai fait je resterai fidèle.

HENRI.

Tu vois la Reine; il faut t'expliquer devant elle.

NORRIS.

Sa présence n'a rien qui me puisse arrêter;
Et, je dirai bien plus, j'ai dû la souhaiter :
Je déteste le crime, et je viens le confondre.

ANNE DE BOULEN.

Grand Dieu!

HENRI.

Je suis content; mais songe à me répondre.
Parle; est-elle coupable?

JEANNE SEYMOUR, à Norris.

Osez-vous l'accuser?
Cruel! de son malheur pouvez-vous abuser?
Ah! ses persécuteurs n'ont que trop de puissance!

HENRI.

Madame!

ANNE DE BOULEN, à Norris.

Au nom d'un dieu vengeur de l'innocence,
D'un dieu qui nous rassemble, et qui dans ce moment
A du haut de son trône entendu ton serment,
Par le sein qui jadis a nourri ton enfance,
Tu peux encor, tu dois embrasser ma défense.

ACTE III, SCÈNE IV.

Si ma faiblesse en toi trouve un accusateur,
Ton cœur m'en est témoin, tu n'es qu'un imposteur.

NORFOLK.

L'innocence est toujours calme et sans violence.

HENRI.

Contenez-vous, madame, et gardez le silence.

JEANNE SEYMOUR.

Ah! Sire, ayez pitié de ses cris douloureux,
Et permettez du moins la plainte aux malheureux.

NORRIS.

Reine, jusqu'à la fin tâchez de vous contraindre.

CRAMMER, à Norris.

Respectez son malheur.

NORRIS.

                Vous paraissez la plaindre!
Vous aussi! vous, madame! Ah! la Reine, en ce jour,
Conserve des amis au milieu de la cour!
Je ne le croyais pas.

HENRI.

                C'est trop long-temps attendre.
Parle.

NORRIS.

     J'obéis, Sire, et vous allez m'entendre.
Il est des cœurs pervers que je vais affliger;
Mais le mien désormais ne doit rien ménager.
Voici la vérité simple et sans indulgence:
Par le sein qui jadis a nourri mon enfance,
Par le Dieu qu'on atteste, et qui, dans ce moment,

A du haut de son trône entendu mon serment,
Par son équité sainte, inflexible et puissante,
La Reine...

HENRI.

Eh bien?

NORFOLK.

Parlez.

NORRIS.

La Reine est innocente.

TOUS LES PERSONNAGES, excepté Norris.

Ciel!

NORRIS, à la Reine.

Suis-je un imposteur?

NORFOLK, à part.

Se peut-il?...

HENRI, à part.

Je frémis.

(Bas, à Norfolk.)
Sont-ce là les discours que vous m'aviez promis?

NORFOLK.

Tu nous trompes, Norris.

ANNE DE BOULEN.

Vous penseriez!..

HENRI.

Oui, traître:
Et tu seras puni d'oser braver ton maître.

NORRIS.

J'ai dit la vérité; je suis prêt à mourir.
J'ai mérité mon sort, car j'ai pu te chérir;

J'ai vu ramper ta cour, et j'ai rampé moi-même.
Je touche avec plaisir à ce moment suprême
Où finit la puissance, où naît l'égalité,
Où l'homme assujetti reprend sa liberté.
Malgré toi, devant toi, j'honore ta victime;
Je rends à ses vertus un tribut légitime :
Toi seul es criminel, toi, qui proscris ses jours,
Toi, dont le cœur est plein de fraude et de détours,
Toi, qui dans ma prison m'as fait offrir la vie,
Si je voulais contre elle aider ta barbarie.
(Montrant Norfolk.)
Ce méchant, de ta part, a pu me proposer
De conserver le jour en osant l'accuser !

ANNE DE BOULEN, JEANNE SEYMOUR,
CRAMMER.

Norfolk!

NORRIS.

A vos desirs si j'ai semblé répondre,
Tous deux avant ma mort je voulais vous confondre.
Agent fidèle, et toi, roi féroce et jaloux,
Vous vous trompiez tous deux; vous me jugiez par vous :
Vous ne pouviez compter sur un cœur magnanime.
Tout pâlit, tout se tait, au récit de leur crime !
Roi, tu pâlis toi-même, et tu baisses les yeux !

HENRI.

Les bourreaux vont punir ton mensonge odieux.

NORRIS.

J'oserai sous leurs coups braver ta tyrannie.

Moi, racheter mes jours par une calomnie!
La vie est-elle un bien quand on vit sous ta loi?
Norfolk, instruisez-vous: je fus l'ami d'un roi.

HENRI.

Penses-tu qu'à mes yeux tes outrages l'excusent?
Réponds: que diras-tu? tes complices l'accusent.
Que diras-tu? Norfolk les a tous entendus.

NORRIS.

Je ne dirai qu'un mot, c'est qu'ils te sont vendus.

HENRI, aux gardes.

Avant de décider du sort de sa complice,
Allez, et qu'à l'instant on le livre au supplice.

NORRIS.

Ah! je respire enfin. Tu combles mon espoir.

HENRI.

Quoi! perfide!...

NORRIS.

Est-il prêt? Je suis las de te voir.

HENRI.

Va, cours dans les tourmens finir ta destinée.

NORRIS.

Adieu donc, roi coupable, et reine infortunée,
Reine qui méritiez de plus heureux destins:
Voilà comme un tyran gouverne les humains!

HENRI, avec calme et dignité.

Arrête. Écoutez-moi: faisons taire la haine:
Qu'on remène à la Tour et Norris et la Reine.
Je révoque l'arrêt que je viens de dicter:

ACTE III, SCÈNE IV.

La loi fait mon pouvoir, je dois la respecter.

ANNE DE BOULEN.

Qu'entends-je?

NORRIS.

Que dis-tu?

HENRI.

Norfolk, on vous accuse;
Vous deviez les juger; c'est moi qui vous récuse.

JEANNE SEYMOUR.

Est-il vrai?

HENRI.

Vous pourriez consulter le courroux :
Outragé par Norris, et peut-être par vous,
Il n'importe, je veux oublier cette offense :
Que la loi règne seule, et non pas la vengeance!

NORRIS.

A d'injustes fureurs voudrais-tu renoncer?
Moi-même au repentir prétends-tu me forcer?
Croirai-je que Norfolk, esclave volontaire,
T'ait prêté sans aveu son lâche ministère?
Achève; laisse-lui le forfait tout entier;
Tu peux de la vertu retrouver le sentier;
Tu le peux : mais entends sa voix qui te réclame;
Contre ce dernier cri ne défends point ton ame;
Profite des leçons qu'elle t'offre aujourd'hui :

(montrant Boulen et Jeanne Seymour.)

Roi, voici ton épouse, et voilà son appui.
Allons, soldats.

HENRI VIII.

HENRI, égaré.

Par tout j'entrevois un abîme.

JEANNE SEYMOUR.

Ah! ne redoutez pas un retour magnanime.

ANNE DE BOULEN.

Sire, je vais attendre ou la vie ou la mort.

HENRI, montrant la chambre où il se retire.

Qu'aucun n'entre en ce lieu.

NORRIS.

Laisse entrer le remord.
Et vous, pontife saint, femme auguste et sensible,
Défenseurs de la Reine, ah! s'il vous est possible,
Aux malheureux encore il faut la conserver:
Au prix de tout mon sang puissiez-vous la sauver!

ACTE IV.

SCÈNE PREMIÈRE.

ANNE DE BOULEN, seule.

L'espérance me quitte au fond de cet abîme :
La tombe des vivans a repris sa victime.
Prison, séjour d'effroi, toi qui vis si long-temps
De Lancastre et d'York les caprices sanglans,
Souvent tu renfermas dans tes murs redoutables
D'illustres innocens et de fameux coupables ;
Mais jamais une épouse, une reine, avant moi,
Implorant, redoutant son époux et son roi.
De cette longue mort l'amertume est affreuse.
J'ai vécu sur le trône : étais-je plus heureuse ?
Non ; le bandeau royal n'essuyait point mes pleurs ;
Des ennuis fastueux, de pompeuses douleurs :
Voilà ce que m'offrait ma grandeur importune ;
Et, captive en tout lieu, j'ai changé d'infortune.
Au sein d'une autre cour, j'ignorais les chagrins ;
Mes jours coulaient plus purs sous des cieux plus sereins.
Oh! qui me les rendra, ces temps de mon enfance ?

Je ne te verrai plus, doux climat de la France!
Pour cette île orageuse où j'ai puisé le jour,
Devais-je abandonner ton aimable séjour?

SCÈNE II.

ANNE DE BOULEN, CRAMMER.

CRAMMER.

Apprenez....

ANNE DE BOULEN.

Des sanglots! quel sujet vous amène?

CRAMMER.

L'ordre du Roi, madame, et l'ordre de sa haine.
Il a signé l'arrêt. Cet arrêt....

ANNE DE BOULEN.

C'est la mort.

CRAMMER.

Les autres accusés ont terminé leur sort.

ANNE DE BOULEN.

Tous?

CRAMMER.

Tous.

ANNE DE BOULEN.

Fureur impie! horrible sacrifice!
En les assassinant tu parlais de justice,
Roi perfide! On croyait à sa feinte douceur!

ACTE IV, SCÈNE II.

Mon frère, il ne fallait égorger que ta sœur.
Il n'est plus, le soutien du sang qui m'a fait naître :
A ses derniers soupirs il me nommait peut-être.
Et je n'ai pu l'entendre et répondre à sa voix !
Je n'ai pu l'embrasser pour la dernière fois !
Reçois du moins ces pleurs; qu'ils consolent ta cendre.
Mon frère, auprès de toi mon ombre va descendre.
Vous, sujets vertueux dignes d'un sort plus beau,
Vous, que mon amitié précipite au tombeau,
Qui subissez pour moi la honte et les supplices,
Vous de mon innocence infortunés complices,
Parmi tant de malheurs il m'eût été bien doux
D'ignorer votre sort, d'expirer avant vous !

CRAMMER.

Ceux de qui la faiblesse, un moment abusée,
Pour conserver le jour vous avait accusée,
Ont, en se rétractant reçu le coup mortel :
Oui, de votre innocence ils attestaient le ciel;
Tous vous rendaient justice.

ANNE DE BOULEN.
                    Ah ! celui qui m'accable
Dans le fond de son cœur ne me croit point coupable.

CRAMMER.

Votre Seymour en pleurs venait se joindre à moi,
Et nous allions tous deux tomber aux pieds du Roi,
Pour empêcher sa main de signer la sentence,
Pour lui demander grace au nom de l'innocence,
Pour implorer du moins ce droit d'humanité

Que le bienfait des lois laisse à la royauté.
Mais à nous fuir tous deux Henri met son étude.
Soit qu'il ait épaissi l'air de la servitude,
Soit que d'un or coupable il recueille les fruits,
Les communes, les grands, dans sa cour introduits,
Ont contre sa clémence invoqué sa justice.
Au vœu qu'il a dicté le monarque propice,
Semble, par des conseils laissant guider sa main,
Abdiquer malgré lui le pouvoir d'être humain.
Au cri de la pitié son cœur inaccessible
Veut que je vous annonce un arrêt inflexible.
Le cruel me gardait ce ministère affreux!
Et cependant, madame, un ordre rigoureux
De son appartement nous interdit l'entrée:
Lorsqu'à vos oppresseurs son oreille est livrée,
De vos derniers amis il évite les pas.

ANNE DE BOULEN.

Le père de ma fille a signé mon trépas!
Mais vous me l'annoncez, mais je vous vois encore.

CRAMMER.

Vous me percez le cœur....

ANNE DE BOULEN.

      Souvenir que j'abhorre!-
Prévenant les souhaits de mon barbare époux,
Supportant ses froideurs, ses caprices jaloux,
Dans ses profonds ennuis nés du pouvoir suprême,
Lorsque sa cruauté, le tourmentant lui-même,
Étendait sur son front le voile des douleurs;

ACTE IV, SCÈNE II.

Plus triste, plus à plaindre, et dévorant mes pleurs,
Moi, souvent près de lui son esclave tremblante,
Je lui faisais entendre une voix consolante.
Vœux, soins, respect, amour, il a tout oublié.
J'aurais dû le prévoir; les rois sont sans pitié.
Ils ont reçu du ciel un rang qui les dispense
De vertu, de tendresse et de reconnaissance.
Il valait mieux, sans doute, aux pieds de nos autels,
Recevoir les sermens du dernier des mortels :
Il n'eût point dans son cours interrompu ma vie;
Et, si l'arrêt du sort me l'eût si tôt ravie,
Sa présence eût au moins attendri nos adieux,
Et la main d'un époux m'aurait fermé les yeux.
Vous voyez cet abîme où je suis descendue :
C'est un roi qui m'aimait, c'est lui qui m'a perdue;
C'est lui qui maintenant se plaît à m'accabler.
Mais c'est trop peu; sa rage ose encore immoler
Des sujets innocents, mes amis, ma famille :
Si je pouvais au moins voir un instant ma fille!

CRAMMER.

Vous la verrez, madame.

ANNE DE BOULEN.

Ah! que m'annoncez-vous?

CRAMMER.

Le Roi....

ANNE DE BOULEN.

Ne m'ôtez pas un espoir aussi doux.

HENRI VIII.

CRAMMER.
Non; bientôt la princesse en ce lieu va paraître.
ANNE DE BOULEN.
Ma fille! est-il bien vrai? Vous me flattez peut-être?
CRAMMER.
Votre époux y consent.
ANNE DE BOULEN.
Il adoucit mon sort;
Et je peux à ce prix lui pardonner ma mort.
CRAMMER.
Sa mort! tu la permets, ô juste Providence!
ANNE DE BOULEN.
De l'accuser, pontife, aurions-nous l'imprudence?
Religion divine, appui des malheureux,
Prête à mon cœur flétri tes secours généreux!
Ce cœur est accablé par l'injustice humaine;
Il a besoin d'un Dieu pour supporter sa peine:
La vertu sous le glaive implore son auteur,
Et dans le ciel au moins cherche un consolateur.
Grand Dieu! des opprimés où serait l'espérance,
Quel prix dans leur malheur soutiendrait leur constance,
Si notre ame, en quittant ce monde criminel,
Ne trouvait devant soi qu'un néant éternel?
Non: j'aime à le penser, cette ombre de la vie
D'un jour plus véritable est sans doute suivie,
Un avenir plus pur se présente à mes yeux:
Les maux sont ici-bas; les biens sont dans les cieux.
Là disparaît enfin l'orgueil du rang suprême;

Tout renaît en Dieu seul, tout est grand par Dieu même;
Là, jamais le coupable heureux et couronné
N'écrase l'innocent à ses pieds prosterné.

SCÈNE III.

ANNE DE BOULEN, ÉLISABETH, CRAMMER,
UNE FEMME DE LA SUITE D'ÉLISABETH.

ÉLISABETH.
Quelle nuit!
ANNE DE BOULEN.
Voilà donc cette voix qui m'est chère!
ÉLISABETH.
Où me conduisez-vous? je ne vois point ma mère.
ANNE DE BOULEN.
La voici qui t'appelle.
ÉLISABETH.
Ah! c'est toi que j'entends!
ANNE DE BOULEN.
Vous pouvez me quitter, pontife; il en est temps:
J'embrasse Élisabeth; mon ame est plus tranquille;
N'exposez point vos jours par un zèle inutile.
Mais je voudrais parler à mon second appui:
Allez trouver Seymour; allez, et dites-lui
Que j'ose en ma prison souhaiter sa présence.
Son cœur ne sera point las de sa bienfaisance,
J'en juge par le mien.

4.

HENRI VIII.

CRAMMER.

Je cours vous obéir;
Mais le Roi m'entendra quand je devrais périr;
Et je pourrai du moins bénir son injustice,
S'il permet que je meure avant ma bienfaitrice.
(Il sort.)

SCÈNE IV.

ANNE DE BOULEN, ÉLISABETH, une femme de sa suite.

ANNE DE BOULEN.

Je vais goûter encor quelques moments bien doux :
Embrasse-moi, ma fille, et viens sur mes genoux.

ÉLISABETH.

Ma mère, ce matin comme tu m'as laissée!

ANNE DE BOULEN.

Quel souvenir amer revient à ma pensée!

ÉLISABETH.

Autrefois tu m'aimais, tu ne me quittais pas;
Souvent durant les nuits je dormais dans tes bras.

ANNE DE BOULEN.

Elle n'aura donc plus une mère auprès d'elle!

ÉLISABETH.

Pendant toute la nuit vainement je t'appelle.

ANNE DE BOULEN.

Ma fille, à chaque mot veux-tu me déchirer?

ACTE IV, SCÈNE IV. 53

ÉLISABETH.

Comme toi maintenant je ne fais que pleurer.

ANNE DE BOULEN.

Combien tous ses discours ont de grace et de charmes !

ÉLISABETH.

Tu pleures !

ANNE DE BOULEN.

Quoi ! sa main veut essuyer mes larmes !

ÉLISABETH.

Mais d'où vient ta douleur ?

ANNE DE BOULEN.

Ah ! crains de le savoir.

ÉLISABETH.

Quitte ce noir séjour.

ANNE DE BOULEN.

J'en sortirai ce soir.

ÉLISABETH.

Quel est donc le méchant qui te fait tant de peine ?

ANNE DE BOULEN.

Un puissant ennemi m'accable de sa haine ;
Pour prix de ma tendresse il a proscrit mes jours.

ÉLISABETH.

Et que n'appelles-tu mon père à ton secours ?

ANNE DE BOULEN.

Son père !

ÉLISABETH.

Il te chérit ; il viendra te défendre.

ANNE DE BOULEN.

Lui! tu le crois?

ÉLISABETH.

Mon père! ah! s'il pouvait m'entendre!
On fait tout ce qu'il veut.

ANNE DE BOULEN.

Oui; je le sais trop bien.

ÉLISABETH.

Allons auprès de lui.... Tu ne me réponds rien?

ANNE DE BOULEN.

Enfant, n'hérite pas du malheur de ta mère;
Surtout dans ses rigueurs crains d'imiter ton père.

SCÈNE V.

ANNE DE BOULEN, ÉLISABETH, JEANNE SEYMOUR, une femme de la suite d'Élisabeth.

JEANNE SEYMOUR.

Quel spectacle touchant se présente à mes yeux!

ANNE DE BOULEN.

Ah! venez; votre aspect me manquait en ces lieux.

JEANNE SEYMOUR, baisant la main de Boulen.

Reine....

ANNE DE BOULEN.

Que faites-vous?

ACTE IV, SCÈNE V.

JEANNE SEYMOUR.
Votre douleur me tue.
Le Roi, vous le savez, se cache à notre vue;
Mais il m'a fait au moins permettre de vous voir;
Je me rends à vos vœux; je remplis mon devoir.

ANNE DE BOULEN.
Je voudrais vous parler; ordonnez qu'on nous laisse.

JEANNE SEYMOUR.
C'est moi qui répondrai de la jeune princesse :
Allez.
(La femme de la suite d'Élisabeth sort.)

SCÈNE VI.

ANNE DE BOULEN, ÉLISABETH, JEANNE SEYMOUR.

ANNE DE BOULEN.
Daignez encor vous asseoir près de moi.
Ce siége informe et vil vous cause un peu d'effroi;
Désormais, je le sais, vous ne devez prétendre
Qu'à ce trône pompeux d'où e viens de descendre.
Je suis prête à rejoindre et mon frère et Norris :
Avant que par un roi mes jours fussent proscrits,
M'abreuvant à longs traits d'un poison redoutable,
J'ai connu des grandeurs l'ivresse inévitable :
Elle enchantait mes sens plongés dans le sommeil.

Le songe est achevé; mais quel affreux réveil!
Un trône! un échafaud!

JEANNE SEYMOUR.

C'est trop de tyrannie;
Loin de moi la couronne!

ANNE DE BOULEN.

Il y va de la vie.
Vivez, conservez-vous pour tant de malheureux
Qui n'ont plus d'autre espoir qu'en vos soins généreux.
Vivez pour cet enfant; soulagez sa misère;
Songez qu'Élisabeth a besoin d'une mère.
Je la mets en vos bras: devenez son appui;
Adoptez-la: mon cœur vous la lègue aujourd'hui.
Quand je ne serai plus, quand sa voix gémissante
Prononcera le nom d'une mère innocente,
Alors à ses regards daignez vous présenter,
Daignez du nom de fille un moment la flatter:
Trompez-la, s'il se peut, à force de tendresse,
Et mêlez à vos soins quelque douce caresse.
Ah! je vous parle en mère: un jour vous le serez;
Vos fils en votre cœur lui seront préférés;
Mais ne l'oubliez pas, mais qu'elle vous soit chère;
Mais ne traitez jamais ma fille en étrangère!
Elle ne prétend plus au dangereux honneur
D'un rang, vous le voyez, qui n'est point le bonheur.
Du moins, au nom du ciel qui voit couler nos larmes,
Au nom de ces momens pleins d'horreur et de charmes,
Du moins que mon époux perde mon souvenir:

Qu'il réserve à sa fille un plus doux avenir;
Que son ame plus juste, et par vous attendrie,
Ne lui reproche point le sein qui l'a nourrie.
Trop jeune en ce moment, elle ne conçoit pas
Son malheur et ma honte, et mon prochain trépas.
A son oreille un jour, dans un âge moins tendre,
L'affreuse vérité viendra se faire entendre;
Vous la consolerez. Dites-lui nos adieux;
Dites que, subissant un arrêt odieux,
Sa mère qui l'aima, sa mère déplorable
Mourut sur l'échafaud, mais sans être coupable.
Mon amour vous unit, vous confond toutes deux :
Puisse le ciel, propice au dernier de mes vœux,
Toutes deux vous couvrir de sa main tutélaire!
Puissent vos jours nombreux ignorer sa colère!
Puissent-ils s'écouler avec tranquillité
Dans un bonheur égal à mon adversité!

SCÈNE VII.

ANNE DE BOULEN, JEANNE SEYMOUR,
 ÉLISABETH, LE COMMANDANT DE LA TOUR,
 GARDES.

LE COMMANDANT.

Madame...

ANNE DE BOULEN.

Injuste mort! ta présence est funeste!
Ma fille, chérissez la mère qui vous reste;

Mais chérissez toujours, songez à regretter
Celle qui vous fit naître, et qui va vous quitter.
Il faut partir. Adieu. (Elle s'éloigne.)

ÉLISABETH.

Quoi! déjà tu me laisses!

ANNE DE BOULEN, revenant à grands pas.

Reçois, trop cher enfant, mes dernières caresses.

ÉLISABETH.

O ma mère! où vas-tu?

ANNE DE BOULEN.

Que lui répondre, hélas!

ÉLISABETH.

Reviendras-tu bientôt?

ANNE DE BOULEN.

Je ne reviendrai pas.

JEANNE SEYMOUR, aux gardes.

Craignez d'exécuter la sentence cruelle,
Vous, soldats, vous, témoins de ma douleur mortelle,
Vous qui la partagez, vous que j'entends gémir.
Vous pleurez! et pourtant vous osez obéir!
Reine, de trop d'horreurs je suis environnée!
Mourante plus que vous, plus que vous condamnée,
Je veux auprès du Roi précipiter mes pas :
Je vais, je cours à lui, cet enfant dans mes bras.

ANNE DE BOULEN.

Bien loin de le fléchir, vous auriez tout à craindre.

JEANNE SEYMOUR.

A sentir la pitié je saurai le contraindre.

ANNE DE BOULEN.

Ne vous abusez point; tout est fini pour moi.
O ma fille, aujourd'hui je ne vis plus qu'en toi!
C'est mon Élisabeth, c'est mon sang, c'est ma vie;
C'est plus que moi, madame; et je vous la confie.
Je suis prête; marchons. Soldats, séchez vos pleurs :
Qu'est-ce donc que la mort? le terme des malheurs.
Quand je vais expirer sous le pouvoir du crime,
Plaignez un roi bourreau, mais non pas sa victime.
Affermis mon courage, ô clémence d'un Dieu!
Madame.... aimez-la bien; c'est votre fille. Adieu.

———

ACTE V.

SCÈNE PREMIÈRE.

HENRI, PAGES ET GARDES, au fond du palais.

HENRI.

Oh! qui pourra calmer ma sombre inquiétude?
J'ai besoin de repos, besoin de solitude.
A mon ordre, à ma voix chacun s'est retiré.
Laisse entrer le remords! Norris, il est entré;
Il me suit, il est là, je le sens qui me presse:
Il combat sans succès ma fatale tendresse.
Je les entends tous deux : quand elle dit, *Seymour*,
Le remords dit, *Boulen*. Le crime avec l'amour!
Combien je hais Norfolk, mon indigne complice!
Mais j'ai dicté l'arrêt. Boulen marche au supplice!
Malheureux! Dans ton cœur, vainement combattu,
Le remords n'est qu'un cri stérile et sans vertu :
D'un repentir profond ton ame est ennemie;
Tu veux le fruit du crime et non son infamie.
Allons. De mes tourmens l'amour doit me payer :

ACTE V, SCENE I.

Moi-même auprès de lui puissé-je m'oublier!
Mais Catherine aux pleurs, à l'exil, condamnée,
Mais Boulen plus chérie, et plus infortunée,
Je les rejette en vain loin de mon souvenir!...
Je ne pourrai tromper ni moi ni l'avenir.
(Observant les statues des rois d'Angleterre.)
Je vois en frémissant ces images funèbres.
Richard, roi meurtrier chef des tyrans célèbres,
Henri sept a puni tes forfaits signalés:
Console-toi, son fils les a tous égalés.

SCÈNE II.

HENRI, CRAMMER, COURTISANS, PAGES, GARDES.

CRAMMER.
Pardon, Sire!
HENRI.
Des lois, que nul ne peut enfreindre
Ont condamné Boulen; je ne dois que la plaindre.
CRAMMER.
Ce jugement affreux vous l'avez pu souffrir!
HENRI.
Téméraire!
CRAMMER.
O mon roi, laissez-vous attendrir!
Quel sang répandez-vous? quelle est votre victime?
Si l'arrêt du trépas peut être légitime,

Si la loi peut jamais verser du sang humain,
C'est quand le criminel en a souillé sa main.
Livrez-vous à la mort une épouse homicide?
A-t-elle en votre sein plongé son bras perfide?
Non, non; laissez briser votre inflexible cœur;
De vos cruels soupçons abandonnez l'erreur;
D'un crime, quel qu'il soit, la Reine est incapable;
Sauvez, sauvez ses jours; et, fût-elle coupable,
Au nom du Dieu clément dont vous suivez les lois,
Du Dieu qui pardonnait en mourant sur la croix....
Écoutez-le ce Dieu, votre roi, votre maître;
Il vous ordonne ici, par la voix de son prêtre,
De ne point accabler d'un injuste courroux
Le vertueux objet dont vous étiez l'époux.
Craignez le repentir, amer, inexorable,
Le repentir vengeur d'un mal irréparable;
Ne vous préparez point des remords éternels:
Songez que Dieu punit les princes criminels.

HENRI.

Cessez...

CRAMMER.

Non. Si ma voix vous semble trop hardie,
Prenez mes jours, prenez ce reste de ma vie;
Vous me verrez sans peine expirer sous vos coups,
Si je puis en mourant sauver la Reine et vous:
Oui, vous... Son souvenir vous poursuivrait sans cesse;
Il corromprait vos jours usés par la tristesse.
Excusez le désordre où vous plongez mes sens;

Mais soyez, devenez sensible à mes accens,
A la voix d'une épouse, au vœu de la patrie,
Au vœu d'un peuple entier qui se plaint et qui crie,
Au desir de Dieu même, à son commandement.
Le temps presse; parlez: vous n'avez qu'un moment:
L'échafaud est dressé; sa mort est toute prête;
Déjà le fer peut-être est levé sur sa tête :
Elle invoque en pleurant son époux et son roi.
    (Apercevant Jeanne Seymour.)
Venez, venez, madame, et joignez-vous à moi.

SCÈNE III.

HENRI, JEANNE SEYMOUR, ÉLISABETH dans les bras de Jeanne Seymour, CRAMMER, UNE FEMME D'ÉLISABETH, COURTISANS, PAGES, GARDES.

HENRI.

Se peut-il?... Quel objet se présente à ma vue?

CRAMMER.

Ah! que par cet objet votre ame soit vaincue!

JEANNE SEYMOUR, se jetant aux pieds du roi.

Sire!...

HENRI.

Eh bien?

JEANNE SEYMOUR.

Je succombe... Eh quoi! vous souffrirez...

HENRI.

Levez-vous.

HENRI VIII.

JEANNE SEYMOUR.

Non, je reste à vos genoux sacrés.

(Montrant Élisabeth.)

J'ai couru... Vous voyez...

HENRI.

Vous répandez des larmes!

JEANNE SEYMOUR.

Calmez, daignez calmer de trop vives allarmes.
La Reine est innocente et s'avance au trépas :
Au nom de cet enfant, ne le permettez pas;
Au nom d'Élisabeth... Contemplez son visage;
Cédez à la nature en voyant votre image,
Et celle d'une épouse, et ces traits si touchans,
Ces traits que vos regards ont adorés long-tems.
Vous l'aimez; pouvez-vous ne plus aimer sa mère?
Pouvez-vous l'immoler? l'oserez-vous?

ÉLISABETH.

Mon père!

HENRI, à part.

Le crime fait souffrir : je le sens malgré moi.

ÉLISABETH.

Je croyais retrouver ma mère auprès de toi.

HENRI, à part.

Sa mère!

ÉLISABETH.

Où donc est-elle?

HENRI, à part.

O contrainte cruelle!

ACTE V, SCÈNE III.

(Haut.)
Ma fille! Élisabeth!... Dieu, que fais-je!

JEANNE SEYMOUR.

Oui, c'est elle.
Oui, c'est Élisabeth, l'enfant de votre amour:
Au sein qu'on va frapper elle a puisé le jour;
De la Reine et de vous elle a serré les chaînes;
Le sang de tous les deux est mêlé dans ses veines.
Ne fuyez point sa voix et ses pleurs innocens;
Ne vous détachez point de ses bras caressans;
Regardez votre fille à vos pieds qu'elle embrasse!
Hélas! autour de vous tout vous demande grace;
Des pleurs qu'elle répand tous les yeux sont noyés;
Vous-même... Ah! mes amis, tombez tous à ses pieds:
L'instant de la clémence est arrivé peut-être;
Parlez, priez, pressez; fléchissez votre maître.
(Crammer et tous les courtisans se jettent aux pieds de Henri.)

HENRI.

C'en est assez, madame; il faut donc...

JEANNE SEYMOUR.

Achevez:
Je meurs à vos genoux si vous ne la sauvez.

HENRI.

Pontife, allez, courez, suspendez le supplice;
(Crammer sort.)
J'écoute l'indulgence et non pas la justice.
Mais tandis que Boulen va rentrer dans ces lieux,

Qu'on fasse retirer cet enfant de mes yeux;
A tant d'émotion mon cœur ne peut suffire.
(On emmène Élisabeth.)

SCÈNE IV.

HENRI, JEANNE SEYMOUR, courtisans, pages, gardes.

JEANNE SEYMOUR.
J'ai sauvé l'innocence; à la fin je respire.
HENRI.
Eh quoi! toujours des pleurs!
JEANNE SEYMOUR.
      Ah! laissez-les couler;
De ceux que j'ai versés ils vont me consoler:
Ils sont doux maintenant. Partagez mon ivresse;
Répandez avec moi ces larmes d'allégresse:
La Reine enfin triomphe et retrouve un époux.
HENRI.
La Reine! un si beau nom n'est plus fait que pour vous.
JEANNE SEYMOUR.
L'ai-je entendu, grand Dieu!
HENRI.
     Quelle est votre espérance?
JEANNE SEYMOUR.
Quoi! ne venez-vous pas?...

ACTE V, SCÈNE IV.

HENRI.

             D'écouter la clémence,
De révoquer, madame, un arrêt rigoureux.

JEANNE SEYMOUR.

Eh bien! ne soyez pas à demi généreux :
Vous avez aux tourmens enlevé la victime;
Mais ce n'est point assez; rendez-lui votre estime;
Rendez-lui cet amour qui ne m'était point dû;
En un mot, rendez-lui tout ce qu'elle a perdu.
Que deux fois votre main l'élève au rang suprême!
Le prix d'un tel bienfait sera le bienfait même :
Vous trouverez ce prix au fond de votre cœur;
Enfin d'Élisabeth vous ferez le bonheur,
Le mien, Sire, et le vôtre, et j'ose encore le dire,
Celui de vos sujets, celui de tout l'empire.

HENRI.

Ma gloire et mon amour sont tous deux offensés
De ces vœux imprudens qu'ici vous m'adressez.
Mon courroux s'est calmé : n'êtes-vous pas contente?
Dois-je encor m'avilir? est-ce là votre attente?
Me faut-il outrager la sainteté des lois,
Devant l'Europe entière, aux yeux de tous les rois?
Celle qu'un jugement flétrit aujourd'hui même
A-t-elle encore un front digne du diadême?
A partager son sort m'osez-vous condamner?
Boulen doit vivre encor; j'ai pu lui pardonner,
Pour vous, pour mes sujets, madame, et non pour elle;
Mais ce pardon suffit : elle est trop criminelle.

                               5.

Quand le pouvoir sacré de la religion,
Les usages, les mœurs, l'antique opinion,
Contre moi vainement placés dans la balance,
Ont vu le peuple anglais m'obéir en silence;
Quand le divorce, enfin, par mes lois fut permis,
Quel forfait Catherine avait-elle commis?
Je vous l'ai dit; un seul: de n'être point aimée;
Le choix de son époux ne l'avait pas nommée.
A l'objet de ce choix mes jours furent unis:
Ils sont empoisonnés; mes bienfaits sont punis;
L'arrêt est solennel, et le crime est insigne.
A rompre nos liens que Boulen se résigne:
Elle aura ma pitié; la couronne est à vous.
J'aperçois le pontife; il s'avance vers nous.

SCÈNE V.

HENRI, JEANNE SEYMOUR, CRAMMER,
COURTISANS, PAGES, GARDES.

JEANNE SEYMOUR.

Ah! qu'il vienne; il est temps que sa voix me rassure.
Eh quoi! vous vous taisez! parlez, je vous conjure.

CRAMMER.

Mon silence et mes pleurs vous en disent assez.

JEANNE SEYMOUR.

Ciel!

ACTE V, SCÈNE V.

HENRI.

Pourquoi cet air sombre, et ces regards baissés?

CRAMMER.

Sire, chargé par vous d'un ordre légitime,
Je courais à la mort enlever la victime :
Je vois de tous côtés vos sujets éperdus,
Pâles, glacés de crainte, à grands flots répandus
Dans la place où leur reine indignement traînée
Devait sur l'échafaud finir sa destinée.
Ils venaient voir mourir ce qu'ils ont adoré.
Je vole au-devant d'eux, et d'espoir enivré,
En mots entrecoupés, de loin, tout hors d'haleine,
Je m'écrie : « Arrêtez, sauvez, sauvez la Reine ;
« Grace, pardon! je viens, je parle au nom du Roi. »
Ils ne m'ont répondu que par un cri d'effroi.
A ces clameurs succède un plus affreux silence :
J'interroge; on se tait. Je m'avance : la foule
S'entr'ouvre, me fait place, et lentement s'écoule.
J'appelle. Espoir crédule! il s'est évanoui ;
Sire, j'appelle en vain; vous étiez obéi ;
Vous avez pu frapper, non sauver l'innocence.
Et l'on vous a servi comme on sert la puissance.
La Reine n'était plus. Ses yeux, privés du jour,
Semblaient avec douleur tournés vers ce séjour
Ses yeux où la vertu répandait tous ses charmes,
Ses yeux encor mouillés de leurs dernières larmes.
Femmes, enfans, vieillards regardaient en tremblant
Ces augustes débris, ce front pâle et sanglant

HENRI VIII.

Des vengeances des lois l'exécuteur farouche
Lui-même consterné, les sanglots à la bouche,
Détournait ses regards d'un spectacle odieux,
Et s'étonnait des pleurs qui tombaient de ses yeux.
Mille voix condamnaient ses juges homicides;
Les malheureux en pleurs baisaient ses mains livides,
Racontaient ses bienfaits, et, les bras étendus,
L'invoquaient dans le ciel, asile des vertus.
Au milieu de l'opprobre on lui rendait hommage.
Chacun tenait sur elle un différent langage;
Mais tous la bénissaient, tous avec des sanglots
De ses derniers discours répétaient quelques mots.
Elle a parlé d'un frère, honneur de sa famille,
Du Roi, de vous, madame, et surtout de sa fille;
Aux Anglais éplorés elle a fait ses adieux,
Et son ame innocente a monté dans les cieux.

HENRI.

Si les Anglais, Crammer, m'accusaient d'injustice,
Dites-leur que j'avais suspendu son supplice.

JEANNE SEYMOUR.

Au fond de votre cœur vouliez-vous l'épargner?

HENRI.

Quoi, madame!

JEANNE SEYMOUR.

    Elle expire; et moi je vais régner.
Régner! lui succéder entre vos bras perfides,
Sur ce trône souillé de tant de parricides!
Laissez-moi fuir des lieux qui me glacent d'effroi :

ACTE V, SCÈNE V.

Son ombre gémissante est entre vous et moi.
Au moment où mon front recevrait la couronne,
Aux pieds des saints autels, sur les marches du trône,
Je l'entendrais toujours, s'attachant à mes pas,
Accuser mes honneurs fondés sur son trépas.
Que d'autres, j'y consens, obtiennent en partage
De votre amour cruel le sanglant héritage !
Et sur son échafaud que mon sang répandu
Dans son généreux sang puisse être confondu !
Voilà tous mes desirs, c'est le sort que j'envie,
Roi barbare, à vos pieds j'ai demandé sa vie ;
A vos pieds maintenant je demande ma mort.

HENRI.

Vous, mourir ! vous !

JEANNE SEYMOUR.

              Frappez ; n'ayez point de remord.
Ah ! puisque vous m'aimez, je suis votre complice.
Ma haine vous punit ; c'est là votre supplice :
Mais le vôtre est de vivre, et le mien doit finir.
A des mânes chéris je vais me réunir.
C'en est fait... je t'entends. Oui, ton ombre m'appelle.

HENRI.

Ses yeux se sont fermés, je la vois qui chancelle.
Seymour !...

JEANNE SEYMOUR.

       Si votre cœur peut encore me chérir,
Soyez assez clément pour me laisser mourir.

72   HENRI VIII.

HENRI, à part.

Prenez soin de ses jours. Entouré de victimes,
J'ai peine à soutenir le fardeau de mes crimes.

FIN DE HENRI VIII.

VARIANTES.

NOMS DES PERSONNAGES.

Jeanne Seymour, au lieu de Jeanne Seimour.

Crammer, au lieu de Cranmer. Ce nom, écrit de la dernière manière, est dur à prononcer, et présente une équivoque ridicule. D'ailleurs, la première manière est plus usitée.

ACTE III, SCÈNE III.

Au lieu de ces deux vers,

> Et d'une épouse en pleurs, etc.

il y avait dans l'édition de MM. Baudouin, 1821 :

> Écoutez votre cœur un moment irrité,
> Mais qui l'aimait, qui l'aime, et qu'elle a mérité.

ACTE V, SCÈNE V.

Au lieu de

> J'interroge, on se tait. Je m'avance, la foule....

il y avait dans l'édition de MM. Baudouin, 1821 :

> J'interroge, on se tait. Je frémis ; je m'avance ;
> Et, promenant partout mes regards effrayés,

VARIANTES.

>Partout je vois des pleurs, dont les yeux sont baignés.
>J'arrive au lieu fatal, et cependant la foule....

Plus loin, au lieu de

>Aux Anglais éplorés elle a fait ses adieux, etc.

il y avait dans la même édition :

>Et faisant aux Anglais ses tranquilles adieux,
>Elle a reçu la mort en regardant les cieux.
>><small>HENRI.</small>
>
>Votre douleur est juste, et n'a rien qui m'offense.
>J'accuse envers Boulen ma tardive indulgence.

Enfin, page 71, au lieu de

>Seymour!...

il y avait,

>Amis....

JEAN CALAS,

ou

L'ÉCOLE DES JUGES,

DRAME EN CINQ ACTES,

REPRÉSENTÉ POUR LA PREMIÈRE FOIS, A PARIS, SUR LE THÉATRE
DE LA NATION, LE 6 JUILLET 1791.

LETTRE

DE M. PALISSOT[*].

L'honneur d'avoir tenté le premier ce sujet difficile appartient incontestablement à l'auteur. Il est vrai qu'il avait eu l'imprudence de se confier à des comédiens; et vous n'ignorez plus, messieurs, qu'il s'est trouvé, dans la classe obscure des gens de lettres, des hommes assez peu délicats pour lui en dérober la fleur. L'auteur fut moins affecté de ce procédé malhonnête que du chagrin de voir son sujet indignement profané. Non-seulement il le fut en mauvais vers au faubourg Saint-Germain, mais encore au théâtre de la rue de Richelieu, en mauvaise prose; tellement que celui qui avait conçu la première idée, et dont le travail était presque fini long-temps avant

---

[*] Cette lettre avait été adressée aux rédacteurs de la *Chronique*, et devait paraître dans le cours des représentations de la pièce: mais les objets de politique ne permettaient point alors de donner tant de place à des discussions littéraires.

que ces messieurs n'eussent barbouillé leurs canevas, semblait avoir été devancé par eux, et se traîner à leur suite sur un sujet épuisé.

Le public, à la vérité, sentit bien la différence du pinceau. Vous l'avez attesté vous-mêmes, messieurs : aucune pièce de l'auteur ne fut plus généralement applaudie ; mais elle eut moins de succès d'affluence, précisément parce que le sujet, prodigué sans intervalle à deux théâtres, commençait à inspirer une espèce de satiété. Mais si l'on peut affaiblir pour un temps l'impression d'un ouvrage de génie, l'effet en est indestructible. Ainsi l'on a vu la *Phèdre* de Racine se relever plus brillante de l'outrage d'une indigne concurrence ; et cette injure, renouvelée avec tant d'audace et par des écrivains si inférieurs à Pradon, devient un motif de plus pour moi de rendre à l'auteur la justice qui lui est due.

J'ose le dire, avec ce sentiment qui m'a toujours animé pour la gloire des arts, je ne connais point d'ouvrage qui présentât plus de difficultés à vaincre, et qui pût donner une idée plus haute du talent capable de les surmonter.

Avoir soutenu le fardeau de cinq actes en commençant cette tragédie précisément où elle devait commencer, le jour même du jugement de Calas ; avoir osé mettre en action, ce qui jusqu'alors était sans exemple, un interrogatoire juridique, et en avoir fait une des plus intéressantes scènes de la pièce; avoir affranchi une difficulté peut-être encore plus grande, en faisant un honnête homme du juge qui a le malheur de condamner l'innocence (et prenez garde, messieurs, que, sans cette difficulté surmontée, l'ouvrage n'avait plus de but moral, et ne pouvait plus s'appeler *l'École des juges*), c'était assurément avoir remporté le prix de son art. Mais si vous ajoutez à ce prodigieux mérite celui que suppose l'invention du personnage de La Salle, l'un des plus beaux modèles de vertu qui aient jamais été mis au théâtre, quel rang assignerez-vous à l'auteur, qui, en moins de deux années, des succès de Charles IX et de Henri VIII, s'était élevé à cette nouvelle gloire? Quelle sublime leçon de morale que cette pièce! Et, depuis les chefs-d'œuvre de notre scène, sur quel théâtre avions-nous entendu une pareille suite non interrompue de beaux vers? Où ce jeune auteur, à qui l'on disputait la sensibilité, a-t-il puisé cette foule de sentiments exquis, délicieux, sublimes sans aucune ostentation, et uniquement par leur extrême vérité? De quelles richesses il a su semer un sujet en apparence si stérile, et dont l'action n'égale, pour ainsi dire, que la durée de la représentation! Quel tableau que celui des cruautés de Baville en Languedoc, et des funestes effets de la révocation de l'édit de Nantes! Quelle savante opposition que celle des deux portraits de Louis XIV! Enfin, quel magnifique éloge de Voltaire, et qu'il se trouve heureusement placé dans une des plus glorieuses époques de sa vie!

Oh! je sens que je n'écouterais jamais avec patience l'homme injuste qui se permettrait des propos légers, non sur le talent mais sur le caractère moral du jeune poète qui a su rendre la vertu si respectable, et qui a trouvé dans son cœur cette abondance de sentiments puisés dans la plus belle nature.

Cependant, il faut l'avouer, ce n'est pas à lui seul que nous devons tout le plaisir que nous a fait son ouvrage: il a été secondé par le talent le plus digne du sien. Quiconque n'a pas vu Monvel dans le personnage de Calas ne connaît qu'imparfaitement le talent supérieur de cet acteur célèbre. Je me plais d'autant plus à lui rendre cette justice, que j'avais eu le malheur de me laisser prévenir contre lui. On m'avait dit (peut-être avec plus de perfidie que de vérité, mais enfin j'avais eu la faiblesse de le croire) qu'il avait cherché à nuire au succès d'un de mes ouvrages. Je déclare que j'ignore et que je veux ignorer si réellement il a eu ce léger tort envers moi; mais je ne m'en accuse pas moins d'injustice à son égard, et je la répare autant qu'il est en moi par l'aveu que j'en fais. Si le public m'a fait l'honneur d'adopter quelquefois mes jugements, je crois me donner de nouveaux droits à sa confiance en lui prouvant qu'une rétractation n'est qu'un plaisir pour moi, quand je reconnais que des préventions ont pu m'égarer. Oui, Monvel, j'aime à vous témoigner publiquement l'estime que je fais de vos talents, et à vous dire que vous serez toujours compté parmi les plus grands maîtres de votre art. Je vous ai admiré sur l'une et l'autre scène; mais vous ne m'avez jamais paru plus sublime que dans ce personnage de Calas, infiniment plus intéressant à mon gré que celui de Socrate.

Qu'il me soit permis de revenir encore un moment à l'ouvrage que vous avez si bien fait valoir. Par quelle heureuse magie un sujet qui pouvait ne sembler que sombre et atroce a-t-il pu devenir si touchant ? Comment l'auteur est-il venu à bout de réaliser son propre vers,

 Qu'il soit attendrissant, qu'il ne soit point horrible ?

C'est sans doute par le caractère de constance et de dignité qu'il a su donner au personnage de son héros. C'est lui, c'est la victime elle-même qui console pendant toute la pièce tous les infortunés qui prennent part à son malheur ; c'est lui qui, dans la situation la plus terrible, entouré de sa femme et de ses enfans, étend encore sa sensibilité sur une servante qui pleure, et dont le rôle a été parfaitement bien rempli. Enfin c'est le sommeil de Calas dans sa prison, ce sommeil tranquille de l'innocence opprimée, mais soumise aux ordres de la Providence, qui a produit une scène d'une beauté si neuve et si touchante, une scène qui adoucit la terreur; et le public, au lieu d'un spectacle atroce, ne voit plus dans cette paix du juste qu'un spectacle digne des regards de Dieu même. Eh! quoi de plus beau, de plus grand, de plus auguste, dit Sénèque, que l'ame d'un juste luttant avec sa seule vertu contre tous les orages de l'adversité?

JEAN CALAS.

PERSONNAGES.

JEAN CALAS.
Mme CALAS.
PIERRE CALAS, } fils de Jean Calas.
LOUIS CALAS,
LA VAÏSSE.
LA SERVANTE.
CLÉRAC, } juges.
LA SALLE,
UN RELIGIEUX.
LE GEOLIER.
LE PEUPLE.
JUGES, } personnages muets.
UN GREFFIER,

La scène est dans la ville de Toulouse.

JEAN CALAS,

ou

L'ÉCOLE DES JUGES.

DRAME.

ACTE PREMIER.

(Le théâtre représente une place publique.)

SCÈNE PREMIÈRE.

CLÉRAC, LA SALLE.

LA SALLE.

Laissez-moi.

CLÉRAC.

Vous fuyez.

LA SALLE.

Je fuis des criminels.

CLÉRAC.

Où sont-ils ?

JEAN CALAS.

LA SALLE.
Dans le temple, au pied des saints autels.
CLÉRAC.
Que dites-vous?
LA SALLE.
Qu'un peuple affamé de carnage
Veut rendre un Dieu clément complice de sa rage.
CLÉRAC.
Je reconnais en vous le soutien des Calas.
LA SALLE.
Oui, je les soutiendrai : je ne m'en défends pas.
CLÉRAC.
Ce grand zèle du moins ne peut-il se contraindre?
LA SALLE.
Ils sont infortunés : nous devons tous les plaindre.
CLÉRAC.
Il est vrai.
LA SALLE.
Nous surtout qui devons les juger.
Je les crois innocens, et je ne puis songer
Qu'un frère en sa fureur ait égorgé son frère,
Ou qu'un fils ait péri sous la main de son père.
CLÉRAC.
Vous, qui me soupçonnez de quelque aveuglement;
Vous qui, d'un parricide étonné justement,
Le jugez impossible, et refusez d'y croire,
Faut-il de vos discours rappeler la mémoire?
Cent fois je vous ai vu, les yeux baignés de pleurs,

Des superstitions raconter les fureurs.
Je n'ai point, comme vous, goûté dès ma jeunesse
Les principes hardis d'une altière sagesse :
Dans ma religion rien n'est douteux pour moi,
Et ma raison fléchit sous le joug de la foi ;
Mais je puis concevoir qu'un zèle fanatique
Arme contre son fils la main d'un hérétique.
Je sais qu'en votre cœur Dieu seul est adoré,
Que Dieu seul à vos yeux est un objet sacré.
« En tous lieux, disiez-vous, nos malheureux ancêtres
« Ont toujours épousé les passions des prêtres ;
« Et, toujours ajoutant au culte de l'autel,
« Les humains ont gâté l'œuvre de l'Éternel. »
Quoi ! monsieur, ce fléau si grand, si redoutable,
Quoi ! des religions ce mal inévitable,
Au culte protestant serait-il étranger,
Ou l'esprit d'une secte aurait-il pu changer ?

LA SALLE.

Non, non ; le fanatisme enfante tous les crimes ;
Sans égard et sans choix il frappe ses victimes ;
Du sang, de la nature, il fait taire la voix :
Mais, pénétrant aussi dans le temple des lois,
Souvent, vous l'avoûrez, sa terrible puissance
Aux mains des magistrats fait pencher la balance.

CLÉRAC.

Terminons un discours qui pourrait nous aigrir.

LA SALLE.

Oui, parmi vos pareils hâtez-vous de courir.

Au sein de nos remparts de zélés catholiques
Jadis ont immolé des milliers d'hérétiques :
Une fête annuelle est l'affreux monument
Qui retrace à nos yeux ce grand événement;
De ces meurtres sacrés c'est le jour séculaire.

CLÉRAC.

J'ai quitté de Bruno le cloître solitaire;
A mes concitoyens je viens me réunir,
Et célébrer comme eux ce sanglant souvenir.

LA SALLE.

Eh bien! jouissez donc de cette horrible image;
Par d'homicides vœux célébrez le carnage;
Joignez-vous au vulgaire, et rendez grace aux cieux
Des forfaits qu'autrefois ont commis vos aïeux.

CLÉRAC.

Modérez ces transports.

LA SALLE.

Déplorables contrées,
Aux superstitions si constamment livrées!
Hélas! de vos revers quand finira le cours?
Le terme en est-il proche? ou verrai-je toujours
Des citoyens, poussés par un zèle bizarre,
Excusable pourtant quand il n'est point barbare,
Porter publiquement, en signe de douleurs,
Des vêtemens hideux sous diverses couleurs?
Vous, juge, initié dans ces sombres mystères,
Osez-vous approuver la fureur de vos frères?
Pourquoi donc ces devoirs, ces honneurs solennels

Qu'obtient le suicide au pied de vos autels?
Pourquoi ces chants cruels, ces accens funéraires,
Qui sont des cris de rage, et non pas des prières?
Pourquoi de ce cercueil le spectacle effrayant,
Et d'Antoine Calas le squelette sanglant?
Il saisit d'une main la palme du martyre,
Et, les doigts étendus, l'autre main semble écrire.
Il devait, nous dit-on, sous les regards de Dieu,
D'un culte plein d'erreur signer le désaveu:
Fais au moins, Dieu puissant, que sa main sanguinaire
Ne signe point la mort de son malheureux père!

CLÉRAC.

Si l'on eût de l'État consulté les besoins,
Vos yeux de ces objets ne seraient pas témoins.
Toujours les protestans ont divisé l'empire:
Par de sévères lois il fallait les détruire.

LA SALLE.

Ami de la justice, est-ce vous que j'entends?

CLÉRAC.

Est-ce vous qui seriez l'appui des protestans?
Voyez ces factieux, hardis dès leur naissance,
Par vingt ans de combats affermir leur puissance;
Vaincus par Médicis, quelquefois triomphans,
Ils ébranlaient le sceptre aux mains de ses enfans.
Henri quatre et son fils reçurent en partage
De ces dissensions le sanglant héritage:
Ami d'un seul pouvoir, le profond Richelieu
Défendit la querelle et du trône et de Dieu.

Il mourut; mais bientôt ce siècle vit paraître
Un roi qui sut parler, qui sut agir en maître,
Et qui, pour maintenir sa juste autorité,
Employa la constance et la sévérité.
Ce monarque, imposant jusque dans ses faiblesses,
Gouverné par la gloire, et non par ses maîtresses,
Voulant de son royaume augmenter la splendeur,
Sous la religion fit fléchir sa grandeur :
Il connut les rigueurs de sa morale austère;
Un saint zèle dicta cet édit salutaire
Qui livrait l'hérésie au glaive de la loi.
Que n'a-t-on conservé l'esprit de ce grand roi!

LA SALLE.

Ainsi vous exaltez les crimes de vos princes!
Oubliez-vous le sort de ces tristes provinces?
Pontifes, magistrats dressant des échafauds,
Nos pères convertis à la voix des bourreaux,
Abandonnant leurs biens, errant de ville en ville,
Massacrés dans nos murs sous les yeux d'un Baville,
Dans la nuit des cachots entassés par Louvois;
Quelques-uns, en troupeaux fuyant au fond des bois,
Poursuivis dans les creux des vallons solitaires,
Au bruit du plomb mortel chassés de leurs repaires,
Tels que ces animaux que l'homme en son loisir
Égorge de sang-froid par un affreux plaisir!
Oubliez-vous enfin notre Septimanie,
Jouet du fanatisme et de la tyrannie,
Déplorant les trésors de ses champs dévastés,

Et le deuil éternel de ses riches cités;
Ses beaux arts transplantés sur la rive étrangère,
Et ses nombreux enfans arrachés à leur mère?
Louis, cet ennemi de toute liberté,
Plus flatté que chéri, plus craint que respecté,
Imprimant à l'Europe une terreur profonde,
Obtint le nom de grand par le malheur du monde.
Entouré soixante ans et de pompe et d'ennui,
Il crut que les humains n'étaient faits que pour lui.
La France, qu'appauvrit son luxe despotique,
Le vit fouler aux pieds la majesté publique,
Des impôts accablans appesantir le faix,
Et nourrir son orgueil du sang de ses sujets.
Il ne peut être absous par quarante ans de gloire;
La misère du peuple a flétri sa mémoire:
Son règne avait causé de publiques douleurs;
Mais le jour de sa mort n'a point coûté de pleurs.

SCÈNE II.

GLÉRAC, LA SALLE, LOUIS CALAS, UN RELIGIEUX.

LOUIS CALAS.

O ministres des lois, soutiens de la justice,
Vous ne souffrirez point qu'un innocent périsse!
Mille objets effrayans sont encor sous mes yeux:
Ces pénitens, ce deuil, ces prêtres furieux,
Et ce fantôme affreux, restes d'un suicide,

Qu'une sanglante erreur condamne au parricide.
Au premier des martyrs le temple consacré
Est-il donc aux bourreaux impunément livré?
Ah! mon père est proscrit! son supplice s'apprête!
Le peuple me poursuit en demandant sa tête!
Je viens auprès de vous; je me jette en vos bras.

CLÉRAC.

Quoi! c'est un des enfans...

LE RELIGIEUX.

Du malheureux Calas.

CLÉRAC.

Eh! que veut-il de moi? Son fils! un hérétique!

LE RELIGIEUX.

Presque dès son enfance il devint catholique.

CLÉRAC.

Lui!

LE RELIGIEUX.

Grace à l'Éternel, qui s'est servi de moi,
Ses yeux sont éclairés du flambeau de la foi.

LOUIS CALAS.

Et du plus grand forfait on accuse mon père!
Si d'un tel changement il eût puni mon frère,
Si dans le sang d'un fils son bras s'était baigné,
J'étais plus criminel : m'aurait-il épargné?
Maintenant donc jugez, amis de l'innocence;
Amis de la raison, prononcez la sentence.

CLÉRAC.

Vos discours et les pleurs que je vous vois verser,

Jeune homme, à votre sort tout doit m'intéresser :
Mais enfin je suis juge, et ne puis vous entendre.
L'arrêt viendra trop tôt : c'est à vous de l'attendre.
(Il sort.)

SCÈNE III.

LA SALLE, LOUIS CALAS, LE RELIGIEUX.

LOUIS CALAS, au Religieux.

Sortons d'ici.
LA SALLE.
Pourquoi craignez-vous de rester ?
Comme lui je suis juge, et veux vous écouter.
LOUIS CALAS.
Vous ne m'opposez pas un visage sévère :
Vous êtes jeune encore, et vous avez un père.
LA SALLE.
Non, j'ai perdu le mien ; mais il me reste un cœur
Qu'il forma vertueux et sensible au malheur.
LE RELIGIEUX.
Je vois courir vers nous ce peuple qu'on égare.
LA SALLE.
Et c'est la loi d'un Dieu qui rend l'homme barbare !

SCÈNE IV.

LA SALLE, LOUIS CALAS, LE RELIGIEUX, LE PEUPLE.

LE PEUPLE.
Oui, le voilà, c'est lui; c'est un fils de Calas.
LA SALLE.
Citoyens, écoutez.
LE PEUPLE.
Ne le protégez pas.
LA SALLE.
Qu'a-t-il donc fait?
LE PEUPLE.
Le ciel demande un grand exemple.
LA SALLE.
Mais enfin qu'a-t-il fait?
LE PEUPLE.
Il est sorti du temple...
LA SALLE.
Eh bien?
LE PEUPLE.
Nous l'avons vu, cachant mal sa fureur,
Sortir en détournant les yeux avec horreur.
Il a trempé, sans doute, au meurtre de son frère:
Il est temps d'immoler les enfans et le père.

ACTE I, SCÈNE IV.

LE RELIGIEUX.

Il faut donc, citoyens, nous immoler tous trois.

LA SALLE.

Ministre des autels et ministre des lois,
Jusqu'au dernier soupir nous prendrons sa défense.

LOUIS CALAS.

Laissez-leur terminer mon horrible existence.

LE RELIGIEUX.

Cet homme est innocent : ne le voyez-vous pas ?

LE PEUPLE.

Peut-il être innocent, lui, le fils de Calas ?

LA SALLE.

S'il faut pour vous fléchir parler en fanatique,
Cet homme est innocent, puisqu'il est catholique.

LE PEUPLE.

Il doit donc abhorrer des parens criminels.

LA SALLE.

Tous les cœurs ne sont pas injustes et cruels.

LE PEUPLE.

Ses parens ont du ciel mérité la colère.

LE RELIGIEUX.

Le ciel n'ordonne pas de détester son père.

LE PEUPLE.

Un de nos magistrats dans un cloître sacré
Pour ce procès fameux s'est long-temps retiré :
Inspiré par les cieux, ce juge irréprochable
A dit publiquement : « Jean Calas est coupable. »

LA SALLE.

Un homme, dites-vous, par les cieux inspiré!
Bon peuple, eh! c'est ainsi qu'ils vous ont égaré!

LE PEUPLE.

Les juges irrités frapperont la victime.

LA SALLE.

Eh quoi! n'ont-ils jamais condamné que le crime?
Au sang d'Urbain Grandier leurs bras se sont baignés.

LE PEUPLE.

Tous nos prêtres, comme eux justement indignés...

LA SALLE.

Repoussez loin de vous ces prêtres sanguinaires,
Qui vous font desirer le trépas de vos frères,
Qui, d'orgueil enivrés, prêchent l'humilité,
Qui du sein des trésors prêchent la pauvreté,
Et qui, trompant toujours et dévastant la terre,
Servent le Dieu de paix en déclarant la guerre.

LE PEUPLE.

Eh bien! le tribunal est prêt à s'assembler;
Vous êtes magistrat, vous pouvez y parler:
En faveur des Calas courez vous faire entendre.

LA SALLE.

N'en doutez point; j'y vole, et c'est pour les défendre.

LE PEUPLE.

Comment! vous oserez, par le zèle emporté...

LA SALLE.

Tout pour ma conscience et pour la vérité.

ACTE 1, SCÈNE IV.

LE PEUPLE.

Courons hâter l'arrêt d'une race coupable.

LA SALLE.

Allez, et demandez un arrêt équitable.

(Le peuple sort.)

SCÈNE V.

LA SALLE, LOUIS CALAS, LE RELIGIEUX.

LOUIS CALAS.

O mon libérateur!

LA SALLE.

Vous, jeune infortuné,
Venez sous l'humble toit que le ciel m'a donné.
Sans consumer ma vie au fond des sanctuaires,
Je tâche d'être humain : ce sont là mes prières.

LE RELIGIEUX.

Vos vœux et votre encens sont les plus précieux :
Tout mortel bienfaisant est un prêtre des cieux.
Aimer le genre humain, secourir la misère,
C'est la religion, c'est la loi tout entière,
C'est le précepte saint que Dieu même a dicté :
Son culte véritable est dans l'humanité.

ACTE II.

(Le théâtre représente la salle du Parlement.)

SCÈNE PREMIÈRE.

CLÉRAC, LA SALLE, les autres juges, un greffier.

CLÉRAC.

Bientôt les accusés en ces lieux vont paraître.
Ce moment de leur sort va décider peut-être.
Vous voyez les desirs de ce peuple pieux :
Il attend votre arrêt; il a sur vous les yeux;
Pensez-y bien. Souvent l'énormité du crime
Rend le juge incrédule, et sauve la victime.
Par des préventions ne soyons point troublés.
Le ciel qui nous entend, qui nous voit rassemblés,
A qui nous répondrons de notre ministère,
Dit à chacun de nous d'être un juge sévère,
De ne pas profaner la sainteté des lois,
D'être sourd à la plainte, et de venger ses droits.

ACTE II, SCÈNE I.
LA SALLE.

Venger les droits du ciel! Insensés que nous sommes,
Ne donnons point à Dieu les passions des hommes :
Il ne commande point tant de sévérité :
Ce Dieu, dont un cœur dur méconnaît la bonté,
Dit à chacun de nous d'être un juge équitable,
De haïr le forfait, de plaindre le coupable,
D'accueillir l'accusé d'un œil compatissant,
Et de ne point verser le sang de l'innocent.

SCÈNE II.

CLÉRAC, LA SALLE, LES AUTRES JUGES, LE GREFFIER, JEAN CALAS, Mme CALAS, PIERRE CALAS, LAVAÏSSE, LA SERVANTE.

CLÉRAC.
Approchez.
LA SALLE.
 Leur aspect me fait verser des larmes.
JEAN CALAS.
Tout terrible qu'il est, ce moment a des charmes :
Épars dans les cachots depuis près de six mois,
Nous voilà réunis pour la première fois.
MADAME CALAS.
Mon époux!
LAVAÏSSE.
 Mon ami!

JEAN CALAS.

LA SERVANTE.

Mon cher maître!

PIERRE CALAS.

Mon père!

JEAN CALAS.

Ces noms étaient bien doux dans un temps plus prospère.

CLÉRAC.

Répondez. De Calvin vous professez la foi?

JEAN CALAS.

Oui, depuis mon berceau.

CLÉRAC.

Quel était votre emploi?

JEAN CALAS.

Par les travaux constans d'une utile industrie,
Ainsi que mes aïeux j'ai servi la patrie.

CLÉRAC.

Votre âge et votre nom?

JEAN CALAS.

Vous ne l'ignorez pas:
J'ai soixante-neuf ans; mon nom est Jean Calas.

CLÉRAC.

Êtes-vous étranger?

JEAN CALAS.

J'ai vu le jour en France.

CLÉRAC.

En quel lieu?

JEAN CALAS.

Dans ces murs j'ai reçu la naissance.

ACTE II, SCÈNE II.

CLÉRAC, à madame Calas.

Et vous?

MADAME CALAS.

J'ai vu le jour chez un peuple vanté
Pour ses lois, pour ses mœurs, et pour sa liberté.

CLÉRAC.

Ce peuple, quel est-il? ce n'est pas me répondre.

MADAME CALAS.

Eh bien! je suis Anglaise, et je naquis dans Londre.

CLÉRAC.

Et le nœud qui vous joint dure depuis trente ans?

JEAN CALAS.

Il est vrai.

CLÉRAC.

Vous avez encor plusieurs enfans?

MADAME CALAS.

Grace à notre union, bien tristement féconde,
Six malheureux de plus ont gémi dans le monde;
Deux filles, quatre fils.

CLÉRAC.

Et ceux qui sont vivans
Habitent-ils ces lieux? sont-ils tous protestans?

JEAN CALAS.

L'un d'eux est catholique; et, dans son premier zèle,
Ayant voulu quitter la maison paternelle,
De ses parens encore il éprouve les soins :
Un tribut annuel suffit à ses besoins;
Il traîne sur ces bords sa pénible existence.

Le second de nos fils est en votre présence;
Et le troisième enfin, le plus jeune de tous,
Sur les bords genevois fut envoyé par nous.

MADAME CALAS.

Mes filles nous rendraient nos malheurs supportables.
Sous le champêtre toit de parens respectables,
Leurs beaux jours s'écoulaient loin du toit paternel,
Lorsqu'Antoine a conçu son projet criminel.
Cependant, comme nous, elles sont prisonnières :
Mes filles, s'abreuvant de larmes solitaires,
Expirent jour et nuit dans un cloître inhumain,
Loin de leur mère, hélas! qui les appelle en vain.

CLÉRAC, à Pierre Calas.

Parlez, fils de Calas; il faut aussi connaître
Et votre âge et les lieux où le sort vous fit naître.

PIERRE CALAS.

Je suis né dans ces murs; j'ai vingt ans accomplis.

CLÉRAC, à Lavaïsse.

Et vous?

LAVAÏSSE.

Un an de moins; Toulouse est mon pays.

CLÉRAC.

Est-ce de vos parens la demeure ordinaire?

LAVAÏSSE.

C'est là que de tout temps a résidé mon père.

CLÉRAC.

Ses jours ne sont-ils pas consacrés à la loi?

LAVAÏSSE.

Il s'est rendu fameux dans l'honorable emploi
De défendre au barreau les droits de l'innocence;
Et le faible opprimé chérit son éloquence.

CLÉRAC, à la servante.

Vous, femme qui pleurez, qui gémissez tout bas,
Approchez, répondez: vous serviez Jean Calas?

LA SERVANTE.

Il est vrai.

CLÉRAC.

Cependant vous êtes catholique?

LA SERVANTE.

Grace au ciel.

CLÉRAC.

Vous pouviez servir un hérétique!

LA SERVANTE.

J'ai vécu bien long-temps; mais je n'ai point connu
D'homme plus généreux, plus rempli de vertu.
Mon maître et son épouse ont aidé l'infortune;
Ils n'ont jamais trouvé sa demande importune.
Lorsque j'entrai chez eux, au pied de leurs autels
Ils venaient de s'unir par des nœuds solennels.
Hélas! deux ans après, le Ciel, en sa colère,
D'un époux fortuné fit un malheureux père.
Je cultivais les fruits de ce tendre lien,
Et le cœur maternel se confiait au mien.
Mes yeux furent témoins du jour de leur naissance;
Ces mains que vous voyez ont bercé leur enfance.

Pour mes soins chaque jour recevant des bienfaits,
J'ai vu dans la maison l'innocence et la paix.
Je ne m'attendais pas, non plus que vous, mon maître,
Que je verrais mourir l'enfant que j'ai vu naître,
Ni qu'un jour des parens si bons et si chéris
S'entendraient accuser du meurtre de leur fils.

CLÉRAC.

Retracez-nous, vieillard, l'événement funeste.

JEAN CALAS.

Je vais donc ranimer la force qui me reste.
(Montrant Lavaïsse.)
Ce jeune homme à nos yeux est un de nos enfans ;
La plus tendre amitié me joint à ses parens :
Ce sont des nœuds formés depuis quarante années.
Il avait dans Bordeaux passé quelques journées ;
De retour en ces murs il venait nous revoir ;
Nous étions réunis pour le repas du soir,
Ma femme auprès de moi, lui, mon second fils Pierre,
Et ce fils dont la mort perd sa famille entière.
Je me trouvais heureux environné des miens ;
Et le temps s'écoulait en ces doux entretiens
Sans suite et sans apprêt, dont le désordre aimable
Reçoit de la nature un charme inexprimable.
Antoine, cependant, rêveur, préoccupé,
Semblait d'un grand dessein profondément frappé.
Nous nous levons ensemble.

PIERRE CALAS.

Y pensez-vous, mon père ?

Avez-vous oublié que mon malheureux frère
Venait de nous quitter depuis quelques instans?
LAVAÏSSE.
Antoine est sorti seul.
JEAN CALAS.
Il est vrai, mes enfants.
J'ai peine à surmonter le trouble qui m'accable :
Pardon !
CLÉRAC.
Vous hésitez : vous êtes donc coupable ?
LA SERVANTE.
Il ne l'est point. Son fils a dirigé ses pas
Aux lieux où se faisaient les apprêts du repas.
Je me rappelle bien l'époque infortunée ;
Octobre finissait sa treizième journée ;
Les orages fréquens et la fraîcheur de l'air
Nous annonçaient déja l'approche de l'hiver.
Il entre : sa tristesse a causé ma surprise.
Près de l'ardent foyer j'étais alors assise.
« Approchez-vous : le froid fait sentir sa rigueur, »
Lui dis-je. Il me répond, d'un air sombre et rêveur,
« Je brûle. » Après ces mots que je ne pus comprendre,
D'un pas précipité je l'entendis descendre.
CLÉRAC.
Continuez, vieillard.
JEAN CALAS.
L'heure vint avertir
Que notre ami devait nous quitter et partir.

Il voulait la nuit même aller trouver l'asile
Que son père possède auprès de notre ville.
Nous réveillons mon fils qui s'était endormi.
Va, dis-je, mon enfant, éclairer notre ami.
Mon fils prend la lumière, et tous deux ils descendent.
Des cris l'instant d'après et des sanglots s'entendent :
Moi-même alors j'accours, pâle et saisi d'effroi ;
Mon épouse me suit plus tremblante que moi.
Mais de mon premier né quel destin déplorable !
Quel sujet de douleur et profonde et durable !
Quel spectacle effrayant se présente à nos yeux !
Le pourrai-je achever ce récit odieux ?
Mon fils.... Je vois tes pleurs, ô toi qui fus sa mère !
Vous tous qui me jugez, prenez pitié d'un père ;
Songez à la victime, et ne m'ordonnez pas
De m'arracher le cœur en peignant son trépas.
Mon fils... je meurs... mon fils...

LA SALLE, *courant soutenir Jean Calas.*

Il chancelle, il succombe.

JEAN CALAS.

Je devais avant toi descendre dans la tombe.
Mon fils !

MADAME CALAS.

De sa douleur nous le verrons mourir.

LA SERVANTE.

Calmez-vous, mon cher maître.

LA SALLE.

On doit le secourir.

ACTE II, SCÈNE II.

CLÉRAC, à La Salle.

Un juge aux passions doit être inaccessible.

LA SALLE.

Je renonce à juger s'il faut être insensible.

JEAN CALAS, reprenant ses sens.

Eh quoi! je puis encor me trouver dans vos bras!
(A La Salle.)
Mais vous pleurez aussi!

MADAME CALAS.

C'est un des magistrats.

JEAN CALAS, à La Salle.

Je vous plains.

CLÉRAC, à Pierre Calas.

Achevez. Qu'ordonna votre père?

PIERRE CALAS.

« Va, me dit-il, va, cours, cherche à sauver ton frère;
« Mais cache bien surtout qu'il a tranché ses jours. »
Je vole en gémissant implorer des secours.
Hélas! nous espérions qu'une main bienfaisante
Ranimerait encor sa chaleur expirante.
On vient: l'art se consume en efforts superflus,
Et nous rend pour tout fruit ces mots: « Il ne vit plus. »

CLÉRAC, à madame Calas.

Et le chef de la ville alors vint vous surprendre?

PIERRE CALAS.

J'ai couru l'avertir.

CLÉRAC, à Pierre Calas.

Je viens de vous entendre.

(A madame Calas.)
C'est vous que j'interroge, épouse de Calas.

MADAME CALAS.

Le chemin tout à coup se remplit de soldats.
Le magistrat chargé de veiller sur la ville
Arrivait avec eux au sein de notre asile ;
Et déja cet asile était environné
D'un peuple furieux contre nous déchaîné.
« Oui, criait cette foule impie et fanatique,
« Ils ont tué leur fils devenu catholique ;
« Il voulait abjurer; et tous les protestans
« Sur de pareils soupçons égorgent leurs enfans.
« Voilà le meurtrier qu'a choisi leur vengeance ;
« C'est ce jeune homme à peine échappé de l'enfance,
« Lui-même, et de Bordeaux il revient aujourd'hui
« Pour cet assassinat qu'on exigeait de lui. »
Le pieux magistrat par les cris du vulgaire
Sent s'échauffer encor son zèle sanguinaire ;
Et, de cinq malheureux ardent persécuteur,
Il devient notre juge et notre accusateur.
Plongés depuis six mois en de sombres abîmes,
Innocens, renfermés dans le séjour des crimes,
Isolés, dispersés, seuls avec nos malheurs,
Jamais la main d'un fils ne vient sécher nos pleurs ;
Et jamais une voix et consolante et tendre
A notre cœur ému ne peut se faire entendre.
Les noms sacrés de mère, et de père, et d'époux,
Au fond de ces tombeaux n'existent plus pour nous.

On doit peut-être encor nous livrer au supplice;
C'est le seul coup du moins qui manque à l'injustice:
Mais nous pourrons subir et la honte et la mort,
Tous les tourmens unis, excepté le remord.

CLÉRAC.

Ainsi donc votre fils fut sa propre victime,
Et vos mains, dites-vous, sont exemptes de crime?

JEAN CALAS.

O mon fils, tes parens t'auraient privé du jour!
Le tigre seul détruit les fruits de son amour.
Enfant dénaturé, c'est toi-même, peut-être,
Qui donneras la mort à ceux qui t'ont fait naître.
Tu voulus de ta vie éteindre le flambeau.
Si ma voix peut percer l'abîme du tombeau,
Viens à ce tribunal justifier ton père,
Ton frère, ton ami, surtout ta tendre mère,
Celle qui t'a porté dans ses flancs douloureux,
Dont les soins t'élevaient pour un sort plus heureux,
Et dont le lait, jadis aux jours de ton enfance,
Soutenait, conservait ta débile existence.
Toi, principe éternel d'amour et d'équité,
Dont l'image préside à ce lieu redouté,
Dieu, qui voulus naître homme, et terminer ta vie
Au milieu des tourmens et de l'ignominie;
Divin patron du juste à la mort condamné,
Dieu du pauvre, à tes pieds me voilà prosterné:
Nous attestons ici tes regards redoutables;
Tu vois des malheureux, mais non pas des coupables.

CLÉRAC.

Vous, ô ciel!

JEAN CALAS.

Je le jure.

MADAME CALAS, PIERRE CALAS, LAVAÏSSE,
LA SERVANTE.

Et nous le jurons tous.

CLÉRAC.

Il suffit : maintenant allez, retirez-vous.

JEAN CALAS.

Quoi! toujours supporter cette absence funeste!
Ah! du moins profitons de l'instant qui nous reste.
Viens, chère épouse; et vous, mes amis, mes enfans,
Venez, confondez-vous dans mes embrassemens.

LA SERVANTE.

Ah! laissez-moi baiser cette main respectable;
Permettez que mes pleurs...

JEAN CALAS.

Ton amitié m'accable!
Je connais sa tendresse et sa fidélité :
Ce n'est point là le prix qu'elle avait mérité.

(A Lavaïsse.)

Et vous, brillant encor des fleurs de la jeunesse,
De vos tristes parens que je plains la vieillesse!
Sous leur toit solitaire ils sont abandonnés.
Quel destin vous guidait chez des infortunés?

LAVAÏSSE.

Je gémis avec vous : mon sort sera le vôtre.

ACTE II, SCÈNE II.

MADAME CALAS.
Resterons-nous long-temps enlevés l'un à l'autre?
LES CINQ ACCUSÉS.
Adieu.
JEAN CALAS.
Je ne pourrai m'arracher de ce lieu.
Hélas! pourquoi faut-il encor nous dire adieu?
(Les cinq accusés sortent.)

SCÈNE III.

CLÉRAC, LA SALLE, LES AUTRES JUGES, LE GREFFIER.

LA SALLE.
Vous venez de les voir: les croyez-vous coupables?
CLÉRAC.
Leurs discours sont touchans, simples et vraisemblables;
Si vous en exceptez un mot, un seul instant,
Leur aveu fut toujours uniforme et constant.
Ce fait, tout important qu'il puisse vous paraître,
Ne tient pas lieu de preuve: observez que, peut-être,
Au moment de ce meurtre, avant d'être arrêtés,
Sur ce qu'il fallait dire ils se sont concertés.
Ce jeune homme du moins privé de la lumière
La veille d'abjurer le culte de son père;
Tout le peuple informé de son pieux dessein;

L'esprit des protestans; ce suicide enfin,
Que l'aspect seul du lieu fait juger impossible :
Tout établit contre eux une preuve invincible;
Et, malgré la pitié dont je suis pénétré,
Tout démontre à mes yeux un complot avéré.

LA SALLE.

Pensez-vous qu'il s'agit d'un forfait exécrable?
Un vain bruit, un soupçon vous le rend vraisemblable!
Quelle preuve avez-vous? quels faits sont avancés?
Un témoin se présente, un seul homme; est-ce assez?
Et qui? ce vil mortel, chez qui le plus grand crime,
L'homicide, devient un acte légitime;
Payé pour exercer l'abominable emploi
De répandre le sang condamné par la loi!
Vous savez que du meurtre il a l'expérience;
Vous allez, magistrats, consulter sa science :
Il a jugé pour vous : « Le fils de Jean Calas
« N'a pu, vous a-t-il dit, se donner le trépas;
« D'une main meurtrière il éprouva la rage. »
Sur cette autorité, sur ce grand témoignage,
Vous allez donc livrer à des tourmens affreux
Un père, un citoyen, un vieillard malheureux!

CLÉRAC.

Il est d'autres témoins. A l'heure infortunée
Qui d'Antoine Calas finit la destinée,
Des voisins effrayés ont entendu des cris.

LA SALLE.

C'étaient les cris du père. Êtes-vous donc surpris

Qu'un vieillard éperdu, qu'une famille entière,
Voyant l'horrible mort et d'un fils et d'un frère,
Fasse éclater au loin ses plaintives douleurs?
Vouliez-vous la contraindre à dévorer ses pleurs?
Pour condamner un homme il faut que l'évidence
Ait de son attentat démontré l'existence.
Ah! je réclame ici, non pas l'humanité,
Mais l'austère raison d'où naît la vérité.
Quelques enfans, ingrats jusqu'à la barbarie,
Des auteurs de leurs jours ont abrégé la vie :
On a vu, je le sais, des fils dénaturés
Oser verser le sang de ces objets sacrés :
Alors, pour désigner un si grand homicide,
Nos aïeux ont créé le nom de parricide;
Mais ils n'ont pas prévu qu'au sein de son enfant
Un père pût jamais porter son bras sanglant.
Égorger un mortel que soi-même on fit naître!
Ce forfait incroyable, impossible peut-être,
Jusqu'à nos tribunaux n'était point parvenu,
Et le nom d'un tel crime est encore inconnu!

CLÉRAC.

Vous êtes défenseur, et vous n'êtes pas juge.

LA SALLE.

Et du faible innocent quel sera le refuge?
Dans vos bizarres lois qu'inventa la fureur,
L'homme accusé d'un crime a-t-il un défenseur?
Il est seul, sans conseil, près d'un juge implacable
Qui semble avoir besoin de le trouver coupable.

Au pied des tribunaux une fois amené,
L'accusé, s'il est pauvre, est déja condamné.

CLÉRAC.

Vous servez les Calas avec un zèle extrême.

LA SALLE.

Les Calas, dites-vous? non pas eux, mais vous-même.
Si je puis arracher le glaive de vos mains,
Et de ces accusés prolonger les destins,
C'est à vous, magistrats, que je rends un service :
Je vous sauve du sang, les remords, l'injustice;
Je veux fermer l'abîme entr'ouvert sous vos pas :
Si vous me repoussiez, vous seriez des ingrats;
Et vous seriez couverts du sang de l'innocence,
Si votre bouche osait prononcer la sentence.

CLÉRAC.

Je crois que nous pouvons prononcer sans effroi
Quand nous avons pour nous des preuves et la loi.
Jeune homme, est-il prudent, est-il bien équitable,
Que dis-je? est-il humain d'absoudre le coupable?
Ah! quoi qu'en puisse dire un zèle exagéré,
Les témoins sont ouïs, le crime est avéré :
Ainsi donc, je conclus...

LA SALLE, se levant avec précipitation.

Homme, homme impitoyable,
Tu vas donner d'un mot la mort à ton semblable.

CLÉRAC.

La loi veut...

ACTE II, SCÈNE III.

LA SALLE.

Arrêtez.

CLÉRAC.

Quoi! vous seul contre tous!

LA SALLE.

Il n'importe; arrêtez. Je tombe à vos genoux.

CLÉRAC.

Prétendez-vous aux lois enlever leur victime?
Pouvez-vous bien...?

LA SALLE.

Je puis vous épargner un crime.
Vous êtes tous d'accord: moi, seul de mon côté,
Seul... avec la justice, avec l'humanité,
J'ose vous conjurer, mes compagnons, mes frères,
Vous au nom de vos fils, vous au nom de vos pères,
Et tous au nom du ciel que vous croyez venger,
De différer encor le moment de juger,
De ne point prononcer, de peser, de suspendre
L'irrévocable arrêt que vous prétendez rendre.
Si l'on exécutait cet arrêt odieux,
Si bientôt l'innocence éclatait à vos yeux,
Quel attentat! Pour vous quel avenir horrible!
Verra-t-on, dites-moi, dans ce moment terrible,
L'innocent expiré sous le fer d'un bourreau
Sortir à votre voix de la nuit du tombeau?
Anéantirez-vous son trépas, son supplice?
Chacun de vous alors, pour n'être pas complice,
Pour n'avoir pas trempé dans l'arrêt inhumain,

8.

Voudrait donner son sang, et le voudrait en vain.
Oh! ne soyez point sourds à ma voix qui vous prie;
Songez bien qu'il y va d'un homme et de sa vie,
Que vous vous préparez les tourmens du remord,
Qu'il ne sera plus temps de retarder sa mort,
Plus temps de réparer un crime irréparable,
Mais qu'il est toujours temps de punir un coupable.
(Tous les magistrats se lèvent.)

CLÉRAC.

Vous le voulez... eh bien!... mais d'abord calmez-vous.

LA SALLE.

Vous répandez des pleurs! vous m'environnez tous!

CLÉRAC.

Je ne le cache pas, mon ame est ébranlée:
Il faut en ce moment dissoudre l'assemblée.
Bientôt nous reviendrons terminer ces débats.
Nous avons juré tous, ah! ne l'oublions pas,
De n'en croire jamais que notre conscience,
D'écouter la loi seule, et non pas l'éloquence.

LA SALLE.

N'oubliez pas non plus que vous avez juré
D'offrir à l'innocence un secours assuré;
N'oubliez pas surtout qu'en frappant la victime,
Si vous vous abusez, votre erreur est un crime;
Que c'est un meurtre affreux, plus affreux mille fois
Que celui qu'un brigand commet au fond des bois;
Que pour un magistrat une telle injustice
Est le plus grand malheur, le plus cruel supplice;

Qu'il vaut mieux être enfin l'innocent abattu,
Mourant dans les tourmens, mais avec sa vertu,
Épuisant les horreurs d'un arrêt tyrannique,
Que le juge souillé d'un jugement inique.
(Ils sortent tous.)

ACTE III.

(La scène est dans une place où la prison est située.)

(Un orage se prépare durant les premières scènes, et les éclairs se pressent avec rapidité.)

SCÈNE PREMIÈRE.

LOUIS CALAS.

Rien ne saurait calmer ma sombre inquiétude:
Je marche sans dessein; la nuit, la solitude,
Dans mon cœur abattu nourrissent la douleur,
Et le ciel orageux convient à mon malheur.
La prison! c'est donc là qu'est ma famille entière!
Je veux rester ici; dormons sur cette pierre.
Dormir? ah! le sommeil n'est plus fait pour mes yeux;
Je ne dormirai pas. Vous, tyrans de ces lieux,
Pontifes qui traînez, au sein de l'opulence,
De vos stériles jours la pompeuse indolence;
Orgueilleux magistrats, qui tenez en vos mains
L'existence et l'honneur des vulgaires humains,
Dormez; laissez veiller les chagrins, la misère:
Dormez; dans les cachots vous n'avez pas un père.

Chacun s'est retiré; je n'entends plus de bruit;
Dans l'espace des cieux, les astres de la nuit
Cachés, ensevelis sous un épais nuage,
Ont fait place aux éclairs précurseurs de l'orage;
Et moi, seul, accablé de mes calamités,
Je baise en vain les murs par mon père habités.
O mon père, ô vieillard si vertueux, si tendre,
Hélas! tout près de moi vous ne pouvez m'entendre!

SCÈNE II.

LOUIS CALAS, JEAN CALAS, paraissant aux barreaux de la prison.

JEAN CALAS.

C'est toi, mon cher Louis.

LOUIS CALAS.

                Je connais cette voix.
Se peut-il?... c'est la sienne, et c'est lui que je vois.
De ces éclairs pressés la rapide lumière
Me fait jouir encor de l'aspect de mon père.

JEAN CALAS.

Tes accens douloureux ont pénétré mon cœur.

LOUIS CALAS.

Quoi! je puis donc goûter un moment de bonheur!

JEAN CALAS.

Évite, mon cher fils, les coups de la tempête;
Les torrens orageux vont tomber sur ta tête.

LOUIS CALAS.

Qu'importent les torrens et la foudre en courroux?
Je puis vous contempler, je suis auprès de vous.

JEAN CALAS.

Je t'ai vu; c'est assez : au nom de ma tendresse,
Pour ta mère, mon fils, conserve ta jeunesse :
Ta mère est dans cet âge où de nouveaux besoins
De l'amour filial exigent plus de soins.

LOUIS CALAS.

Vos juges en leurs mains tiennent sa destinée.

JEAN CALAS.

Je ne présume pas qu'elle soit condamnée.
Ils vont faire périr, sous la main d'un bourreau,
Un vieillard que déja réclame le tombeau;
Mais je crois que mon sang pourra les satisfaire,
Et qu'ils épargneront ta malheureuse mère.

LOUIS CALAS.

Et voilà tout l'espoir que vous me présentez!

JEAN CALAS.

Nos destins sont prévus, nos momens sont comptés.
J'ai passé sur la terre, et j'ai connu la vie;
Le port s'offre à mes yeux, et ma course est finie.

LOUIS CALAS.

Dieu! quel pressentiment!

JEAN CALAS.

      Mon fils, ne me plains pas;
Plains et chéris ta mère.

LOUIS CALAS.
Ah! tendez-moi vos bras!
JEAN CALAS.
De si loin?
LOUIS CALAS.
Cette pierre aidera ma tendresse.
Oui, malgré ces barreaux, que ma bouche les presse :
Sur ces augustes mains, sur ces bras paternels,
Sentez couler des pleurs qui seront éternels.
JEAN CALAS.
Apaise, mon cher fils, la douleur qui t'emporte.
Adieu : de ma prison j'entends ouvrir la porte ;
Je ne puis t'embrasser, mais je puis te bénir.
LOUIS CALAS.
Un si cher entretien doit-il déja finir?
JEAN CALAS.
Que vient-on m'annoncer?... ma sentence peut-être.
D'une secrète horreur mon cœur n'est pas le maître.
Pour tous les accusés, ô Ciel, entends mes vœux !
Si je suis seul proscrit, mon sort est trop heureux.
UNE VOIX, dans l'intérieur de la prison.
Suivez nos pas.
(Jean Calas disparaît.)
LOUIS CALAS.
Quelle est cette voix formidable?
« Suivez nos pas! » Ces mots sont un poids qui m'accable.

SCÈNE III.

LOUIS CALAS, LE RELIGIEUX.

LE RELIGIEUX.
C'est vous, fils de Calas : je vous cherche en ces lieux.
LOUIS CALAS.
Et moi, je fuis le jour, j'évite tous les yeux.
LE RELIGIEUX.
Pourquoi donc avez-vous quitté le toit paisible
De ce vertueux juge à vos malheurs sensible?
LOUIS CALAS.
Je ne veux point lasser la pitié des humains.
LE RELIGIEUX.
Je viens auprès de vous partager vos chagrins.
LOUIS CALAS.
Laissez-moi; la douleur veut être solitaire.
LE RELIGIEUX.
Mon cher fils...
LOUIS CALAS.
        Laissez-moi; vous n'êtes point mon père.
LE RELIGIEUX.
Vos efforts seront vains : je ne vous quitte pas.
LOUIS CALAS.
Où sont en ce moment, que font les magistrats?
LE RELIGIEUX.
A l'instant où le ciel est devenu plus sombre,
Quand la nuit commençait à déployer son ombre,

ACTE III, SCÈNE III.

Le peuple au Parlement les a tous rappelés.

LOUIS CALAS.

Les juges, dites-vous, cette nuit rassemblés!
Sans doute ils ont déja prononcé...

LE RELIGIEUX.

Je l'ignore:
Parmi les citoyens rien ne transpire encore.

LOUIS CALAS.

Que dit-on de l'arrêt qui doit être porté?

LE RELIGIEUX.

Le sentiment public s'est trop manifesté :
De la prévention vous connaissez l'empire.

LOUIS CALAS.

A perdre mes parens je vois que tout conspire.

LE RELIGIEUX.

Du moins... sur Jean Calas les soupçons réunis...

LOUIS CALAS.

Ah! cruel, arrêtez; vous parlez à son fils.

LE RELIGIEUX.

Oui, je parle à ce fils : en sa douleur extrême
Il lui faut un ami qui l'arrache à lui-même.
Eh quoi! trembleriez-vous si je devais dicter
L'arrêt qu'en ce moment on s'apprête à porter,
Moi qui pensai toujours qu'un chrétien véritable
Ne peut même ordonner le trépas d'un coupable,
Que sur le sang humain l'homme n'a point de droits,
Et que l'arrêt de mort est un crime des lois?
Me préserve le ciel de cette audace impie

D'accuser le mortel qui vous donna la vie !
Il eut pour vous un cœur sensible et paternel ;
Envers un autre fils serait-il criminel ?
Un tel forfait, sans doute, a peu de vraisemblance :
Je ne puis garantir pourtant son innocence,
Je ne le connais point ; des emplois différens,
Mes soins religieux, la foi de vos parens,
Et ce culte plus pur que j'ai rendu le vôtre,
Nous ont jusqu'à ce jour éloignés l'un de l'autre.
En vain nous résidions au sein des mêmes lieux ;
Votre père jamais ne s'offrit à mes yeux.
Ah ! si des magistrats la voix impitoyable,
Au nom des lois, mon fils, le déclare coupable,
Cette religion que chérit votre cœur
Adoucira du moins le poids d'un tel malheur.
Des consolations source pure et féconde,
Seule elle calmera votre douleur profonde ;
Elle vous cherchera : vous, ne la fuyez pas ;
Vous, avec abandon jetez-vous dans ses bras ;
C'est pour tous les humains la mère la plus tendre,
Et son cœur en tout temps est prêt à nous entendre.

SCÈNE IV.

LOUIS CALAS, LE RELIGIEUX, LA SALLE.

(La foudre commence à gronder au loin vers la fin de cette scène.)

LOUIS CALAS.
(A La Salle.)
On approche. Est-ce vous, mon généreux soutien?

LA SALLE.
C'est moi.

LOUIS CALAS.
Le jugement...

LA SALLE.
Vient de se rendre.

LOUIS CALAS.
Eh bien!
Achevez. Qu'a-t-on fait?

LA SALLE.
Je n'ai rien à vous dire.

LOUIS CALAS.
Rien à me dire, ô ciel! et votre cœur soupire;
Vos yeux versent des pleurs; vous semblez consterné:
Ah! vous m'avez tout dit; mon père est condamné!

LA SALLE.
L'œuvre du fanatisme est enfin consommée,
Les juges satisfaits, l'innocence opprimée.
Hélas! j'ai fait long-temps parler la vérité,
La raison, la nature, et surtout l'équité,

Tout ce qui peut toucher un cœur juste et sensible,
Tout ce qui rend surtout ce forfait impossible :
Mais dans les tribunaux, comme au sein des combats,
Un mortel s'accoutume à l'aspect du trépas,
Et, se croyant toujours entouré de coupables,
Voit couler d'un œil sec le sang de ses semblables.
Rien n'a pu ramener des juges endurcis.
Toutefois sur la peine on semblait indécis,
Les voix se partageaient; j'avais quelque espérance :
Une voix tout à coup fait pencher la balance;
Un jeune homme entraîné s'unit aux magistrats
Dont les cris demandaient la mort de Jean Calas.
Au milieu du sénat un des juges s'élance :
« Réunis par le crime ou bien par l'innocence,
« Votre arrêt, nous dit-il, ne peut leur pardonner;
« Il faut tous les absoudre, ou tous les condamner. »
Je me lève avec lui; nous nous faisons entendre,
Lui pour les accuser, et moi pour les défendre.
Cependant tous les deux nous parlons vainement,
Et l'on prononce enfin le fatal jugement.
Un vil trépas attend votre malheureux père ;
Ils ont loin de ces bords exilé votre frère;
Les autres accusés, échappant à leurs coups,
Du prétendu forfait sont déclarés absous.
Ainsi les magistrats, ayant forgé les crimes,
Au gré de leur caprice ont choisi les victimes,
Afin de conserver la même absurdité
Et dans leur indulgence, et dans leur cruauté.

ACTE III, SCÈNE IV.

LOUIS CALAS.

C'en est donc fait! Mon père... O détestable rage!
Fanatisme insensé, voilà ton digne ouvrage!
(Au Religieux.)
Ainsi vous abusiez un cœur faible et soumis!
Où sont donc les secours que vous m'aviez promis?
Cette religion, dont la voix généreuse
Se flattait d'adoucir mon infortune affreuse,
Je l'interroge en vain; la cruelle se tait.
Eh bien! mon cœur l'abjure; elle seule a tout fait:
C'est un culte barbare, injuste, sanguinaire;
C'est la religion des bourreaux de mon père.

LE RELIGIEUX.

Je conçois la douleur qui doit vous déchirer.

LOUIS CALAS, à La Salle.

M'est-il donc à jamais défendu d'espérer?
Ne peut-on désarmer un cruel fanatisme?

LA SALLE.

Non; ces grands tribunaux, rivaux du despotisme,
Affectent son orgueil ainsi que sa fureur:
Avant de s'avouer convaincus d'une erreur
Ils laisseront traîner l'innocent au supplice;
Après sa mort, peut-être, ils lui rendront justice:
Tel est des parlemens l'esprit accoutumé.
Ainsi le magistrat que l'or seul a nommé,
Croyant s'humilier s'il devenait sensible,
Achète et vend le droit de paraître infaillible.

LOUIS CALAS.
D'où viennent tout à coup ces applaudissemens?
LA SALLE.
J'entends des cris de joie et des gémissemens.
LOUIS CALAS.
Je vois les magistrats, et le peuple, et ma mère,
Et tous les accusés; tous, excepté mon père!

SCÈNE V.

Les mêmes, Mme CALAS, PIERRE CALAS, LAVAÏSSE, LA SERVANTE, CLÉRAC, les autres membres du parlement, le peuple.

(L'orage s'accroît durant toute la scène.)

CLÉRAC.
Que me demandez-vous? L'arrêt est prononcé.
LE PEUPLE.
Par le vœu général il était devancé.
LOUIS CALAS.
Quoi! cet arrêt cruel, ce jugement...
CLÉRAC, avec douleur.
Est juste.
(Au Religieux.)
Vous, prêtre, allez remplir votre devoir auguste.
(Le Religieux sort.)
(Aux autres Membres du parlement.)
Et nous, quittons ces lieux.

MADAME CALAS.
                    Un moment. Vous voyez...
            CLÉRAC.
Que faites-vous?
            MADAME CALAS.
                    Ses fils, son épouse à vos pieds.
            CLÉRAC.
Vainement je voudrais rétracter la sentence.
            LA SERVANTE.
Mon maître est innocent!...
            MADAME CALAS.
                        Rien, rien pour sa défense?
            CLÉRAC.
Tout serait inutile.
            MADAME CALAS.
                Il n'importe, arrêtez.
            CLÉRAC.
Que voulez-vous encore?
            LA SALLE.
                    Ah! du moins écoutez.
            CLÉRAC, aux accusés.
J'en gémis; mais, hélas! qu'avez-vous à prétendre?
A cette heure, en ces lieux, devons-nous vous entendre?
            MADAME CALAS.
Que font l'heure et les lieux quand il faut être humain?
Vous qui répondez, vous, moins juge qu'assassin,
Vous qui de Jean Calas avez proscrit la tête,
Vous qui versez son sang, craignez-vous la tempête,

Quand vous ne craignez point d'égorger mon époux,
Un vieillard, un mortel plus vertueux que vous?

CLÉRAC.

Je pardonne au malheur cette imprudente audace.

MADAME CALAS.

Nous ne vous cherchons pas pour demander sa grace;
Son sort est décidé : décidez notre sort.

PIERRE CALAS.

Remplissez nos desirs.

CLÉRAC.

Que voulez-vous?

MADAME CALAS, LOUIS CALAS, PIERRE CALAS,
LAVAÏSSE, LA SERVANTE.

La mort.

MADAME CALAS.

Ah! ne vous montrez pas toujours impitoyables.
Est-il coupable? Eh bien, nous sommes tous coupables.

LOUIS CALAS.

Tous, autant que mon père.

LA SALLE.

Et moi-même autant qu'eux.

CLÉRAC.

Ne nous accablez pas. Nous croyez-vous heureux?
Hélas! en prononçant la sentence sévère,
J'ai vu, n'en doutez pas, une famille entière
Errante, abandonnée, et dans le désespoir :
C'est en versant des pleurs que j'ai fait mon devoir :
Il est toujours pénible, il est souvent funeste.

ACTE III, SCÈNE V.

Je signe en gémissant l'arrêt que je déteste;
Mais ma volonté cède aux volontés des lois.
Lorsque nous entendons leur rigoureuse voix,
Lorsqu'à donner la mort elle vient nous contraindre,
Notre cœur se déchire, et c'est nous qu'il faut plaindre.
Sur un arrêt rendu nul ne peut revenir.

(On entend gronder la foudre.)

MADAME CALAS.

Allez, cœurs inhumains qu'on ne saurait fléchir.
Dieu, dont la volonté déchaîne les tempêtes,
Ciel juste, ciel vengeur qui tonnes sur nos têtes,
Écrase-nous du moins; daigne nous délivrer
Du supplice de vivre et de les implorer.

LOUIS CALAS, à Clérac.

Eh quoi! votre pitié...

CLÉRAC.

Ne peut vous satisfaire.
Voyez dans sa prison votre époux, votre père;
Par des cris et des pleurs cessez de nous troubler;
A ses derniers momens courez le consoler.

ACTE IV.

(La scène est dans la prison.)

SCÈNE PREMIÈRE.

LE RELIGIEUX, LE GEOLIER, JEAN CALAS
endormi.

LE RELIGIEUX.

Il dort.

LE GEOLIER.

Je vous l'ai dit.

LE RELIGIEUX.

Son front est vénérable.
Il dort! et voilà donc le sommeil d'un coupable!

LE GEOLIER.

Ma voix, si vous voulez, hâtera son réveil.

LE RELIGIEUX.

Non, gardez-vous en bien: c'est son dernier sommeil
Sans doute il ne sait pas la sentence mortelle?

LE GEOLIER.

Il vient de recevoir cette horrible nouvelle.

ACTE IV, SCÈNE I.

LE RELIGIEUX.

Il sait qu'il va mourir, et cependant il dort!
Ce repos-là n'est point troublé par le remord.
Cette nouvelle enfin comment l'a-t-il apprise?

LE GEOLIER.

Sans trouble, sans douleur, et même sans surprise:
Il présentait un front soumis, mais rassuré.

LE RELIGIEUX.

Et sous ce toit fatal depuis qu'il est entré
Lui voyez-vous toujours ce visage paisible?

LE GEOLIER.

Toujours. A son malheur il paraît insensible.

LE RELIGIEUX.

Vous parlait-il de ceux qui devaient le juger?

LE GEOLIER.

Non; sa femme, ses fils, et le jeune étranger,
Tel est de ses discours le sujet ordinaire.

LE RELIGIEUX.

Eh bien?

LE GEOLIER.

Il plaint leur sort. Cependant il espère
Que dans la Providence ils auront un appui,
Et que l'arrêt cruel ne frappera que lui.

LE RELIGIEUX.

Les juges ont rempli cette triste espérance.

LE GEOLIER.

Il atteste toujours Dieu de son innocence.

JEAN CALAS.

LE RELIGIEUX.

Chez plus d'un criminel c'est ce qu'on a pu voir.
Mais jamais de fureur, de cris, de désespoir?

LE GEOLIER.

Non, jamais. Seulement, quand sa faible paupière,
Après un long sommeil, se rouvre à la lumière,
Au lieu d'où vient le jour il dirige ses pas,
Et regarde le ciel, et soupire tout bas.
Si chez des magistrats l'erreur était possible,
Si tout un tribunal...

LE RELIGIEUX.

    Dieu seul est infaillible.
Cet homme est condamné. Magistrats, puissiez-vous
Goûter après sa mort un sommeil aussi doux!

LE GEOLIER.

Les sons de votre voix ont frappé son oreille.

LE RELIGIEUX.

Hélas! vous m'affligez.

LE GEOLIER.

    Le voilà qui s'éveille.

LE RELIGIEUX.

Laissez-nous maintenant.

  (Le geolier sort.)

SCÈNE II.

JEAN CALAS, LE RELIGIEUX.

LE RELIGIEUX.
                Vieillard, pardonnez-moi.
JEAN CALAS.
Je ne vous comprends point. Vous pardonner! pourquoi?
LE RELIGIEUX.
Vous goûtiez un repos que j'ai troublé peut-être.
JEAN CALAS.
Non. Mais vous me plaignez, et vous êtes un prêtre!
LE RELIGIEUX.
Ne vous étonnez point : je suis un homme aussi.
JEAN CALAS.
Que voulez-vous de moi? qui vous amène ici?
LE RELIGIEUX.
Mon devoir le plus saint, Dieu notre commun père,
L'ordre des magistrats, et vos malheurs, mon frère;
De la religion les bienfaisans secours :
Puissent-ils consoler le dernier de vos jours!
JEAN CALAS.
Des secours! Que du moins votre zèle s'explique.
Je ne suis point nourri dans la foi catholique.
LE RELIGIEUX.
Je le sais.
JEAN CALAS.
        S'il s'agit des secours généreux

Que le livre sacré présente aux malheureux,
Si vous venez m'offrir la pitié, l'espérance,
J'accepte vos bienfaits avec reconnaissance ;
Mais sachez que la mort me fermera les yeux
Dans le sein de la loi qu'observaient mes aïeux.
C'est par des actions et non par des prières
Que Dieu laisse fléchir ses jugemens sévères ;
Et, si je connais bien ce Dieu mon seul appui,
Les cultes différens sont égaux devant lui.

LE RELIGIEUX.

Ah ! la foi des humains ne saurait se contraindre.
Si vous vous abusez, c'est à moi de vous plaindre ;
Mais, si, dans votre erreur voyant la vérité,
Vous croyez avec zèle, avec simplicité,
Je n'outragerai point l'éternelle justice
Jusqu'à penser jamais que le ciel vous punisse ;
Et je dois à mon frère annoncer la pitié
D'un Dieu que les mortels ont tant calomnié.
Cependant... pardonnez à ce langage austère
Que prescrit la rigueur de mon saint ministère ;
Concevez le chagrin que mon ame en ressent...
Le crime ne dort pas ; je vous crois innocent :
Mais vous me convaincrez, et je veux vous entendre.
Ouvrez-moi votre cœur : je dois, j'ose y prétendre.
Ce cœur à des forfaits s'est-il abandonné ?
Et seriez-vous enfin justement condamné ?

JEAN CALAS.

Lorsque j'aurai parlé, que votre voix prononce.

C'est à l'homme de bien que je dois ma réponse :
Ce n'est pas au pontife envoyé près de moi.
Des enfans de Calvin vous connaissez la foi :
Je ne respecte point l'autorité d'un prêtre
Qui croit pouvoir m'absoudre et m'interroge en maître ;
Je me confesse à Dieu, mais non pas aux mortels,
Dans le secret du cœur, non devant les autels.
Écoutez maintenant. L'injustice m'opprime ;
Ni mon bras ni mon cœur ne sont souillés d'un crime.
On veut que par mes mains mon fils assassiné...
Ce déplorable fils était mon premier né.
Le jour qu'il fit entendre à mon ame attendrie
Ce cri faible et plaintif qui commence la vie,
Je baignai mon enfant de mes pleurs paternels.
J'en répands aujourd'hui, mais ils sont bien cruels.
Mes bras l'ont recueilli dans les bras de sa mère :
« Toi, son fils et le mien, tu me la rends plus chère,
« Tu resserres le nœud qui l'unit avec moi,
« Disais-je ; en expirant je revivrai dans toi ;
« De mes soins assidus j'aiderai ta jeunesse,
« Et tu seras un jour l'appui de ma vieillesse. »
Ah ! je comptais en vain sur ses tendres secours :
D'une importune vie il a tranché le cours ;
Il m'a quitté. J'ouvris ses yeux à la lumière ;
Mais il a refusé de fermer ma paupière.

LE RELIGIEUX.

Arrêtez ; c'est assez. Combien je suis ému !

JEAN CALAS.

Fils ingrat !

LE RELIGIEUX.
Arrêtez; j'en ai trop entendu.

JEAN CALAS.
Vous plaignez mon malheur!

LE RELIGIEUX.
      O divine justice!
Comment peux-tu souffrir qu'un innocent périsse?

JEAN CALAS.
Des juges égarés, interprétant la loi,
Ont frappé des mortels plus vertueux que moi.

LE RELIGIEUX.
Plus vertueux, vieillard! non, il n'est pas possible.

JEAN CALAS.
Vous n'êtes pas un juge, et votre ame est sensible.

LE RELIGIEUX.
Que cherchent vos regards?

JEAN CALAS.
     Dans mes derniers momens
J'aurais voulu revoir ma femme et mes enfans.

LE RELIGIEUX.
Ah! vous pouvez encor jouir de leur présence:
Auprès de vos deux fils votre épouse s'avance.

SCÈNE III.

JEAN CALAS, Mme CALAS, LOUIS CALAS, PIERRE CALAS, LE RELIGIEUX.

JEAN CALAS.

Mes enfans, je connais ces muettes douleurs;
Et, quand vous vous taisez, j'entends parler vos pleurs.

LE RELIGIEUX.

Dieu qui ne confonds point l'innocence et les crimes,
De quoi les punis-tu? que t'ont fait ces victimes?

LOUIS CALAS.

Mon père! eh! je ne puis mourir à vos genoux!

PIERRE CALAS.

Je ne suis que banni!

MADAME CALAS.

                    Mes enfans, laissez-nous.
Vous, qui pleurez comme eux, et dont le front austère
Porte de la vertu le sacré caractère;
Vous, catholique et prêtre, et pourtant tolérant,
Sourd aux préventions d'un culte différent,
Vous savez distinguer, consoler l'innocence :
Je ne puis vous offrir que ma reconnaissance.
Ajoutez une grace à vos généreux soins;
Souffrez que je lui parle un moment sans témoins.

(Le religieux et les enfans sortent.)

SCÈNE IV.

JEAN CALAS, Mme CALAS.

MADAME CALAS.
Tes juges ont enfin consommé l'injustice.
JEAN CALAS.
La sentence est portée, et j'attends mon supplice.
MADAME CALAS.
Aucun autre accusé ne partage ton sort.
JEAN CALAS.
C'est ce qui me console en recevant la mort.
MADAME CALAS.
Et c'est mon désespoir. Tu sais mourir?
JEAN CALAS.
Sans doute.
MADAME CALAS.
Je sais mourir aussi.
JEAN CALAS.
Que veux-tu dire?
MADAME CALAS.
Écoute.
Nous avons rencontré tes juges sur nos pas;
Nous avons à leurs pieds imploré le trépas...
JEAN CALAS.
O ciel!
MADAME CALAS.
Pour ton épouse et ta famille entière :

ACTE IV, SCÈNE IV.

Mais ils ont repoussé notre juste prière ;
Et ces tyrans cruels, organes du forfait,
N'accordent point la mort quand elle est un bienfait.
La vie est devenue un fardeau qui m'accable.

JEAN CALAS.

Comment ?

MADAME CALAS.

Ta mort s'approche : elle est inévitable.
La mort est un moment facile à supporter ;
Mais la honte est affreuse, et tu peux l'éviter.

JEAN CALAS.

Que dis-tu ?

MADAME CALAS.

Des tyrans il faut tromper la rage :
Tu sens bien qu'ils n'ont pu deviner le courage.

JEAN CALAS.

Et tu peux concevoir ce projet sans effroi !

MADAME CALAS.

Il est grand ; c'est le seul qui soit digne de toi :
C'est ainsi que tu peux échapper au supplice.
Ainsi, maîtres de nous, vainqueurs de l'injustice,
Sans honte et sans frayeur, sans crime et sans remord,
Nous nous réunirons dans les bras de la mort.

JEAN CALAS.

Sans crime ! un suicide ! Ah ! mère malheureuse,
Un suicide a fait notre infortune affreuse.
Puissent les vœux ardens d'un cœur pur et soumis
Obtenir le pardon du premier de mes fils !

Mais imiter, grand Dieu! sa fatale imprudence!
Troubler l'ordre éternel, tenter la Providence!
Non. Sans être coupable on ne peut renoncer
Au poste où sa justice a daigné nous placer.

MADAME CALAS.

Quelle est donc cette erreur à qui tu rends hommage?
Du Dieu qui le créa l'homme est, dit-on, l'image,
Et la bonté de Dieu veille sur les destins
De cet obscur limon façonné par ses mains.
Ah! s'il était bien vrai, si le seul être juste
Daignait verser sur nous son influence auguste,
Verrait-on l'équité sans crédit et sans voix,
Et la loi du plus fort braver toutes les lois?
Verrait-on la balance, entre les mains du crime,
Choisir impunément la vertu pour victime;
Le fanatisme impur, ce fléau des mortels,
Souiller les tribunaux, les trônes, les autels;
Sous des brigands sacrés l'humanité tremblante
Se débattre à leurs pieds dans sa chaîne sanglante;
Les innocens traînés au pied des échafauds,
Et souvent poursuivis au fond de leurs tombeaux?
Le malheur inventa le nom de Providence:
L'infortuné qui pleure a besoin d'espérance.
Accablé par un roi, par un juge inhumain,
Il voulut reconnaître une invisible main:
La vanité crédule appuya ce système
Qui fait agir pour l'homme et le monde et Dieu même.
Redescendons vers nous; cherchons la vérité:

De la commune loi l'homme est-il excepté?
Tout ce qui fut créé, terminant sa carrière,
N'est-il pas oublié dans la même poussière?
Tu frémis!... Mais, dis-moi, quand l'Esprit éternel
Daignerait s'occuper du destin d'un mortel,
En tranchant tous les deux nos jours insupportables,
A ses yeux paternels deviendrons-nous coupables?
Est-ce un tyran qui tient des esclaves aux fers?
Nous a-t-il défendu de finir nos revers?
Nous a-t-il malgré nous condamnés à la vie?
Et ne peux-tu mourir qu'au sein de l'infamie?

JEAN CALAS.

Calme ton désespoir, épouse de Calas;
Il afflige mon cœur et ne l'ébranle pas :
Pour juger de mon sort apprends à le connaître,
Et ne blasphême point le Dieu qui t'a fait naître.
Tu me plains de subir et l'opprobre et la mort!
Eh quoi! n'est-ce donc rien de mourir sans remord?
Tes regards vainement cherchent la Providence!
Tu ne la trouves pas dans notre conscience,
Infaillible témoin qui n'est jamais séduit,
Juge qu'en tous les temps la vérité conduit,
Qui soutient dans ces maux la vertu qu'on opprime,
Et jusque sous le dais fait le tourment du crime?
Tu parles d'infamie! Ah! tes sens sont plongés
Dans l'antique chaos de nos vils préjugés.
Mais j'approche du terme où l'on cesse de croire
A ces fantômes vains et de honte et de gloire.

Le ciel laisse ma vie au pouvoir des humains;
Mon véritable honneur n'est pas entre leurs mains,
Ce seul bien qui me reste est au fond de mon âme.
Triomphant ou puni, le coupable est infâme.
Quand le juste opprimé périt sans défenseur,
La honte doit tomber sur le juge oppresseur.
Aux éternelles lois ne sois donc plus rebelle;
Pour sortir de la vie attends que Dieu t'appelle.
Nous avons tous les deux un devoir à remplir;
Mais le tien est de vivre, et le mien de mourir.

MADAME CALAS.

Cruel, quand tu péris, mon devoir est de vivre!
Je n'en connais qu'un seul : c'est celui de te suivre,
De finir un destin d'horreur empoisonné,
Et de joindre l'épouse à l'époux condamné.
Je ne fléchirai point ton courage insensible!
Ton supplice s'approche, et tu restes paisible!
Eh bien! au lieu fatal je marche sur tes pas;
Je veux te précéder dans la nuit des trépas :
Tout mon sang...

JEAN CALAS.

  Écoutez... la fureur vous égare.

MADAME CALAS.

Devant toi, sous tes yeux...

JEAN CALAS.

    Y pensez-vous, barbare?
Déjà sur votre cœur je n'ai donc plus de droits!...
Accourez, mes enfans, reconnaissez ma voix.

SCÈNE V.

JEAN CALAS, Mme CALAS, LOUIS CALAS, PIERRE CALAS.

MADAME CALAS.

Je verrai leur misère et leur ignominie :
Ce spectacle peut-il me faire aimer la vie ?
La mort est préférable, et je puis la souffrir.

JEAN CALAS.

Vous voyez ces enfans, et vous voulez mourir !

LOUIS ET PIERRE CALAS.

Ma mère !

MADAME CALAS.

Infortunés, vous perdez votre père !

JEAN CALAS.

Oserez-vous encor leur enlever leur mère ?

MADAME CALAS.

C'en est trop : prends pitié de mes sens déchirés.

JEAN CALAS.

Vivez pour eux, vivez pour des devoirs sacrés ;
Des injustes mortels sachez vaincre la rage ;
Vous desirez la mort : montrez plus de courage.
Le temps vole, et demain vous n'aurez plus d'époux ;
Vous serez mère encor : vos jours sont-ils à vous ?
Vivez ; ne trompez point le vœu de la nature :
Je ne vous dirai pas que je vous en conjure,

Mais je l'exige au nom du plus tendre lien ;
Je vous l'ordonne en père, en époux, en chrétien.

SCÈNE VI.

Les mêmes, LAVAÏSSE, LA SERVANTE, LA SALLE.

JEAN CALAS, à La Salle.

Venez-vous insulter à mon heure dernière ?
Un juge en ma prison !

LOUIS CALAS.

C'est notre appui, mon père.

LA SALLE.

Vous insulter ! je viens, vieillard infortuné,
Voir, aimer, révérer un juste condamné.

LAVAÏSSE.

Pour tâcher d'adoucir vos juges sanguinaires
Sa prière à l'instant s'est jointe à nos prières.

JEAN CALAS.

Que de vos soins touchans mon cœur est pénétré !
De tout ce que j'aimai je suis donc entouré !
Juge équitable et bon, recevez mon hommage ;
De la Divinité je vois en vous l'image.

(Présentant la servante à La Salle.)

Cependant j'ose encor, soutien des malheureux,
Rappeler cette femme à vos soins généreux :
Je meurs, je l'abandonne, et ne puis rien pour elle.

LA SALLE.

Tout ce qui vous fut cher doit compter sur mon zèle.

LA SERVANTE.

O mon vertueux maître, épargnez ma douleur !
Je vous connais, je sais quel est votre bon cœur :
Dans le fond du cercueil je vais bientôt vous suivre ;
Mais enfin si je puis un moment vous survivre,
Votre épouse et vos fils ne me renverront pas :
Jusqu'au dernier soupir je m'attache à leurs pas :
D'une main secourable et non pas importune
J'allégerai pour eux le poids de l'infortune :
J'ai servi les Calas dans leur prospérité,
Et je les servirai dans leur adversité.

SCÈNE VII.

Les mêmes, LE GEOLIER.

LE GEOLIER.

Bon vieillard...

JEAN CALAS.

   Approchez, et parlez sans rien craindre.
Si je vais à la mort, je ne suis point à plaindre.

LE GEOLIER.

Pour avoir votre aveu les ministres des lois
Vont vous interroger une dernière fois.

JEAN CALAS.

Au tribunal humain faut-il encor paraître !

JEAN CALAS.

LA SERVANTE.

Arrêtez; que je meure aux genoux de mon maître!

MADAME CALAS.

Nous tombons à ses pieds; nous y périrons tous.

JEAN CALAS.

Ma femme, mes enfans, mes amis, levez-vous.
Adieu; n'abusez point de ce moment terrible;
Qu'il soit attendrissant, qu'il ne soit point horrible.
L'injustice ici-bas commande à notre sort
Durant ces courts instans que termine la mort;
Mais je vais dans un monde où l'équité préside,
Où dans le sein de Dieu l'éternité réside.
Vous, sur ce globe impie encore abandonnés,
Vous, en qui je dois vivre, et qui m'environnez,
Épouse, enfans, amis, si le sort vous rassemble,
Vous pourrez quelquefois me regretter ensemble,
Et, quand des pleurs amers couleront de vos yeux,
Vous sécherez vos pleurs en regardant les cieux.
Oui, je vous recommande au Dieu de nos ancêtres,
Au Dieu qu'ont immolé des juges et des prêtres.
Ne craignez point pour vous un fâcheux souvenir:
La raison d'aujourd'hui, semant pour l'avenir,
Versant de tous côtés sa lumière féconde,
Vaincra les préjugés, ces vieux tyrans du monde;
Et le fils vertueux d'un père criminel
Ne recueillera plus l'opprobre paternel.
Quant à moi, chez les morts je suis prêt à descendre;
Mais le temps à la honte arrachera ma cendre:

Des défenseurs du peuple et de l'humanité
Iront dans mon tombeau chercher la vérité;
Leurs fidèles récits sauront à la mémoire
Tracer de Jean Calas la malheureuse histoire,
Afin que les mortels qui font parler la loi
Soient frappés à mon nom d'un salutaire effroi.

ACTE V.

(La scène est dans la place publique où s'est passé le premier acte.)

SCÈNE PREMIÈRE.

Mme CALAS, LOUIS CALAS, PIERRE CALAS, LAVAÏSSE, LA SERVANTE.

MADAME CALAS.

Je n'irai pas plus loin, l'effort m'est impossible.
Je pourrai supporter d'un regard insensible
Les yeux des citoyens, la honte et le trépas.
Le reverrai-je encor? je ne l'espère pas.
O vous, qui partagez le chagrin qui me tue,
Soutenez, mes enfans, votre mère éperdue!

LA SERVANTE.

Près de cette maison vous pouvez vous asseoir,
Là, sur ce banc de pierre.

MADAME CALAS.
      Ah! je veux le revoir.

ACTE V, SCÈNE I.

LAVAÏSSE, à Louis et à Pierre Calas.

Les maux qu'elle a soufferts ont accablé son ame.

MADAME CALAS.

Ils finiront.

SCÈNE II.

LES MÊMES, LA SALLE.

LA SALLE.
Je vole auprès de vous, madame.

MADAME CALAS.
Pardonnez; de ces lieux je n'ai pu m'arracher.

LA SALLE.
Je n'ai songé qu'à vous, et je viens vous chercher.
Tout vous offre en ces lieux une accablante image :
Avec votre malheur redoublez de courage;
Au fond de votre cœur rassemblez vos vertus.

MADAME CALAS.
Rien ne rendra le calme à mes sens abattus.

LA SALLE.
Daignez m'entendre au moins.

MADAME CALAS.
Que reste-t-il à faire?

LA SALLE.
Recevez un conseil que je crois salutaire.

MADAME CALAS.
Et quel est-il?

LA SALLE.
Fuyez.

MADAME CALAS.
    Mon époux malheureux...
LA SALLE.
Fuyez, ne tardez point, quittez ces murs affreux :
Tout le peuple applaudit à cet arrêt impie.
MADAME CALAS.
Mon époux!
LA SALLE.
    C'en est fait, il va quitter la vie.
MADAME CALAS.
J'ai tout perdu.
LA SALLE.
    L'honneur, l'honneur n'est pas perdu.
MADAME CALAS.
Comment?
LA SALLE.
    A sa mémoire il peut être rendu.
MADAME CALAS.
Voilà donc aujourd'hui tout l'espoir qui me reste!
Cet avenir pour moi n'a rien que de funeste.
Et mes filles, grand Dieu!
LA SALLE.
      Pourront suivre vos pas;
Je viens d'en obtenir l'ordre des magistrats.
Dans le cloître sacré vos filles vous attendent;
Courez les retrouver; leurs sanglots vous demandent.
MADAME CALAS.
Et dans quels lieux traîner mes misérables jours?

ACTE V, SCÈNE II.

Faudra-t-il des humains implorer les secours?
Non, tout ce qui respire est injuste et barbare.

LA SALLE.

Madame!...

MADAME CALAS.

Pardonnez: le désespoir m'égare.
Où trouverai-je, hélas! des humains tels que vous?

LA SALLE.

Écoutez mes conseils.

MADAME CALAS.

Oui, je les suivrai tous,
Je le veux, je le dois: mais plaignez ma misère;
L'infortune m'accable, et ma raison s'altère.

LA SALLE.

De soulager vos maux j'ai cherché les moyens.
Ce jugement affreux, la perte de vos biens,
D'un plus doux avenir la lointaine espérance,
Auront autour de vous glacé la confiance.

MADAME CALAS.

Oui: tels sont les amis.

LA SALLE.

J'ose attendre de vous,
J'ose vous supplier, madame, à vos genoux...

MADAME CALAS.

Ciel!

LA SALLE, *lui offrant une bourse pleine d'or.*

Daignez accepter...

MADAME CALAS.

Homme simple et sublime,

Dont j'admire en pleurant la pitié magnanime,
Je n'ai besoin de rien.

LA SALLE.
Comment?

MADAME CALAS.

         Je sais souffrir.

LA SALLE.

Vous dédaignez l'appui que je viens vous offrir!
Ce métal, inutile aux mains de l'avarice,
Prodigué par l'orgueil, perdu par le caprice,
Trop souvent des forfaits l'instrument abhorré,
Quand il sert la vertu, devient pur et sacré.

MADAME CALAS.

Héros de la justice et de la bienfaisance,
Qui vous rendra cet or?

LA SALLE.

      Le ciel, ma conscience.

MADAME CALAS, recevant la bourse.

Mon cœur est entraîné; non, je n'aurai jamais
L'orgueil de repousser vos généreux bienfaits:
Non; je vous rends justice, et rien ne m'humilie;
Je vous devrai l'honneur, je vous devrai la vie.
Mais où courir enfin? dans les murs de Paris,
D'une mère aux abois faire entendre les cris?
Raconter mes douleurs, montrer mon infortune?
Hélas! aux gens heureux la plainte est importune;
Vous le savez: un cœur qui n'a jamais souffert
Aux cris des opprimés est rarement ouvert:

Le faste corrompt l'ame, et la rend insensible.
Irai-je supplier un ministre inflexible,
Courber dans les palais mon front humilié,
Et mendier des grands l'insolente pitié?

LA SALLE.

Je connais un soutien plus sûr, plus honorable,
Plus auguste.

MADAME CALAS.

Et quel est ce mortel secourable?
Quel est ce protecteur qu'il nous faut révérer?

LA SALLE.

Sans honte et sans frayeur vous pourrez l'implorer.

MADAME CALAS.

Expliquez-vous.

LA SALLE.

Il est, près des monts helvétiques,
Un illustre vieillard, fléau des fanatiques,
Ami du genre humain; depuis cinquante hivers
Ses sublimes travaux ont instruit l'Univers:
A ses contemporains prêchant la tolérance,
Ses écrits sont toujours des bienfaits pour la France.
La gloire, ce durable et précieux trésor,
La gloire, et la vertu plus précieuse encor,
Couronnent à la fois le déclin de sa vie,
Et de leur double éclat importunent l'envie.

MADAME CALAS.

Mais quels droits aurons-nous?

LA SALLE.

La vertu, le malheur;

Tous les infortunés ont des droits sur son cœur.
Courez vous prosterner aux genoux de Voltaire :
Vous serez accueillis sous son toit solitaire ;
Il vous tendra les bras ; ses yeux dans cet écrit
Liront de vos revers un fidèle récit.

MADAME CALAS.

Il nous protégera contre la tyrannie !

LA SALLE.

De ce devoir sacré j'ai sommé son génie.
Sous de nombreux tyrans le monde est abattu ;
Mais un sage, un grand homme, ami de la vertu,
Faisant aux préjugés une immortelle guerre,
Fut créé pour instruire et consoler la terre.

MADAME CALAS.

Que ne puis-je à l'instant me jeter à ses pieds !

LA SALLE.

Que ne puis-je vous suivre aux lieux où vous fuyez,
Loin de ces murs sanglans y chercher un asyle !
Mais ici mon séjour vous sera plus utile
Pour calmer des esprits tourmentés par l'erreur,
Et dont la piété ressemble à la fureur.

LOUIS CALAS.

O ma mère, embrassons la dernière espérance !

MADAME CALAS.

Nous allons traverser les cités de la France,
Et rencontrer partout des mortels curieux
Qui verront notre honte écrite dans nos yeux.

ACTE V, SCÈNE II.

LA SALLE.

Ils y verront aussi votre innocence écrite.

MADAME CALAS.

La voilà, diront-ils, la famille proscrite!
La pitié se taira dans le fond de leurs cœurs:
Ils oseront peut-être insulter à nos pleurs.
Mais que dis-je? Non loin de la rive chérie
Où nous courons chercher une ombre de patrie
Habite notre fils, dernier fruit de l'amour:
Ce fils, depuis six mois absent de ce séjour,
Quand il verra couler les larmes de sa mère,
Il l'interrogera sur son malheureux père;
Et sa mère expirante, avec de longs sanglots,
Dira: «Ton père est mort sous la main des bourreaux!»

LA SALLE.

Dieu cher aux tolérans, haï des fanatiques,
Dieu de tous les humains, non des seuls catholiques,
Tandis que tu reçois l'encens de l'Univers
Devant toi rassemblé sous des cultes divers,
Tu vois ces opprimés; unis pour leur défense
Tes dons les plus parfaits, la gloire et l'éloquence!
Fais, d'un injuste arrêt, triompher l'équité,
Et que l'humaine erreur cède à la vérité!

SCÈNE III.

Les mêmes, JEAN CALAS, LE RELIGIEUX,
LE PEUPLE, SOLDATS.

LOUIS CALAS.
Que vois-je? on vient à nous. Mon vénérable père!...
MADAME CALAS.
Ciel, anéantis-moi!
JEAN CALAS, à ses enfans.
Secourez votre mère;
Prenez soin de ses jours; ne songez point à moi.

SCÈNE IV.

Les mêmes, CLÉRAC.

CLÉRAC.
Il n'a rien avoué! Mais, c'est lui que je voi.
(A Jean Calas.)
Parlez.
JEAN CALAS.
Que voulez-vous?
CLÉRAC.
Je viens, je veux entendre
L'aveu, la vérité, que j'ai droit de prétendre.
JEAN CALAS.
La vérité n'est pas ce que vous espérez.

ACTE V, SCÈNE IV.

CLÉRAC.

Vos complices encor ne sont pas déclarés.

JEAN CALAS.

N'étant point criminel, je n'ai point de complices.

CLÉRAC.

Le ciel vous punirait par d'éternels supplices.
Avouez tout.

JEAN CALAS.

Je sens que de pareils aveux
Flatteraient votre oreille et combleraient vos vœux :
Je deviendrais coupable ; et ce mensonge impie
Flétrirait justement le terme de ma vie.

CLÉRAC.

Quoi ! sans remords, cruel, au moment de la mort !

JEAN CALAS.

Vous m'appelez cruel ! vous parlez de remord !

CLÉRAC.

A l'endurcissement votre cœur s'abandonne !

JEAN CALAS.

Je vous pardonne tout ; que le ciel vous pardonne !
Vous, peuple dont l'erreur me conduit au trépas,
Adieu ; peut-être un jour vous pleurerez Calas.
Adieu, ville natale ; adieu, chère patrie,
Où j'ai vu s'écouler le songe de la vie.
Le temps fuit ; Dieu m'appelle ; et mon cœur transporté
S'arrête avec respect devant l'éternité.
Fort de mon innocence, il me reste un refuge ;
Jean Calas est absous par l'infaillible juge.

J'ai vécu, j'ai souffert; il faut encor souffrir!
(On entend la cloche.)
Ma femme, mes enfans, adieu; je vais mourir.
(Jean Calas est suivi d'une grande partie du peuple qui revient avec le religieux.)

SCÈNE V.

Mme CALAS, LES DEUX FILS DE JEAN CALAS, LAVAÏSSE, LA SERVANTE, CLÉRAC, LA SALLE, LE PEUPLE, SOLDATS.

MADAME CALAS, *revenant à elle, mais égarée par la douleur.*
Où suis-je? dans quels lieux revois-je la lumière?
Quel funèbre nuage a couvert ma paupière?
Quel objet, quel spectacle à mes sens retracé...?
Je cherche vainement : c'est un songe effacé.
Un songe! et cependant mon ame consternée...
Eh quoi! de mes enfans je suis environnée!
Quel est donc, mes enfans, le sujet de vos pleurs?

LA SALLE.
Ses sens sont égarés.

PIERRE CALAS.
Nous pleurons vos malheurs.

MADAME CALAS.
Je ne vous comprends pas. Je suis donc malheureuse!
Oui, d'un profond chagrin l'image douloureuse
Revient en traits confus s'offrir à mes esprits.
Je vois... Je me souviens... Le premier de mes fils...

ACTE V, SCÈNE V.

C'était pendant la nuit... Un cachot solitaire...
Des juges... un arrêt... Où donc est votre père?
Où donc est mon époux? j'ai besoin de le voir.
Vous ne répondez point! pourquoi ce désespoir?
Quel désastre imprévu faut-il que je redoute?
Nos yeux dans un moment le reverront sans doute.

LES DEUX FILS DE JEAN CALAS, LAVAÏSSE,
LA SERVANTE.

Jamais.

MADAME CALAS.

Comment! jamais!

CLÉRAC.

S'il était innocent?...
Ciel! j'étais convaincu; je doute maintenant.

LA SALLE.

Ah! vous doutez bien tard!

CLÉRAC.

Le pontife s'avance;
Et je vais à mon tour entendre ma sentence.

SCÈNE VI.

LES MÊMES, LE RELIGIEUX, SOLDATS.

LE RELIGIEUX.

Pleurez tous, et prenez les vêtemens du deuil,
Un juste est descendu dans l'ombre du cercueil.

CLÉRAC.

Un juste! lui!

JEAN CALAS.

LE RELIGIEUX.

J'ai vu périr votre victime.

CLÉRAC.

Jusqu'au dernier moment il a nié son crime!

LE RELIGIEUX.

Avec tant de vertu puissé-je un jour mourir!

LA SALLE, à Clérac.

Ses tourmens sont finis; commencez à souffrir.

LE RELIGIEUX.

Il sortait de ces lieux suivi d'un peuple immense;
Tout gardait à l'entour un lugubre silence;
D'un pas ferme et tranquille il marchait près de moi,
Sans orgueil, sans colère, ainsi que sans effroi.
Ce vieillard, achevant sa dernière journée,
Présentait aux regards de la foule étonnée,
Au lieu d'un front courbé sous le poids du remord,
Le front d'un innocent que l'on mène à la mort.
Il reconnaît de loin les apprêts d'un supplice
Que le crime peut même accuser d'injustice;
Il se trouble, il s'arrête, il détourne les yeux;
Puis, levant tout-à-coup ses regards vers les cieux,
Tous ses traits ont brillé de ce grand caractère
D'un mortel détrompé des erreurs de la terre,
Et qui, par les humains déclaré criminel,
Va se justifier aux pieds de l'Éternel.
Je ne vous peindrai point sa mort lente et terrible,
De l'art des meurtriers raffinement horrible,
Industrieux tourment par la rage inventé,

ACTE V, SCÈNE VI.

L'opprobre de nos lois et de l'humanité;
Mais ses derniers discours, ses dernières pensées
Jamais de mon esprit ne seront effacées.
Poussé d'un mouvement peut-être un peu cruel,
J'ose lui demander s'il n'est point criminel;
J'offre à ses yeux mourans un Dieu plein de clémence,
Pour qui le repentir est encor l'innocence:
Sa réponse a frappé jusqu'au fond de mon cœur:
Vous aussi! m'a-t-il dit d'un ton plein de douceur.
J'entends encor sa voix pénible et déchirante,
Et ces mots qui tombaient de sa bouche mourante.
A ce seul souvenir vous me voyez pleurer.
Hélas! j'ai vu bientôt le vieillard expirer,
Pour sa femme et ses fils priant la Providence,
Plaignant les magistrats et l'humaine prudence,
Leur pardonnant encore à ses derniers soupirs:
C'est ainsi qu'autrefois périssaient nos martyrs.

CLÉRAC.

Il n'a rien avoué?

LOUIS CALAS.

Rien, juge sacrilège!

CLÉRAC, à part.

Ah! je ne puis cacher le trouble qui m'assiège.
(Haut.)
Songez que mon devoir, la justice, la loi...

MADAME CALAS.

Songez que vous parlez devant le ciel et moi.
Quand vous avez traîné l'innocence au supplice,

Vous osez prononcer le nom de la justice!
Frémissez bien plutôt à ce terrible nom!
L'excès de mon malheur m'a rendu la raison.
Rangez-vous, mes enfans, auprès de votre mère;
Quittez ces lieux souillés du massacre d'un père;
Et vous, prêtres cruels, magistrats odieux,
D'une épouse en fureur entendez les adieux.
Un jour viendra, sans doute, où, las de tant de crimes,
Le ciel doit satisfaire aux cris de vos victimes:
On ne vous verra plus, entourés de bourreaux,
Dominer sur la France au milieu des tombeaux;
Sur vos fronts orgueilleux les foudres vont descendre;
Du malheureux Calas ils vengeront la cendre;
Son nom sera sacré; vos noms seront flétris;
Et je mourrai contente en voyant vos débris.

(Madame Calas et ses fils, Lavaïsse et la servante s'en vont.)

SCÈNE VII.

CLÉRAC, LA SALLE, LE RELIGIEUX,
LE PEUPLE, SOLDATS.

CLÉRAC.

Il n'a rien avoué! longue et stérile étude!
Nature des mortels! faiblesse! incertitude!

(Il sort.)

SCÈNE VIII.

LA SALLE, LE RELIGIEUX, LE PEUPLE, SOLDATS.

LA SALLE.

Peuple, observez-le bien, ce juge infortuné :
A d'éternels remords le voilà condamné ;
A ses yeux dessillés le jour commence à luire.
Ce spectacle terrible est fait pour vous instruire.
Maintenant, Vérité, fais entendre ta voix
Contre un assassinat commis au nom des lois !
Qu'enfin la liberté succède au despotisme ;
La douce tolérance au sanglant fanatisme ;
Une loi juste et sage à ce code insensé
Qu'avec la cruauté l'ignorance a tracé ;
Des juges citoyens aux magistrats coupables
Qui faisaient un métier de juger leurs semblables ;
Au vil orgueil des rangs la fière égalité :
Que tout se renouvelle ; et que l'humanité
Chez le peuple français trouve à jamais un temple,
L'infortune un asile, et le monde un exemple !

FIN DE JEAN CALAS.

CAIUS GRACCHUS,

TRAGÉDIE EN TROIS ACTES,

REPRÉSENTÉE, POUR LA PREMIÈRE FOIS, SUR LE THÉATRE DE LA NATION, LE 9 FÉVRIER 1792.

> Des lois, et non du sang.
> (Acte II. scène II.)

PERSONNAGES.

CAÏUS GRACCHUS.
CORNÉLIE, mère de Gracchus.
LICINIA, épouse de Gracchus.
FULVIUS FLACCUS.
OPIMIUS, consul.
DRUSUS, tribun du peuple.
LE FILS DE GRACCHUS.
LE PEUPLE.
CHEVALIERS.
SÉNATEURS.
LICTEURS.
SUITE.

La scène est dans Rome.

CAÏUS GRACCHUS,

TRAGÉDIE.

ACTE PREMIER.

(La scène est dans l'intérieur de la maison de Gracchus. A la droite du théâtre, un peu dans l'enfoncement, on voit une urne funéraire posée sur un socle de granit.)

(La pièce commence vers la fin de la nuit.)

SCÈNE PREMIÈRE.

CAÏUS GRACCHUS, LICINIA.

GRACCHUS.

Va, ne m'étale plus ces timides alarmes.

LICINIA.

Tu me fuis, cher époux!

GRACCHUS.

Je fuis loin de tes larmes.

LICINIA.

Renonce à tes desseins.

GRACCHUS.

Rien ne peut les changer.

LICINIA.

Au danger que tu cours...

GRACCHUS.

Qu'importe le danger?

LICINIA.

Écoute les conseils d'une épouse qui t'aime.

GRACCHUS.

J'écoute et la patrie, et le ciel, et moi-même,
La voix de l'équité, le cri de la vertu,
Le cri d'un peuple entier, sous le joug abattu,
Qui languit dans l'opprobre et dans la servitude.
Oui, dût-il me payer par son ingratitude,
Gracchus le soutiendra jusqu'au dernier moment;
Et dès long-temps aux Dieux j'en ai fait le serment.

LICINIA.

Tu me parles toujours de ce serment funeste!
Ces Dieux, ces mêmes Dieux que ta fureur atteste,
De concert avec moi devraient te désarmer:
Tu leur as fait aussi le serment de m'aimer.

GRACCHUS.

Cruelle! à ton époux ce reproche s'adresse!

LICINIA.

D'époux! en ai-je encor? j'ai perdu sa tendresse;
Et ma voix, mes conseils, qui veulent son bonheur,
Ne savent plus trouver le chemin de son cœur.

ACTE I, SCÈNE I.

GRACCHUS.

Arrête, et songe enfin que ce discours me blesse.
Voudrais-tu des tyrans m'inspirer la faiblesse?
On les voit adorer de coupables beautés;
A leurs pieds chaque jour changeant de volontés,
De leurs vœux inconstans échos toujours fidèles,
N'entendre, ne penser, et n'agir que par elles;
Tandis que sans pudeur, régnant par les desirs,
Elles vendent l'état pour payer leurs plaisirs.
Une ame citoyenne, un fils de Cornélie,
Sait aimer son épouse et chérir la patrie:
A ces deux sentimens je cède tour-à-tour;
Mais l'intérêt public marche avant mon amour.

SCÈNE II.

GRACCHUS, LICINIA, CORNÉLIE.

CORNÉLIE.

Dans l'ombre de la nuit quelle voix me réveille?

GRACCHUS.

C'est la voix d'un Romain qui frappe votre oreille.

CORNÉLIE.

Est-ce toi, mon cher fils? A cette heure! en ces lieux!

GRACCHUS.

Ma mère, dès long-temps le repos fuit mes yeux.

CORNÉLIE.

Mon fils, profite mieux de la bonté céleste:

Ce qu'on nomme la vie est un présent funeste;
Mais la pitié des Dieux, parmi tant de fléaux,
Nous donna le sommeil pour soulager nos maux.

GRACCHUS.

Mes maux sont ceux de Rome.

CORNÉLIE.

Il est vrai.

GRACCHUS.

Cornélie...

CORNÉLIE.

Caïus...

GRACCHUS.

Autour de nous veille la tyrannie.

CORNÉLIE.

Je le sais.

GRACCHUS.

Elle veille au forum, au sénat,
Dans le temple des Dieux, au sein du tribunat.

CORNÉLIE.

Eh bien?

GRACCHUS.

La liberté que partout on exile,
Veille au moins chez Gracchus; mon toit est son asyle.

LICINIA.

Ainsi Rome est esclave! ainsi la liberté
Au sein de nos remparts n'a jamais existé!
Oses-tu le penser? Ces Dieux de la patrie,
Ces fameux Scipions, aïeux de Cornélie,
Brutus, Publicola, tous ces grands sénateurs,

Des murs de Romulus les seconds fondateurs,
Sous le vain nom du peuple agissant pour eux-même,
N'ont-ils fait qu'usurper l'autorité suprême?
Ne sont-ils à tes yeux que de nouveaux tyrans,
Successeurs de nos rois sous des noms différens?
Ah! du peuple romain que l'intérêt t'anime,
Mais n'exagère pas un sentiment sublime;
Écarte ce nuage étendu sur tes yeux,
Et ces sombres chagrins d'un cœur ambitieux.
Je te vois entouré de gloire et de puissance.
Tant d'honneurs obtenus au sortir de l'enfance
De ton frère lui-même auraient comblé les vœux:
Chacun te porte envie, et tu n'es point heureux!

GRACCHUS.

Non, je ne le suis point, lorsque la république
Voit, sans briser le joug, un sénat despotique
Au gré de son caprice anéantir nos lois,
Et donner aux Romains des tribuns de son choix.
Par combien de bassesse et de vils artifices
N'a-t-il pas triomphé dans nos derniers comices!
Pour la troisième fois les vœux des citoyens
Allaient nommer Caïus au rang de leurs soutiens;
Mais le sénat, lassé d'un tribun populaire,
A séduit l'indigence avide et mercenaire;
Par l'or des sénateurs Drusus est élevé
A ce rang glorieux qui m'était réservé.
Chaque jour, chaque instant accroît leur injustice.
Hier Opimius faisait un sacrifice;

Quintus, un des licteurs, n'a pas craint d'insulter
A ceux qui sur mes pas venaient s'y présenter.
Le peuple est implacable au moment qu'on l'offense;
Quintus a de ses jours payé son insolence.
Le consul, aussitôt convoquant le sénat,
Croit qu'un tel châtiment va renverser l'État.
On dirait, à l'aspect de sa crainte frivole,
Que Brennus est encore au pied du Capitole;
Et tous les sénateurs, qu'Opimius conduit,
Sont pour ce grand objet rassemblés cette nuit.
Ils ne m'abusent point par ces grossières feintes:
Je crois à leur vengeance, et non pas à leurs craintes.
Ces tyrans de la terre, au sang accoutumés,
Du meurtre d'un licteur ne sont pas alarmés:
Ils le sont de mes lois; leur insolente rage
De mon frère et de moi veut détruire l'ouvrage:
Contre la liberté tout semble conspirer;
Mais, puisqu'il est des Dieux, j'ose encore espérer.

LICINIA.

Ils ont abandonné votre malheureux frère.
Malgré tant de vertus, le sort lui fut contraire;
Et contre le sénat son imprudent effort...

GRACCHUS.

Achève, ne crains rien, rappelle-moi sa mort.

LICINIA.

Hélas!

GRACCHUS.

Rappelle-moi ce jour où leur furie

L'osa frapper au sein des dieux de la patrie,
Sous l'œil de Jupiter, en ce lieu révéré
Que la mort d'un grand homme a rendu plus sacré.
J'étais bien jeune alors; au récit d'un tel crime,
Je vais, je cours m'offrir pour seconde victime;
J'adresse aux meurtriers des cris mal entendus;
Les yeux noyés de pleurs et les bras étendus,
Pour la première fois employant la prière,
Je leur demande au moins les restes de mon frère :
Et ce frère et la mort, ils m'ont tout refusé.
Au mépris des tyrans son cadavre exposé
Fut jeté dans le Tibre; et l'onde épouvantée
Roulait avec respect sa tête ensanglantée.
Près de ce bord fatal, solitaire, et conduit
Par les faibles lueurs de l'astre de la nuit,
Par les traces du sang que je suivais sans cesse,
Par la faveur du ciel, surtout par ma tendresse,
Je vis, je rassemblai ses membres dispersés;
Ma bouche s'imprima sur ces membres glacés;
Et ma main déposa sa cendre auguste et chère
Dans l'urne où l'attendait la cendre de mon père.

CORNÉLIE.

Chagrin toujours nouveau pour un cœur maternel!
Jour de sang! premier jour de mon deuil éternel,
Où du peuple romain la douleur importune
En stériles sanglots m'apprit mon infortune;
Où je vis à mes pieds le second de mes fils
De mon fils égorgé m'apportant les débris!

D'abord mon désespoir eut quelque violence;
Bientôt nos pleurs amers s'écoulaient en silence;
Tous deux nous embrassions ces restes généreux;
Sur nos seins palpitans nous les serrions tous deux :
O prodige! il semblait que ces cendres émues
Sentaient avec plaisir nos larmes confondues.

LICINIA.

Grands Dieux!

CORNÉLIE.

Licinia, vous répandez des pleurs!
Ce n'est pas tout encor. Pour calmer ses douleurs
Caïus abandonné n'avait que Cornélie :
A ses destins alors vous n'étiez point unie.
Les grands applaudissaient au trépas d'un héros;
Et moi, près de Caïus étouffant mes sanglots,
(Quel tourment, quel devoir, hélas! pour une mère!)
De la mort de mon fils je consolais son frère.

GRACCHUS.

O ma mère! il est vrai.

CORNÉLIE.

Tu t'en souviens, Caïus!
Moi, je me consolais en voyant tes vertus.

LICINIA.

Hélas! de ses vertus quelle est la récompense?
Si les Romains charmés vantent son éloquence,
S'il est l'appui du peuple, un sénat ombrageux
Lui fera payer cher cet honneur dangereux.
Caïus doit-il des siens repousser la tendresse?

ACTE I, SCÈNE II.

Ah! des chagrins publics le tourmentent sans cesse;
Désormais tout l'appelle en ces paisibles lieux:
Ses yeux y trouveront et sa mère et ses dieux,
Et son unique enfant, présent des destinées,
Dont l'œil a déjà vu s'écouler cinq années;
Sa tendre épouse enfin, que son cœur doit chérir,
Aux regards d'un époux viendra souvent s'offrir.
Caïus auprès des siens, si Caïus veut m'en croire,
Connaîtra le bonheur qui vaut mieux que la gloire.

CORNÉLIE.

Non, non, Licinia, n'abusez point son cœur;
Parlez de son devoir, et non de son bonheur.
Voulez-vous, dites-moi, lorsque dans la tribune
Et de Rome et du monde on règle la fortune,
Qu'il soit dans ses foyers lâchement retenu,
Et qu'entré sur la terre il en sorte inconnu?
Les hommes tels que lui sont nés pour la patrie;
Il lui doit ses talens, ses travaux et sa vie:
Jusqu'à son dernier jour qu'il s'enchaîne à l'État;
Qu'il abaisse les grands, qu'il résiste au sénat;
Que du peuple sans cesse il prenne la défense:
Un immortel renom sera sa récompense.
Il sait braver, attendre, et subir les revers;
Et quand les sénateurs, ces tyrans, ces pervers,
Feraient tomber sur lui l'exil et la mort même,
Dans le sein de l'exil, à son instant suprême,
Sans daigner accuser ses destins rigoureux,
Si la patrie est libre, il sera trop heureux.

SCÈNE III.

GRACCHUS, LICINIA, CORNÉLIE, FULVIUS.

GRACCHUS.
On vient.
LICINIA.
C'est Fulvius, c'est ton ami fidèle.
FULVIUS.
Défenseur des Romains, vole où Rome t'appelle.
GRACCHUS.
Quel attentat nouveau se prépare aujourd'hui?
FULVIUS.
Le sénat veut la guerre entre le peuple et lui.
GRACCHUS.
De la part du sénat rien ne doit me surprendre.
FULVIUS.
Il va nous attaquer, songeons à nous défendre.
Opimius peut tout: un décret du sénat
Remet entre ses mains le salut de l'État.
De ses nombreux cliens la place est assiégée :
De Quintus, a-t-il dit, la mort sera vengée.
Telle est son espérance, et nous pouvons juger
Comment, sur quels Romains il prétend la venger.
Aux sommets d'Aventin tout le pleuple en alarmes,
Par mes soins rassemblé, veut recourir aux armes ;
Car je n'ai point cherché ces faibles citoyens
Vendus à leurs plaisirs, esclaves de leurs biens;

ACTE I, SCÈNE III.

Amollis par le luxe, ils ont besoin de maîtres :
J'ai cherché ces Romains qui, suivant nos ancêtres,
Dans le sein du travail et de la pauvreté,
Conservent de leurs mœurs la mâle austérité,
Et, des murs du sénat séparés par le Tibre,
Semblent seuls parmi nous respirer un air libre.
Ces vertueux Romains, réunis à ma voix,
Vont jurer en ces lieux de défendre nos lois.
Pour rassurer leurs cœurs dans ces craintes publiques,
Ils cherchent ta présence et tes dieux domestiques ;
Tes foyers sont pour eux un temple respecté
Que l'encens des tyrans n'a jamais infecté.

GRACCHUS.

De ce peuple opprimé les vertus me sont chères.

SCÈNE IV.

GRACCHUS, LICINIA, CORNÉLIE, FULVIUS,
LE PEUPLE.

GRACCHUS.

Citoyens, mes égaux, mes amis, et mes frères,
Venez quelques momens respirer dans mon sein ;
La maison de Gracchus est au peuple romain.
D'un sénat oppresseur vous voyez l'insolence ;
Chez les républicains le peuple est sans puissance ;
Et le monde, par vous soumis à vos tyrans,
Voit dans les mêmes fers gémir ses conquérans.

Auprès des sénateurs dépouillez la contrainte :
Si vous les abordez sans respect et sans crainte,
Non les regards baissés, tels qu'au pied des autels
On vous voit présenter vos vœux aux immortels,
Non comme les soutiens, les protecteurs du Tibre,
Mais comme vos égaux, membres d'un peuple libre ;
Si vous foulez aux pieds l'orgueil patricien ;
Enfin si vous pouvez, fiers du nom plébéien,
Sourds aux vains préjugés d'une antique noblesse,
Concevoir votre force et sentir leur faiblesse ;
Tous ces droits éternels que vous avez perdus,
Soyez sûrs qu'en un jour ils vous seront rendus.
Détruisez, renversez ces abus sacriléges,
Tous ces vols décorés du nom de priviléges.
Jusqu'ici, peu jaloux de votre dignité,
Vous avez adoré le nom de liberté :
Elle n'existe point dans les remparts de Rome,
Partout où l'homme enfin n'est point égal à l'homme.
Mais la fin de vos maux est en votre pouvoir ;
Et punir ses tyrans, c'est remplir un devoir.

LE PEUPLE.

Jusqu'au fond de nos cœurs sa voix se fait entendre :
C'est la voix de son frère.

GRACCHUS.

                Amis, voyez sa cendre.
Là de Tibérius les débris consumés
Par la main fraternelle ont été renfermés.
Vous l'avez tous connu : ce sublime génie,

ACTE I, SCÈNE IV.

Cher au peuple romain, craint de la tyrannie,
Cette voix, ces accens, que vous n'entendrez plus,
Ces foudres d'éloquence et ces mâles vertus,
Cet œil où respirait son ame ardente et fière,
Tout est là, citoyens, tout n'est plus que poussière.
Honorez de vos pleurs ce sacré monument,
Et déposons sur lui notre commun serment.

FULVIUS.

Aux destins de Gracchus les vrais Romains s'unissent :
Prononce le serment, tous nos cœurs applaudissent.

GRACCHUS.

O mon frère! en ces lieux que ton cœur a chéris,
Sous le toit paternel, et devant ces débris
Aussi saints que les Dieux adorés dans nos temples,
Nous jurons* d'imiter tes généreux exemples,
De servir, de défendre avec fidélité
Les intérêts du peuple et de la liberté.
Si nos cœurs se rendaient coupables d'inconstance,
Puissions-nous obtenir pour notre récompense
Le trépas, le remords abreuvé de poisons,
Et l'opprobre éternel qui suit les trahisons!

CORNÉLIE.

Généreux citoyens, que le ciel vous seconde!
Allez, et préparez la liberté du monde.
Toi, mon fils, mon soutien, mon unique trésor,

---

* Caïus, en prononçant ces mots, étend la main vers l'urne de Tibérius; Fulvius et le peuple font le même mouvement.

Par qui Tibérius semble exister encor,
Du fond de l'urne sainte et chère à la patrie,
Dis-moi, n'entends-tu pas une voix qui te crie :
« Mon frère me survit ; je suis mort égorgé ;
« Dix ans sont écoulés : je ne suis point vengé ! »
Écoute, mon cher fils, et le ciel et ta mère ;
Sois docile à la voix de ton malheureux frère ;
Sois sensible à ses cris qui te sont adressés ;
Fais payer au sénat les pleurs que j'ai versés ;
Prends, reçois ce poignard des mains de Cornélie ;
Sans remords, sans délai, frappe la tyrannie ;
Cours, vole, en répandant le sang des inhumains,
Venger ton frère, toi, ta mère, et les Romains.

GRACCHUS.

Donnez ; je prends ce fer, je le prends pour défendre
Un sang que le sénat peut songer à répandre,
Ou pour me délivrer des tyrans et du jour,
Si notre liberté succombait sans retour.
Modérez toutefois l'ardeur qui vous emporte :
Contre les sénateurs votre haine est bien forte ;
Rome sait à quel point mon cœur doit les haïr,
Mais c'est avec la loi que je veux les punir ;
D'un autre châtiment la violence extrême
Est indigne de moi, d'un frère, et de vous-même.
Votre fils ne doit point imiter le sénat,
Et venger un héros par un assassinat.

CORNÉLIE.

Ah ! les patriciens seront moins magnanimes ;

Ils sont depuis long-temps accoutumés aux crimes.
LICINIA.
De tes vils ennemis si la barbare main...
Je ne puis achever.
GRACCHUS.
    S'ils me percent le sein,
J'aurai fait mon devoir, je reverrai mon frère.
LICINIA.
Tu peux abandonner ton épouse et ta mère!
GRACCHUS.
Quand ma mort de vos yeux fera couler des pleurs,
Ma gloire au moins pourra consoler vos douleurs.
LICINIA.
Et notre fils, cruel!...
GRACCHUS.
    Son père le confie
A tes soins, chère épouse, à ceux de Cornélie.
FULVIUS.
Que Rome en cet enfant reconnaisse un Gracchus.
GRACCHUS.
Fille de Scipion, vous, fille de Crassus,
Qui toutes deux m'aimez, et qui m'êtes si chères,
Rentrez; aux immortels adressez vos prières.
Vous, descendans de Mars, venez, au nom des lois,
Sur des usurpateurs reconquérir vos droits.
Qu'un peuple roi de nom cesse enfin d'être esclave:
Il est temps d'abaisser un sénat qui vous brave;
Il est temps d'abolir la distance des rangs.

Je pouvais augmenter le nombre des tyrans;
Au sein de mes foyers, aux camps, à la tribune,
J'ai depuis mon berceau suivi votre fortune:
Du sénat en fureur j'affronterai les coups;
Et mes derniers soupirs seront encor pour vous.

ACTE II.

(Pendant cet acte et le troisième la scène est dans la place publique. La tribune est au milieu de la place. Le fond du théâtre représente une vue de Rome. On doit distinguer le Capitole, des jardins, des palais, et le Tibre dans le lointain.)

SCÈNE PREMIÈRE.

OPIMIUS, DRUSUS, sénateurs, chevaliers, licteurs.

OPIMIUS.

Sénateurs, chevaliers, cliens des sénateurs,
De la grandeur romaine illustres protecteurs,
Le feu long-temps caché de la guerre civile
Est tout près d'éclater au sein de notre ville :
Hâtez-vous de l'éteindre ; et songez que Gracchus
Est le premier auteur du meurtre de Quintus.
Vous savez que, docile aux projets de son frère,
Comme lui du sénat implacable adversaire,
Par une loi conforme aux vœux des plébéiens,
Il prétend vous ravir vos honneurs et vos biens.

Je sais que dans ces lieux il doit bientôt paraître;
C'est à vous d'arrêter les complots de ce traître.
Toi, qui viens d'obtenir l'honneur du tribunat,
Et qui dois ta fortune aux bontés du sénat,
As-tu pour le servir employé ta prudence?
As-tu des plébéiens caressé l'inconstance?
Et le nom de Gracchus, trop long-temps révéré,
A l'oreille du peuple est-il encor sacré?

DRUSUS.

Il suffit, j'ai parlé; sois sans inquiétude:
Tu sais, Opimius, quelle est la multitude.
Sa faveur, qu'on obtient et qu'on perd en un jour,
Semble à ce nom célèbre échapper sans retour.
Le peuple obéira; que le sénat ordonne.
En admirant Gracchus le peuple l'abandonne;
Mais le nom du sénat est partout respecté.

OPIMIUS.

S'il est ainsi, Drusus, Rome est en sûreté.
Suivi des factieux notre ennemi s'avance.
Qu'il leur fasse admirer sa fougueuse éloquence;
Dans la tribune encor nous entendrons sa voix;
Du moins nous l'entendrons pour la dernière fois.

SCÈNE II.

Les mêmes, GRACCHUS, FULVIUS, peuple.

GRACCHUS.
Consul, autour de toi pourquoi donc cette armée?
OPIMIUS.
La liberté, Caïus, n'en peut être alarmée :
Le salut de l'État en mes mains est remis.
Hier au sein de Rome un meurtre s'est commis;
Tu le sais.
GRACCHUS.
Des Romains j'ai blâmé la vengeance
Autant que du licteur j'ai blâmé l'insolence.
FULVIUS.
Avant d'oser parler du meurtre de Quintus,
Il faut venger la mort de l'aîné des Gracchus.
Romains, aux sénateurs on a vendu sa tête :
Du dernier Scipion elle fut la conquête.
GRACCHUS.
Depuis ce jour fatal, cette image en tous lieux
De son aspect sanglant vient effrayer mes yeux.
Où fuir? où l'éviter? dans les remparts de Rome?
Irai-je au Capitole où périt ce grand homme?
Irai-je en mes foyers, qu'il avait habités,
Le nommer, le chercher, trouver de tous côtés
Ses pas, son souvenir, son absence éternelle,

Et partager en vain la douleur maternelle?
Ah! pour le bien public étouffons nos regrets.
Romains, tout doit céder aux communs intérêts;
C'est par votre bonheur qu'il faut venger mon frère:
Retirons de l'oubli ce projet salutaire
Qui devait de nos murs chasser la pauvreté,
Et que dans la tribune il avait présenté;
Entre les citoyens resserrons la distance,
Écartons les besoins, arrêtons l'opulence.
Nous voyons les trésors acheter les honneurs,
Et déja nous perdons nos vertus et nos mœurs.
Si bientôt, dès ce jour, une main prompte et sûre
Ne guérit de l'État la profonde blessure,
Je vois dans l'avenir des maux plus dangereux:
Nos grands seront des rois, ils s'uniront entre eux;
Et l'aristocratie, ou le joug monarchique,
Écraseront enfin la puissance publique.
S'il fallait partager les biens de vos aïeux,
Et le champ paternel habité par vos dieux,
Ma loi commanderait le vol et les rapines;
L'État n'offrirait plus que de vastes ruines:
Mais aux patriciens quel pouvoir a transmis
Les champs des nations, les biens des rois soumis?
Ceux qui dans les combats ont exposé leur tête
Ont tous un droit égal aux fruits de la conquête:
Fixez donc l'étendue et la somme des biens
Dont pourront désormais jouir les citoyens;
De vos champs usurpés commencez le partage,

Divisez entre vous le public héritage :
C'est par de telles lois, c'est par l'égalité
Qu'on peut à Rome encor rendre sa liberté.

OPIMIUS.

La liberté, Caïus, n'est pas l'indépendance :
Pourquoi pousser le peuple à tant de violence ?
Contre ses protecteurs oses-tu l'animer ?
Tu l'as rendu féroce; il est fait pour aimer.
S'il se laissait tromper par tes projets coupables,
Dans peu, je le prédis, ces lois impraticables
Sèmeraient la discorde au milieu de l'État,
Et perdraient à la fois le peuple et le sénat.
Peux-tu nous reprocher des trésors, des richesses,
Qu'aux Romains indigens prodiguent nos largesses ?
Dans les calamités notre zèle et nos soins
N'ont-ils pas en tout temps prévenu leurs besoins ?
Peuple, n'écoutez pas des plaintes indiscrètes;
Sur vos chagrins publics, sur vos peines secrètes,
Vos pères, vos patrons auront toujours les yeux :
Respectez le sénat, craignez les factieux.

GRACCHUS, à la tribune.

Ce respect filial et cette dépendance
Pouvait servir l'État, quand Rome en son enfance
Croyait dans les Tarquins chasser tous les tyrans :
Vous n'imiterez pas vos aïeux ignorans;
Quatre siècles entiers ont accru les lumières;
Vous n'avez plus besoin de patrons ni de pères;
Mais il faut que les biens que vous avez conquis

Avec égalité soient enfin répartis.
Vainqueurs des nations, est-ce assez d'esclavage?
Les monstres des forêts ont un antre sauvage;
Ils évitent du moins, sous des rochers déserts,
Les traits brûlans du jour, la rigueur des hivers;
Et, quand la nuit survient, dans le creux des montagnes
Ils goûtent le sommeil auprès de leurs compagnes :
Et vous, le peuple roi, l'élite des humains,
Vous, descendans de Mars, et citoyens romains,
Vous, dans le monde entier qu'embrassent vos conquêtes,
Vous n'avez point d'asyle où reposer vos têtes!
Maîtres de l'univers, quittez ce nom si beau;
Vous n'avez pas un antre, et pas même un tombeau!
(Il descend de la tribune.)

LE PEUPLE.

Il est trop vrai; les grands ont comblé nos misères :
Il nous faut désormais des lois plus populaires.

DRUSUS, montant à la tribune.

Redoutez, citoyens, vos premiers mouvemens;
N'imitez point Caïus en ses emportemens.
Quoi! les représentans de la grandeur romaine
Ont-ils donc en effet mérité votre haine?
Vous les méconnaissez; ils sont vos vrais soutiens :
Défiez-vous...

GRACCHUS.

Tribun, cher aux patriciens,
Toi qui t'enorgueillis d'être un de leurs complices,
A quel prix leur vends-tu ton zèle et tes services!

ACTE II, SCÈNE II.

DRUSUS, à la tribune.

Mon zèle est pur, Caïus, il n'est point acheté ;
Je ne sers que l'État, la raison, l'équité :
Mais vous, Romains, mais vous, quelle est votre faiblesse !
Quels sont donc les héros que vous vantez sans cesse ?
Deux tyrans plébéiens, jaloux des sénateurs,
Deux frères que l'orgueil a rendus novateurs,
Renversant par degrés la liberté romaine,
Factieux par instinct, par intérêt, par haine,
Infectant vos esprits de leurs préventions,
Et pour vous subjuguer flattant vos passions :
Voilà les grands exploits de Caïus, de son frère.
Ces bienfaits exceptés, dût ma franchise austère
D'un parti qui succombe irriter le courroux,
J'oserai demander ce qu'ils ont fait pour vous.
(Drusus s'assied dans la tribune.)

FULVIUS, accourant à la tribune.

Ce qu'ont fait les Gracchus pour le peuple de Rome !
Est-il vrai ? Dans ces murs on peut trouver un homme
Qui parle des Gracchus, et demande aujourd'hui
Au peuple rassemblé ce qu'ils ont fait pour lui !
Eux tromper les Romains ! c'est toi qui les égares.
Citoyens, alliés, étrangers, et barbares,
Tout des grands, des préteurs t'apprendra les forfaits ;
Tout de nos deux héros t'apprendra les bienfaits.
J'ai suivi les Gracchus du jour qui les vit naître :
L'Univers les connaît ; j'ai dû les mieux connaître ;
A leurs divins travaux je fus associé,

Et ma plus grande gloire est dans leur amitié.
Ton châtiment sera le récit de leur gloire.
Voici ce qu'ils ont fait; gardes-en la mémoire :
Contre les magistrats les faibles protégés,
Par d'utiles moissons les pauvres soulagés;
Ces moissons dans nos murs s'accumulant d'avance,
Tous les ans aux Romains assurant l'abondance;
Des chemins somptueux s'ouvrant de toutes parts;
La cité d'Annibal relevant ses remparts;
Enfin des monumens plus sacrés, plus augustes,
Des abus renversés, des lois saintes et justes,
Qui dans le monde entier fondaient la liberté,
Si le sénat romain n'avait pas existé.

LE PEUPLE.

Les Gracchus ont aimé le peuple pour lui-même :
Eux seuls ont mérité que le peuple les aime.

DRUSUS, toujours à la tribune.

Fulvius, si tu veux vanter les deux Gracchus,
Nomme les nations, les rois qu'ils ont vaincus;
La fuite des Gaulois fut-elle leur ouvrage?
Ont-ils dompté Pyrrhus et subjugué Carthage?
Ces durs patriciens, ces cruels sénateurs,
Voilà nos généraux et nos triomphateurs.
Je vois de tous côtés des nations sujettes,
Contentes sous nos lois de leurs propres défaites;
Des rois fiers de tenir leur sceptre de nos mains,
Et de monter au rang de citoyens romains;
La république au loin s'étendant par la guerre,

Terminant son empire aux confins de la terre.
Il faut bien avouer que des exploits si grands
Ne sont dus qu'aux héros qu'on appelle tyrans.
Tant d'éclat, de succès, tant de siècles de gloire,
Sont-ils en un moment loin de votre mémoire?
Est-ce un crime aujourd'hui d'oser s'en souvenir?
Est-ce vos bienfaiteurs que vous voulez punir?
(Il descend de la tribune.)

LE PEUPLE.

Non, jamais.

OPIMIUS, à Fulvius.

Au tribun crois-tu pouvoir répondre?

FULVIUS.

Gracchus dans la tribune est prêt à le confondre.

LE PEUPLE.

Écoutons, c'est Gracchus. Il paraît agité.

GRACCHUS, remontant à la tribune.

Romains, je ne puis voir avec tranquillité,
Je n'entendrai jamais sans une honte extrême
Un magistrat du peuple, élevé par vous-même,
Rendre aux patriciens des hommages si doux,
Et vous compter pour rien en s'adressant à vous.
Le tribun nous rappelle et Pyrrhus et Carthage;
Mais la gloire des chefs est-elle sans partage?
L'honneur de commander à des soldats romains
N'a-t-il pas influé sur leurs brillans destins?
Sans tous les plébéiens morts pour la république
Dans les forêts d'Épire, aux campagnes d'Afrique,

Émile et Scipion, sans gloire et sans exploits,
N'auraient pas à leur char enchaîné tant de rois.
Plébéiens, vrais guerriers, je vois vos cicatrices :
Les nobles à la guerre ont cherché les délices,
Ils régnaient dans les camps; vous avez combattu;
Vos chefs ont triomphé quand vous avez vaincu.
Ils ont gardé pour eux la gloire et l'opulence,
Ils ne vous ont laissé que l'obscure indigence;
Ils ne vous ont laissé que le partage affreux
De travailler, de vaincre, et de mourir pour eux.
Sur les monts, sur les mers, chez des peuples barbares,
Votre sang a coulé pour des tyrans avares.
Mais que sont, après tout, aux yeux patriciens
Les travaux, les sueurs, le sang des plébéiens?
Drusus s'est bien rempli de leur orgueil farouche;
Le sénat tout entier a parlé par sa bouche.
Et vous osez, Romains, haïr les sénateurs!
Vous osez oublier qu'ils sont vos bienfaiteurs!
Ah! si vous en doutiez, si vos cœurs insensibles
Demandaient à Drusus des garans infaillibles,
Vous pourriez en trouver sans sortir de ces lieux,
Et de sanglans témoins sont présens à vos yeux.
C'est ici que mon frère a péri leur victime :
Mon frère vous aimait, et voilà tout son crime.
Au fond du Capitole allez interroger
Jupiter Protecteur qui le vit égorger.
Faisceaux, glaive, licteurs, or vil et sanguinaire,
Qui commandas le meurtre, et qui fus son salaire,

Et vous, temple sacré, tribune où tant de fois
Des Romains opprimés il défendit les droits,
Autel qu'il embrassait de sa main défaillante,
Tibre, où j'ai recueilli sa dépouille sanglante,
Élevez-vous, tonnez contre ce peuple ingrat,
Et qu'il apprenne enfin les bienfaits du sénat!
(Il descend de la tribune.)

LE PEUPLE.

Oui, voilà ses bienfaits; ils demandent vengeance.

OPIMIUS.

C'en est trop : d'un consul déployons la puissance.
Rangez-vous près de moi, sénateurs, chevaliers,
Vous tous, bons citoyens, intrépides guerriers.
La main de Scipion, aux exploits aguerrie,
A de Tibérius délivré la patrie :
On est tenté de suivre un exemple si beau,
Et tous les factieux ne sont pas au tombeau.
Quels sont les révoltés qui demandent vengeance
Lorsqu'on doit du sénat implorer l'indulgence?
Qu'ils sachent qu'à l'instant je puis les accabler;
Je n'ai qu'un mot à dire, et leur sang va couler.

LE PEUPLE.

Que tardons-nous encore à punir cette audace?

GRACCHUS, l'arrêtant.

Citoyens...

FULVIUS.

Tu l'entends; le consul nous menace.

LE PEUPLE.

Meurent les sénateurs !

GRACCHUS.

Citoyens, arrêtez.

LE PEUPLE.

Ils sont cruels.

GRACCHUS.

Sans doute; et vous les imitez.

LE PEUPLE.

Vengeons-nous.

GRACCHUS.

Arrêtez : malheur à l'homicide !
Le sang retombera sur sa tête perfide.
Des lois, et non du sang : ne souillez point vos mains.
Romains, vous oseriez égorger des Romains !
Ah ! du sénat plutôt périssons les victimes ;
Gardons l'humanité, laissons-lui tous les crimes.

SCÈNE III.

Les mêmes, CORNÉLIE, LICINIA, LE FILS DE GRACCHUS.

LICINIA.

Ses jours sont en péril. Le voilà; je frémis.

GRACCHUS.

Que vois-je ? mon épouse, et ma mère, et mon fils !

OPIMIUS.

Gardez-vous d'approcher.

ACTE II, SCÈNE III.

GRACCHUS.
Conservez votre vie.
OPIMIUS.
Fuyez ces lieux.
CORNÉLIE.
Moi fuir! Connais-tu Cornélie?
Mère, auprès de mon fils je brave le danger :
Aux côtés de Caïus nous venons nous ranger ;
A ses côtés, c'est là le poste de sa mère.
Si j'avais dans le temple accompagné son frère,
J'aurais péri cent fois par vos coups inhumains,
Avant que mon enfant fût tombé sous vos mains.

OPIMIUS.
J'excuse vos transports, je plains votre tendresse ;
Mais des esprits ardens qui fermentent sans cesse
Remplissent nos remparts de troubles éternels,
Et Caïus est le chef de tous ces criminels.

LICINIA.
Mon époux!
CORNÉLIE.
Qu'a-t-il fait?
OPIMIUS.
Sans cesse il nous outrage;
Il nourrit contre nous des sentimens de rage;
De son cœur ulcéré rien ne peut les bannir.
CORNÉLIE.
Et qu'a-t-il mérité?
OPIMIUS.
La mort doit le punir.

GRACCHUS, CORNÉLIE, LICINIA, FULVIUS, LE PEUPLE.
La mort!

CORNÉLIE.

Non, non, cruel! c'est à moi qu'elle est due;
L'orgueil des Scipions dont je suis descendue,
Le nom, les dignités, le rang de mes aïeux,
Tous ces fantômes vains ne sont rien à mes yeux:
Mes fils! voilà mes biens, mes trésors, ma parure;
J'ai gravé dans leur cœur les lois de la nature,
Le respect pour le peuple, et l'amour de ses droits.
Au sein de leur berceau je leur ai dit cent fois
Qu'il faut de l'indigent soulager les misères,
Que des patriciens les plébéiens sont frères;
Que l'homme en tout pays naît pour la liberté,
Et qu'il n'est de grandeur que dans l'égalité.
Tous deux ont cru leur mère, et leur mère est contente:
Ils ont par leur vertu surpassé mon attente.
Je vous rends grace, ô dieux: j'ai porté dans mon sein
Deux mortels vraiment grands, l'honneur du nom romain.
Leur gloire impérissable à la mienne est unie;
L'Univers avec eux citera Cornélie.
Si le sénat punit la gloire et les vertus,
C'est trop peu d'immoler le dernier des Gracchus:
Ne vous arrêtez point au milieu de vos crimes;
Consul, patriciens, voilà d'autres victimes,
Venez; près de Caïus vous voyez tous les siens.
Où sont vos meurtriers? ses forfaits sont les miens.
Par sa mère du moins commencez le carnage;

Sur mon corps déchiré frayez-vous un passage,
Payez de vos trésors nos cadavres sanglans,
Et goûtez à longs traits le plaisir des tyrans!

LE PEUPLE.

Vive des deux Gracchus la digne et tendre mère!

OPIMIUS.

C'est avec ces discours qu'on séduit le vulgaire;
Voilà par quels moyens les fléaux de l'État
Ont toujours désuni le peuple et le sénat.
Il est temps de finir ces sanglantes querelles.

LICINIA.

Et quel est ton dessein?

OPIMIUS.

De frapper les rebelles.

LICINIA.

Barbare! c'est ainsi...

OPIMIUS.

C'est ainsi que je dois
Prévenir le désordre et défendre les lois.

LICINIA.

Cesse d'éterniser la publique infortune;
Voilà ton seul devoir. Au pied de la tribune,
Dans le sein du forum, à la face des dieux,
Les meurtres n'ont-ils pas épouvanté nos yeux?
Et des patriciens le courroux implacable
N'a-t-il pas fait couler un sang irréparable?
Que la pitié succède à tant d'inimitié.

GRACCHUS.
La pitié du sénat! l'orgueil est sans pitié.
OPIMIUS.
Crois-tu des sénateurs mériter la clémence?
GRACCHUS.
Je n'en ai pas besoin; j'aime mieux leur vengeance.
OPIMIUS.
Eh bien!...
GRACCHUS.
Vil assassin, frappe, et fais ton devoir.
LICINIA.
Consul, n'écoute pas ses cris, son désespoir;
Au nom de ton épouse, écoute la nature.
OPIMIUS.
La loi parle.
LICINIA.
A tes pieds, c'est moi qui t'en conjure.
GRACCHUS, CORNÉLIE, FULVIUS, LE PEUPLE.
O ciel!
GRACCHUS.
Licinia, l'épouse de Gracchus,
Aux genoux d'un consul! aux pieds d'Opimius!
LICINIA.
Ah! je n'en rougis point, je suis épouse et mère:
Que cet enfant, consul, te parle pour son père.
OPIMIUS.
Écoutez: si Gracchus n'est pas un factieux,
Si le sang des Romains lui semble précieux,
De ses intentions le sénat veut un gage.

ACTE II, SCÈNE III.

GRACCHUS.

J'y consens; quel est-il?

OPIMIUS.

Cet enfant pour ôtage.

LICINIA.

Mon fils!

OPIMIUS.

Licinia, ne craignez rien pour lui.

GRACCHUS, *après un silence très-marqué.*

Citoyens, de la paix je veux être l'appui;
A cet objet sacré mon cœur se sacrifie,
Et voici mon enfant qu'à tes mains je confie.
Que le sénat pourtant n'espère rien de moi;
Au peuple souverain je garderai ma foi.
Que devant Jupiter ce traité s'accomplisse :
Courons au Capitole implorer sa justice;
Qu'il accueille aujourd'hui nos paisibles sermens,
Et périsse à nos yeux, au milieu des tourmens,
Tout Romain, tout mortel qui, par la violence,
Osera dans ces murs établir sa puissance,
Qui versera du sang, qui détruira les lois,
Et qui voudra du peuple anéantir les droits!

ACTE III.

SCÈNE PREMIÈRE.

OPIMIUS, DRUSUS, licteurs.

OPIMIUS.

Oui, malgré notre haine et notre impatience,
Tu vois qu'il a fallu différer la vengeance :
Gracchus respire encore, et c'est pour nous braver.

DRUSUS.

Du piége qui l'attend rien ne peut le sauver.
La paix entre ennemis est de courte durée.

OPIMIUS.

Dans son cœur, dans le mien la paix n'est point jurée.

DRUSUS.

Qu'importe le courroux de ce fier plébéien,
Impuissant ennemi du nom patricien ?
Contre tout son parti les juges et les prêtres
Feront parler les lois, les Dieux de nos ancêtres :
Les Dieux, les lois, consul, c'est par là qu'on séduit ;
Et c'est avec des mots que le peuple est conduit.

ACTE III, SCÈNE I.

OPIMIUS.
Quel est donc sur les cœurs l'ascendant du génie,
D'une éloquente voix quelle est la tyrannie,
Si l'orgueil irrité d'un sénat tout-puissant
L'écoute avec respect et cède en frémissant?
Les talens de Gracchus, le souvenir d'un frère,
La vertu, les aïeux, le grand nom de sa mère,
Tout contre le sénat semblait parler pour lui,
Et plus que tu ne crois le peuple est son appui.
Ah! si dans les esprits on pouvait le détruire!
Si, ne pouvant le vaincre, on pouvait le séduire!
Au nom du bien public et de son intérêt,
Je viens d'en obtenir un entretien secret:
Jusqu'à flatter Caïus je saurai me contraindre:
Si je puis l'ébranler nous n'avons rien à craindre;
Nous le verrons, Drusus, expirer sous les coups
D'un peuple qu'il osait exciter contre nous.

DRUSUS.
Je le crois: cependant si Caïus inflexible
Oppose à tes discours une ame inaccessible,
Si les séductions irritent ses mépris...

OPIMIUS.
Au même instant, Drusus, sa tête est mise à prix.
J'aurai soin de hâter des rigueurs nécessaires;
Le sénat a besoin de la mort des deux frères.
La main de Scipion fit tomber le premier,
Et des bras éprouvés puniront le dernier.
Il vient, retire-toi.

(Drusus sort.)

SCÈNE II.

OPIMIUS, GRACCHUS, LICTEURS.

GRACCHUS.
Tu n'as pas mon estime.
Tu me hais dès long-temps, et ton sénat m'opprime.
Au nom du bien public tu m'as fait appeler,
Et partout à ce nom tu me verras voler.
Que veux-tu?

OPIMIUS.
Qu'entre nous l'inimitié s'oublie.
C'est l'intérêt de Rome; il nous réconcilie;
Que la cause du peuple et des patriciens
Désormais réunie ait les mêmes soutiens.
Les talens, les vertus qui te rendent illustre,
Pourront, si tu m'en crois, briller d'un plus beau lustre.
Je sais que ton esprit, assiégé de soupçons,
De bonne heure a sucé de funestes leçons;
Un dangereux exemple a séduit ton enfance;
Et de Tibérius la coupable imprudence...

GRACCHUS.
Consul, que les tyrans qui l'ont fait égorger,
Devant son frère au moins cessent de l'outrager.
Poursuis.

OPIMIUS.
Je ne veux pas insulter sa mémoire;

ACTE III, SCÈNE II.

En plaignant ses erreurs je respecte sa gloire :
Mais toi, qui parmi nous tiens sa place aujourd'hui,
Instruit par ses revers, sois plus sage que lui.
Il en est temps encor, cherche à te mieux connaître ;
Vois quel est ton destin, vois quel il pouvait être.
La tribune est ici le chemin des honneurs ;
Mais, loin de les aigrir, il faut gagner les cœurs.
Tu pouvais obtenir la pourpre consulaire,
Transmettre à tes enfans un rang héréditaire,
Et, porté par la gloire au milieu du sénat,
Être un des protecteurs de Rome et de l'État.
Oses-tu préférer à ces grands avantages
Quelques brillans succès mêlés de tant d'orages,
Les applaudissemens des plébéiens flattés,
Et le nom trop fameux d'un chef de révoltés ?
Oui, d'un reproche amer excuse l'énergie :
Rougis en contemplant ta longue léthargie :
Éveille-toi, Caïus, et regarde avec moi
Quels sont les partisans d'un Romain tel que toi :
Un ramas d'indigens et de vils prolétaires,
Dont les grands par pitié se sont faits tributaires,
Et qui, dans le forum ligués contre les grands,
Comblés de nos bienfaits, nous appellent tyrans ;
Voilà ceux dont Caïus est le flatteur docile.
Ah ! ce n'était point là le parti de Camille ;
Et les deux Scipions, tes illustres aïeux,
N'étaient point protégés par quelques factieux !
Descendant des héros, choisis-les pour modèles ;

Laisse-là des amis légers et peu fidèles ;
Range-toi du parti de nos antiques lois,
Et gouverne avec nous les peuples et les rois.

GRACCHUS.

Consul, est-ce à Gracchus que ce discours s'adresse?
Crois-tu qu'à ton projet le peuple s'intéresse?
J'aurais été surpris qu'un membre du sénat
Eût daigné s'occuper du bien de tout l'État.
Mais c'est moi qui m'abuse, et ton humeur altière
Voit dans les sénateurs la république entière ;
Le reste des humains disparaît à tes yeux,
Et tous les plébéiens sont des séditieux.
Toi, dont l'orgueil barbare insulte au misérable,
Pour être infortuné crois-tu qu'on soit coupable?
La pauvreté du peuple exclut-elle ses droits?
S'il est des indigens, c'est la faute des lois ;
C'est votre avidité qui fait leur indigence ;
C'est vous qui séduisez leur docile ignorance ;
C'est vous, patriciens, vous qui les corrompez ;
Sur leur propre intérêt c'est vous qui les trompez.
Ils ne sont pas toujours chargés de vos outrages ;
Sitôt qu'au champ de Mars ils donnent leurs suffrages,
Leur pauvreté, consul, n'a plus rien de honteux,
Et l'orgueil du sénat se courbe devant eux.
Je les vois sur vous tous exercer leur empire,
Bassement courtisés quand ils doivent élire,
Rejetés loin de vous quand ils n'élisent plus,
Dignes de vos mépris quand ils vous ont élus.

OPIMIUS.
Toi qui ne souffres point qu'on outrage ton frère,
Parle avec moins de haine, avec moins de colère;
N'insulte pas, Gracchus, un sénat redouté.
GRACCHUS.
Et toi, n'insulte pas Rome et l'humanité.
Tu dois plus de respect, plus de reconnaissance
Au peuple que tu sers, et qui fait ta puissance.
OPIMIUS.
Il suffit. Terminons tous ces vains différends.
Tu peux être l'égal ou le fléau des grands,
L'ami des sénateurs, ou bien leur adversaire :
Crains de te repentir du choix que tu vas faire;
Tel est l'unique objet qui nous rassemble ici;
Et je veux ta réponse à l'instant.
GRACCHUS.
       La voici :
Je ne transige point avec la tyrannie;
La querelle du peuple à ma cause est unie :
A de vils préjugés rien ne peut m'asservir;
Et pour l'égalité je veux vivre et mourir.
OPIMIUS.
L'égalité! ce mot stérile et chimérique,
Qu'on répète toujours, que jamais on n'explique,
De tous les préjugés renferme le plus grand;
Et la nature humaine est mon premier garant.
L'assassin, le brigand, un esclave imbécile,
Égalent-ils Brutus, Scévola, Paul-Émile?

D'un fantôme adoré déserte les autels;
L'inégalité règne au milieu des mortels:
Les vertus, les talens, et surtout l'opulence,
Établissent entre eux un intervalle immense;
Rien ne peut de ces dons surmonter l'ascendant,
Et du riche en tous lieux le pauvre est dépendant.

GRACCHUS.

Tu feins, Opimius, de ne me pas comprendre:
Écoute; je savais, avant que de t'entendre,
Quelle est l'autorité des talens, des vertus,
Et de l'or, ce pouvoir que tu vantes le plus:
Eh bien! ni les vertus, ni l'or, ni le génie,
Ne peuvent justement fonder la tyrannie.
Les membres d'un État, égaux devant les lois,
Unis des mêmes nœuds, ont tous les mêmes droits.
La nature aux mortels n'a point donné d'entraves;
Elle n'a point créé des tyrans, des esclaves;
Elle a créé, consul, la sainte égalité,
Et sa main dans nos cœurs grava la liberté.
Des seuls patriciens ce n'est point le partage;
Elle appartient au monde; et ce grand héritage
Est à tous les humains dispensé par les cieux,
Tel que l'astre du jour qui luit pour tous les yeux.

OPIMIUS.

C'est ainsi que le peuple est bercé d'un système
Dangereux pour l'État, dangereux pour lui-même.

GRACCHUS.

Ce système, consul, ne peut nuire à l'État;

ACTE III, SCÈNE II.

Il peut servir le peuple aux dépens du sénat.

OPIMIUS.

Songes-tu que ton fils est en notre puissance?

GRACCHUS.

J'y songe, et les tyrans chérissent la vengeance.
Je donnerais mes jours pour conserver mon fils,
Et tu vois à ce nom tous mes sens attendris.
Si vous croyez avoir besoin d'un nouveau crime,
Tigres, frappez encor cette tendre victime;
Vous me verrez toujours braver votre pouvoir,
Et mourir de douleur en faisant mon devoir.

OPIMIUS.

Caïus, je plains ta haine, et je voudrais l'éteindre.

GRACCHUS.

Ne plains pas la vertu; le crime est seul à plaindre.

OPIMIUS.

Qui voudra t'imiter et se perdre avec toi?

GRACCHUS.

Quand il ne resterait que Fulvius et moi...

OPIMIUS.

Fulvius! et crois-tu qu'à lui-même contraire,
Il oublîra toujours son rang de consulaire?
S'il osait s'expliquer, et s'il n'éprouvait pas
Quelque honte secrète à faire un premier pas,
Aux intérêts du peuple il serait infidèle;
L'occasion lui manque; il l'attend, il l'appelle,
Prêt à se rallier à la cause des grands....

GRACCHUS.

Tu veux nous désunir, et c'est l'art des tyrans.
Fulvius, me dis-tu, mon ami, n'est qu'un traître!
Non, je ne le crois point. Mais je le vois paraître.
Tu frémis à ses yeux; ta rougeur te dément.

SCÈNE III.

OPIMIUS, GRACCHUS, FULVIUS, LICTEURS.

GRACCHUS.

Fulvius, le consul m'assure, en ce moment,
Que tu veux abjurer la cause populaire,
Et qu'aux patriciens tu t'efforces de plaire.

FULVIUS.

Moi, grands dieux! au sénat je pourrais me lier!

GRACCHUS.

Viens; ne t'abaisse pas à te justifier;
Viens, embrasse un ami qui t'aime et qui t'estime:
Un cœur tel que le tien n'est pas fait pour le crime.
Chef des patriciens, on s'est osé flatter
Que Gracchus était vil et pouvait s'acheter.
Cours apprendre au sénat que son attente est vaine;
Et ne marchande plus la liberté romaine.

OPIMIUS.

Je vole à son secours. Dans le fond de mon cœur
Un reste de pitié parlait en ta faveur:
Je te plaignais, Caïus, et ma main protectrice

A voulu t'arrêter au bord du précipice.
Adieu! De ma douceur je suis enfin lassé.
Ennemis du sénat, votre règne est passé :
Si vous ne craignez point vos complots parricides,
Et le remords secret qui s'attache aux perfides,
Et la haine de Rome, et le ciel en courroux,
Craignez le châtiment qui tombera sur vous!
(Il sort avec les licteurs.)

SCÈNE IV.

GRACCHUS, FULVIUS.

GRACCHUS.
Si tu dois triompher, je ne crains que la vie.
FULVIUS.
Attendrons-nous, Gracchus, qu'elle nous soit ravie?
Quelques patriciens dont le cœur m'est lié
Par les nœuds toujours chers d'une tendre amitié,
Trompant de leur sénat la rage criminelle,
M'ont appris ses desseins par un récit fidèle.
Si la séduction avait pu t'avilir,
Par le peuple en fureur on t'aurait fait punir.
GRACCHUS.
Que dis-tu?
FULVIUS.
Si ton cœur, zélé pour la patrie,
Osait d'Opimius rejeter l'offre impie,
On devait publier un décret du sénat

Qui tous deux nous déclare ennemis de l'État.

GRACCHUS.

Le sénat...

FULVIUS.

       Il n'est plus de frein qui le retienne;
Ce décret met à prix et ta tête et la mienne.

GRACCHUS.

Quel mystère d'horreur!

FULVIUS.

             C'est peu d'être proscrits;
Le sénat veut encor que nous mourions flétris.
Les juges, préparant leurs arrêts redoutables.....

GRACCHUS.

Ils sont patriciens; nous serons tous coupables.

FULVIUS.

Les prêtres, colorant ces desseins odieux...

GRACCHUS.

Ils sont patriciens; je sais l'avis des dieux.

SCÈNE V.

GRACCHUS, FULVIUS, CORNÉLIE, LICINIA.

CORNÉLIE.

Songe à toi, mon cher fils; un sénat sacrilége
Aux meilleurs citoyens prépare un nouveau piége;
On parle d'un décret, de toi, de Fulvius:
Il est bien des Romains égarés ou vendus.

Les discours séduisans, les perfides caresses,
Les éloges flatteurs, les bienfaits, les promesses,
L'or, premier des tyrans, premier des séducteurs,
Drusus prodigue tout au nom des sénateurs.

LICINIA.

De quelques vrais Romains que peut le vain courage?
L'éclair nous avertit; laissons passer l'orage:
Fuyons. Quelques amis jusqu'aux monts Apennins
Sont prêts à nous guider par de secrets chemins.
Déjà la sombre nuit couvre les sept collines,
Et descend par degrés sur les plaines voisines:
Viens; nous suivrons tes pas au bout de l'Univers,
De cités en cités, dans le fond des déserts:
Les lieux où tu vivras seront notre patrie;
Une épouse qui t'aime, une mère chérie,
Adouciront le poids de tes calamités,
Et nous pourrons du moins mourir à tes côtés!

GRACCHUS.

Avec la liberté tu veux que je m'exile!
Quand Rome existe encor, moi chercher un asile!
Fuir, au sein de la nuit, par des chemins secrets,
Comme un brigand chargé du poids de ses forfaits!
Abandonner ce peuple au sénat qui l'opprime!
Déserter ma patrie! y songer est un crime.
Et que penserait-on de l'indigne soldat
Qui fuirait ses drapeaux au moment du combat?
Non; l'aspect du péril agrandit le courage:
Combattre les tyrans fut toujours mon partage.

C'est ici qu'à nos droits ils osent insulter :
C'est ici qu'est mon poste, et j'y prétends rester ;
Et, quand sous leurs efforts Rome entière chancelle,
Je dois relever Rome, ou tomber avec elle.

FULVIUS.

Je t'approuve ; et je cours ramener en ces lieux
Le peu de citoyens dignes de nos aïeux.
Gracchus est en péril, et le peuple sommeille !
Les tyrans sont vainqueurs ; que le peuple s'éveille !
Je veux que ses débris, par un dernier effort,
Portent chez l'oppresseur l'épouvante et la mort.
Pleins d'un beau désespoir tentons la destinée.
Si ce jour est pour nous la dernière journée,
Aux esclaves du moins nous ferons nos adieux,
Et c'est la liberté qui fermera nos yeux !

(Il sort.)

SCÈNE VI.

GRACCHUS, CORNÉLIE, LICINIA.

LICINIA.

Tibérius n'est plus ; il nous restait son frère ;
Un héros tel que lui peut consoler sa mère.
Si vous aviez voulu, vous l'auriez vu toujours
Le charme, le soutien et l'honneur de vos jours.
De vos leçons peut-être il sera la victime ;
Et son trop de vertu l'a plongé dans l'abîme.
Vous savez le pouvoir de ses fiers ennemis :

Je crains pour mon époux, je tremble pour mon fils ;
Je ne puis immoler mon cœur à la patrie ;
Au plus grand des Romains j'ai consacré ma vie :
Je l'aime ; je le dois. Songez que mon époux
Est un don précieux que j'ai reçu de vous.
N'aimeriez-vous pas mieux, vous mère, vous sensible,
Briller ainsi que moi de son éclat paisible,
Que de voir votre fils proscrit, persécuté,
Succombant sous les coups d'un sénat irrité ?

CORNÉLIE.

Vous me connaissez mal : si l'on venait me dire :
Caïus avec les grands va partager l'empire ;
Fatigué de sa gloire, infidèle à l'État,
Il a vendu le peuple à l'orgueil du sénat :
Honteuse d'être mère, et pleurant sa naissance,
Je le désavoûrais, je fuirais sa présence ;
J'Irais dans un désert, traînant mes jours flétris,
Survivre loin de Rome à l'honneur de mon fils.
Mais si l'on m'annonçait qu'il est mort en grand homme,
En se sacrifiant aux intérêts de Rome,
Le coup serait affreux pour mon cœur gémissant ;
Je mourrais de douleur, mais en l'applaudissant :
Je dirais : Sa vertu ne s'est point démentie ;
Il a vécu trop peu, pour moi, pour la patrie ;
Mais, ce qui doit au moins calmer mon désespoir,
Jusqu'à sa dernière heure il a fait son devoir !

GRACCHUS.

Vous serez satisfaite, et votre fils, ma mère,

Mourra digne de vous et digne de son frère.

LICINIA.

Quel bruit se fait entendre? et d'où partent ces cris?

SCÈNE VII.

GRACCHUS, CORNÉLIE, LICINIA, FULVIUS,
LE FILS DE GRACCHUS, LE PEUPLE.

FULVIUS.

Caïus, Licinia, reprenez votre fils.

GRACCHUS, LICINIA.

Notre fils!

CORNÉLIE.

Est-il vrai?

GRACCHUS.

Rome est-elle tranquille?

FULVIUS.

Non. Le peuple à ma voix quittait son humble asyle:
Bientôt les sénateurs, nous joignant à grands pas,
De Gracchus et des siens demandaient le trépas:
Le consul a donné le signal du carnage;
Le sang coule; et Drusus, scélérat sans courage,
Tenant son fils unique, et l'offrant à nos yeux,
Menace d'immoler cet enfant précieux.
Il est sauvé, conquis par ce peuple intrépide;
L'éclair qui fend les cieux, la foudre est moins rapide:
Vaincu par la terreur, tout fléchit devant nous;

Le perfide Drusus est tombé sous nos coups ;
Et, lorsqu'Opimius à le venger s'apprête,
Nos amis enlevaient leur illustre conquête,
Et criaient, en serrant ton fils entre leurs mains :
« C'est l'enfant de Gracchus, c'est l'espoir des Romains! »
GRACCHUS.
Que ne vous dois-je pas, citoyens magnanimes !
FULVIUS.
Opimius frémit ; il a besoin de crimes.
Nous avons des soldats ; il a des assassins,
Et je t'ai dévoilé ses sinistres desseins.
Déjà, réunissant leurs fureurs mercenaires,
Esclaves, affranchis, étrangers, et sicaires,
Grossissaient à l'envi les forces du sénat,
Et vendaient au consul notre sang et l'État.
Sans doute à la victoire il ne faut plus prétendre ;
Mais nous aurons du moins l'honneur de te défendre :
Le peuple que tu sers veut aussi te servir ;
Et, s'il ne peut plus vaincre, il peut encor mourir.
GRACCHUS.
La mort est pour moi seul.
LICINIA.
Opimius s'avance.

SCÈNE VIII.

GRACCHUS, CORNÉLIE, LICINIA, FULVIUS, LE FILS DE GRACCHUS, OPIMIUS, SÉNATEURS, CHEVALIERS, LICTEURS, SUITE, LE PEUPLE.

OPIMIUS, tenant le décret du sénat.

Romains, il faut livrer Gracchus à ma vengeance.

CORNÉLIE.

Te livrer mon enfant!

LICINIA.

Mon époux!

LE PEUPLE.

Notre appui!

FULVIUS.

C'est là qu'il faut passer pour aller jusqu'à lui!

(Fulvius et le peuple forment un rempart entre Gracchus et le parti du sénat.)

GRACCHUS.

Arrête, Fulvius!

FULVIUS.

Eh! qu'importe ma vie,
Si je puis conserver Gracchus à la patrie?

OPIMIUS.

Le sénat veut Gracchus; Romains, hésitez-vous?

GRACCHUS, à la tribune.

Patriciens, le ciel sera juge entre nous.
J'ai voulu dans ce jour empêcher le carnage,

ACTE III, SCÈNE VIII.

Au point de vous livrer mon enfant comme ôtage;
J'ai tout fait, tout tenté pour conserver la paix;
Mais vous vouliez du sang, vous vouliez des forfaits.
Vous, nés tous plébéiens, foulés par la noblesse,
Citoyens, dont la rage, ou plutôt la faiblesse,
A la voix du sénat vient pour m'assassiner,
Puisqu'on vous a trompés je dois vous pardonner.
Mais vous, patriciens, comptez sur la vengeance;
Le peuple tôt ou tard reprendra sa puissance.
Romains, ralliez-vous, rassemblez vos débris;
Les dieux s'adouciront, ils entendront vos cris :
Ne désespérez point; la liberté de Rome
Ne dépendra jamais de la perte d'un homme.
Viens, mon fils; crains les dieux, chéris l'humanité,
Sois le soutien du peuple et de la liberté.
Je remets ce dépôt aux mains de Cornélie.
Épouse, mère, enfant, pour qui j'aimais la vie,
Ami tendre et fidèle, et vous, peuple romain,
Serrez-vous près de moi, j'expire en votre sein.
(Il se frappe.)

FULVIUS, CORNÉLIE, LICINIA, LE PEUPLE, OPIMIUS.
Ciel!

(Tous les personnages tombent aux pieds de Gracchus, à l'exception d'Opimius.)

GRACCHUS.

J'épargne du sang. Dieux protecteurs du Tibre,
Voici mon dernier vœu : que le peuple soit libre!
(Il expire.)

OPIMIUS.

Il meurt, mais il triomphe, et je sens le remord.
Qu'un homme libre est grand au moment de sa mort!

FIN DE CAÏUS GRACCHUS.

LE CAMP
DE GRAND-PRÉ,

OU

LE TRIOMPHE DE LA RÉPUBLIQUE,

DIVERTISSEMENT LYRIQUE EN UN ACTE,

REPRÉSENTÉ
SUR LE THÉATRE NATIONAL DE L'OPÉRA, LE 27 JANVIER 1793.

MUSIQUE DE FRANÇOIS-JOSEPH GOSSEC.

PERSONNAGES.

LE GÉNÉRAL.
L'AIDE-DE-CAMP DU GÉNÉRAL.
LE MAIRE.
THOMAS.
UN VIEILLARD, soldat invalide.
LA LIBERTÉ.
LAURETTE.
OFFICIERS MUNICIPAUX.
VIEILLARDS, dont quelques-uns sont vêtus en soldats invalides.
JEUNES GENS, vêtus en gardes nationaux, en soldats de ligne, ou en villageois.
FEMMES, dont la plupart sont vêtues en villageoises.
ENFANS.
CITOYENS de différentes nations.

La scène est à Grand-Pré, dans le camp des Français, qui est séparé du camp des Prussiens par la rivière de l'Aisne.

LE CAMP DE GRAND-PRÉ,

OU

LE TRIOMPHE DE LA RÉPUBLIQUE;

DIVERTISSEMENT LYRIQUE.

SCÈNE PREMIÈRE.

LE MAIRE, LES OFFICIERS MUNICIPAUX, CITOYENS vêtus en gardes nationaux, VIEILLARDS, dont quelques-uns sont vêtus en soldats invalides, FEMMES, ENFANS.

CHOEUR.

Dieu du peuple et des rois, des cités, des campagnes,
De Luther, de Calvin, des enfans d'Israël,
Dieu que le Guèbre adore au pied de ses montagnes,
    En invoquant l'astre du ciel!
Ici sont rassemblés sous ton regard immense
De l'empire français les fils et les soutiens,
Célébrant devant toi leur bonheur qui commence,
    Égaux à leurs yeux comme aux tiens!

LE CAMP DE GRAND-PRE.

LE MAIRE.

Goûtez, républicains, les douceurs de la trève
Qui vient d'être accordée aux ennemis vaincus;
Du Finistère au Var la nation se lève,
Et vous verrez bientôt les tyrans abattus.
    Notre force les environne;
Vos chefs, votre vaillance, et les monts de l'Argonne
    Sont les garans de nos succès.
    Ne craignez rien d'un roi barbare;
Du camp de ses guerriers l'Aisne en vain nous sépare;
La Liberté chez eux saura trouver accès :
De nos législateurs les généreux décrets
A Guillaume, à Brunswik, porteront les alarmes;
    Les soldats poseront les armes,
    Et voudront tous être Français!

CHOEUR.

Soleil, qui, parcourant ta route accoutumée,
Donnes, ravis le jour, et règles les saisons,
Qui, versant des torrens de lumière enflammée,
    Mûris nos fertiles moissons :
Feu pur, œil éternel, âme et ressort du monde,
Puisses-tu des Français admirer la splendeur!
Puisses-tu ne rien voir, dans ta course féconde,
    Qui soit égal à leur grandeur!
Malheur au despotisme; et que l'Europe entière,
Du sang des oppresseurs engraissant ses sillons,
Soit pour notre déesse un vaste sanctuaire,
    Qui dure autant que tes rayons!

SCÈNE I.

Que des siècles trompés le long crime s'expie :
Le ciel pour être libre a fait l'humanité :
Ainsi que le tyran, l'esclave est un impie
      Rebelle à la Divinité !

SCÈNE II.

Les mêmes, THOMAS, LAURETTE, villageois
  et VILLAGEOISES, portant des fruits et du vin.

THOMAS.

    Citoyens, dont l'ardent courage
    A bravé la Prusse en courroux,
    Thomas, citoyen comme vous,
Orateur, chansonnier, chanteur de son village,
    A rassemblé dans les hameaux voisins,
    Pour venir partager vos fêtes,
Des garçons bons soldats et bons républicains,
Avec leurs jeunes sœurs à danser toujours prêtes.
Nous apportons du vin... ci-devant champenois ;
    Les Vandales voulaient en boire ;
  Nous en boirons ensemble à votre gloire,
A la santé du peuple, à la chute des rois ;
Et nous ferons danser nos gentilles compagnes
Autour du bel ormeau que vos mains ont planté
    Sur la cime de ces montagnes,
    En l'honneur de la Liberté.

LAURETTE.

Entonnons pour le bal cette ronde joyeuse
Que tu fis l'autre jour sur nos premiers succès;
 J'en ai retenu les couplets,
Et du chanteur Thomas Laurette est la chanteuse.
 Thomas mettra la ronde en train;
Puis, après son couplet, le couplet de Laurette:
Nous poursuivrons ainsi durant la chansonnette;
Et le chœur avec nous chantera le refrain.

(On danse autour de l'arbre de la Liberté; des tables sont dressées dans le camp; les citoyens mangent et boivent ensemble, pendant la ronde.)

RONDE.

THOMAS.

Vous, aimables fillettes,
Et vous, jeunes garçons,
Aux sons de nos musettes,
Unissez vos chansons:

CHOEUR.

Si vous aimez la danse,
Venez, accourez tous,
Boire du vin de France,
Et danser avec nous.

LAURETTE.

Ces nobles et ces princes,
Contre nous conjurés,
En quittant leurs provinces,
Disaient aux émigrés:

SCÈNE II.

CHOEUR.

Si vous aimez la danse,
Venez, accourez tous,
Boire du vin de France,
Et danser avec nous.

THOMAS.

Quelques enfans timides
A leur premier effort,
Quelques guerriers perfides
Leur ont chanté d'abord :

CHOEUR.

Si vous aimez la danse,
Venez, accourez tous,
Boire du vin de France,
Et danser avec nous.

LAURETTE.

Ces bandes aguerries
S'avançaient à grands pas :
Du fond des Tuileries
On leur criait... tout bas :

CHOEUR.

Si vous aimez la danse,
Venez, accourez tous,
Boire du vin de France,
Et danser avec nous.

THOMAS.

Ici, d'un ton plus leste,
On les a fait danser :

Notre jeunesse est preste,
Et peut recommencer:

CHOEUR.

Si vous aimez la danse,
Venez, accourez tous,
Boire du vin de France,
Et danser avec nous.

LAURETTE.

Nous avons l'humeur fière
Envers leurs potentats;
Mais de notre rivière
Nous chantons aux soldats:

CHOEUR.

Si vous aimez la danse,
Venez, accourez tous,
Boire du vin de France,
Et danser avec nous.

THOMAS.

Une loi bienfaisante,
Et qu'on vous montrera,
Donne cent francs de rente
A qui désertera:

CHOEUR.

Si vous aimez la danse,
Venez, accourez tous,
Boire du vin de France,
Et danser avec nous.

SCÈNE II.

LAURETTE.

Ces fils de la Victoire,
Vaincus par les Français,
Passent les jours sans boire,
Et ne dansent jamais :

CHOEUR.

Si vous aimez la danse,
Venez, accourez tous,
Boire du vin de France,
Et danser avec nous.

THOMAS.

Déjà leur grand courage
Commence à se lasser ;
Ils viennent à la nage,
Pour boire et pour danser :

CHOEUR.

Si vous aimez la danse,
Venez, accourez tous,
Boire du vin de France,
Et danser avec nous.

LAURETTE.

En ces lieux par douzaine
Il en vient chaque jour ;
Puis, sur les bords de l'Aisne,
Ils chantent à leur tour :

CHOEUR.

Si vous aimez la danse,
Venez, accourez tous,

Boire du vin de France,
Et danser avec nous.

THOMAS.

Bientôt l'armée entière,
Hormis les officiers,
Va, sous notre bannière,
Chanter dans nos foyers:

CHOEUR.

Nous aimons tous la danse,
Et nous accourons tous,
Boire du vin de France,
Et danser avec vous.

(La danse continue.)

THOMAS.

Les habitans de ces bocages
Ont le courage et la fierté,
Et chacun porte en nos villages
Le bonnet de la Liberté.
Voulez-vous plaire à nos fillettes?
Écartez les propos galans;
Laissez les fadeurs, les fleurettes,
Aux tendres bergers du vieux temps.
Pour l'État buvez à plein verre;
Soyez soldat et citoyen;
La nuit, le jour, en paix, en guerre,
Aimez, chantez, battez-vous bien.

CHOEUR.

Les habitans de ces bocages,

SCÈNE II.

Ont le courage et la fierté,
Et chacun porte en nos villages
Le bonnet de la Liberté.

(La danse recommence; elle est interrompue presque aussitôt. La générale bat; les jeunes gens courent aux armes.)

SCÈNE III.

Les mêmes, L'AIDE-DE-CAMP DU GÉNÉRAL.

L'AIDE-DE-CAMP.

La trompette a sonné; tout vous appelle aux armes.
Un écrit insolent, dont il faut nous venger,
Est venu dans ces lieux réveiller les alarmes.
L'audacieux Brunswick ose nous outrager.
Le général français vient de rompre la trêve;
Il vous attend, il marche à nos fiers ennemis:
Sur ces monts, dans ces bois, que leur perte s'achève;
Vous reprendrez vos chants quand ils seront soumis.

LES JEUNES GENS.

Adieu, nos enfans et nos pères;
Adieu, nos femmes et nos sœurs.
Périssent les rois sanguinaires,
Par la main de vos défenseurs!

LES FEMMES ET LES ENFANS.

Hélas! si vous perdez la vie,
Nos regrets seront éternels.

LES JEUNES GENS.

Nous vous léguons à la patrie,
Qui vous tend ses bras maternels.

LES VIEILLARDS.

Ayez toujours le même zèle;
Partez, revenez triomphans;
Et n'écoutez pas des enfans,
Quand la Liberté vous appelle.

LES JEUNES GENS.

Vieillards, recevez nos sermens;
Nous mourrons, s'il le faut, dignes de vous et d'elle.

LES FEMMES.

De vos fils quel sera le sort?

LES ENFANS.

Abandonnez-vous vos compagnes?

LES JEUNES GENS.

Nous partons; et, sur ces montagnes,
Nous jurons de trouver la victoire ou la mort.

(Les jeunes gens se retirent sur l'air de la marche de Châteauvieux.)

SCÈNE IV.

LE MAIRE, OFFICIERS MUNICIPAUX, VIEILLARDS, FEMMES, ENFANS.

UN VIEILLARD, vêtu en soldat invalide.

Dans les temps de notre jeunesse,
Nous bravions les combats sanglans;

SCÈNE IV.

Maintenant la triste vieillesse
Enchaîne nos bras impuissans.
Héritiers de notre courage,
Nos fils ont de plus grands destins :
Ils ont sur nous un avantage;
Nous n'étions pas républicains.

CHOEUR.

Ils ont sur nous un avantage;
Nous n'étions pas républicains.

LAURETTE.

La trompette excite au carnage;
De terreur je me sens glacer.

LE MAIRE.

L'airain gronde sur ce rivage;
Le combat vient de commencer.

LAURETTE.

Verrons-nous immoler nos braves
Par ces Vandales inhumains?

LE MAIRE.

Ne redoutez point des esclaves;
Nos guerriers sont républicains.

CHOEUR.

Ne redoutons point des esclaves;
Nos guerriers sont républicains.

LES FEMMES.

La voix des femmes et des mères
T'implore, arbitre des combats.

LE MAIRE, LES OFFICIERS MUNICIPAUX, LES
VIEILLARDS ET LES ENFANS.

La voix des enfans et des pères
S'unit aux vœux des magistrats.

TOUS.

Exauce ces vœux légitimes,
Dieu, qui tiens le glaive en tes mains.
Choisis les tyrans pour victimes;
Épargne nos républicains!

LAURETTE.

Voyez ces troupes fugitives,
N'osant combattre nos héros.

LE MAIRE.

Voyez ces phalanges craintives
Se précipiter dans les flots.

LE VIEILLARD.

Entendez ces chants de victoire
Retentir sur les monts voisins.

CHŒUR DE GUERRIERS, dans le lointain.

Vivent la patrie et la gloire,
Et nos soldats républicains!

SCÈNE V.

LES MÊMES, LE GÉNÉRAL, L'AIDE-DE-CAMP,
GARDES NATIONALES ET TROUPES DE LIGNE.

CHOEUR DES GUERRIERS, hors du théâtre.

(Marche de Châteauvieux.)

Qu'une fête
Ici s'apprête;
Nos guerriers sont de retour.
Liberté, dans ce beau jour,
Viens remplir notre âme:
Répands sur nous tes bienfaits;
Que ta voix nous enflamme;
Chéris toujours les Français,
Et rends-leur la paix
A jamais.

(Les guerriers arrivent sur le théâtre, et le chœur continue.)

Vous frémissez, ennemis de la France,
Fils ingrats, despotes jaloux:
Si vous bravez sa vaillance,
Vous tomberez tous
Sous ses coups.
La Liberté nous a servi de guide:
Son glaive et son égide
Ont marché, devant nous,
Contre vous.

Qu'une fête
Ici s'apprête;
L'ennemi fuit sans retour.
Liberté, dans ce beau jour,
Viens remplir notre âme :
Répands sur nous tes bienfaits;
Que ta voix nous enflamme;
Chéris toujours les Français,
Et rends-leur la paix
A jamais *.

(Évolutions militaires.)

LE GÉNÉRAL.

Recommencez vos chants et vos danses légères :
Vos époux, vos enfans, vos frères,
Ont de la tyrannie écrasé les soutiens.

THOMAS.

Vous, qui savez si bien guider notre vaillance,
Chef, dont nous aimons la prudence,
Racontez la victoire à nos concitoyens.

LE GÉNÉRAL.

A peine sur ces monts la trompette guerrière
Avait rassemblé les Français :
L'ennemi, sortant des forêts,
Découvre son armée entière;

---

* Les vers de cette marche ont été parodiés sur la musique. Elle a été exécutée, pour la première fois, à la fête des soldats de Châteauvieux.

SCÈNE V.

Et deux peuples rivaux, lancés dans la carrière,
D'un combat meurtrier commencent les apprêts.

>Déjà l'airain tonne,
>Et la charge sonne.
>A ces fiers accens,
>Dont la noble ivresse,
>De notre jeunesse
>Enflamme les sens,
>Brûlant de courage,
>Guerrier sur guerrier,
>Coursier sur coursier,
>S'élance avec rage ;
>Parmi le carnage,
>Les cris, le fracas,
>Une ardeur nouvelle
>Remplit les soldats ;
>Le fer étincelle,
>Et vole en éclats ;
>Et le sang ruisselle
>Partout sur nos pas.

LE GÉNÉRAL, L'AIDE-DE-CAMP, THOMAS.

Enfin, dans ces plaines funestes,
Rassemblant quelques faibles restes,
L'ennemi s'enfuit éperdu ;
Mais, couvert de sang et de gloire,
Le Français chante sa victoire,
Et pardonne au soldat vaincu.

CHOEUR GÉNÉRAL.

Premier bien des mortels, ô Liberté chérie!
Liberté, que notre patrie
Suive à jamais tes étendards.
Descends des cieux, viens embellir ta fête;
Que les palmes couvrent ta tête;
Descends avec la paix, l'abondance et les arts.
Ennemis des tyrans, commencez vos cantiques.
Brûlez l'encens sur son autel,
Et que vos mains patriotiques
Couronnent son front immortel.

SCÈNE VI.

Les mêmes, LA LIBERTÉ descendant du ciel sur un nuage, accompagnée des Génies, des Arts, et de l'Abondance.

LA LIBERTÉ.

Nouveaux républicains, de qui la voix m'implore,
Je me rends à vos vœux, je descends parmi vous :
Un beau jour luit pour moi; je vous en dois l'aurore,
Et votre hommage m'est bien doux.
Je naquis autrefois sous le ciel de la Grèce;
C'est là que des beaux arts la troupe enchanteresse
Vint présider à mon berceau.
Rome, en chassant les rois, m'environna de gloire;
Mais l'orgueil du sénat, l'abus de la victoire,
Me plongèrent dans le tombeau :

SCÈNE VI.

J'y fus long-temps ensevelie.
Aux monts helvétiens Tell me rendit la vie;
Sur les pas du premier Nassau,
Le Batave indigné, bravant la tyrannie,
Triomphant des rois et des mers,
Sur les flots enchaînés me fit une patrie;
Franklin me transporta dans un autre Univers.
N'enviez point la Grèce antique,
Et Rome, et l'Helvétie, et l'heureuse Amérique.
La Nation française a mieux connu ses droits :
Elle a su proclamer, en bannissant ses rois,
L'unité de la République.
Vingt peuples, sur mes pas réunis en ce jour,
Viennent dans vos remparts chercher un grand exemple.
La France est désormais le temple
Où je dois fixer mon séjour.

(La Liberté s'avance dans le camp, ainsi que les Génies qui l'environnent, et vient s'asseoir sur un trophée d'armes et de drapeaux. Le nuage qui la portait remonte, et laisse voir, dans l'enfoncement, différentes nations du monde, remarquables par leurs costumes.)

(Entrée des Nations.)

CHOEUR GÉNÉRAL.

Vive à jamais, vive la Liberté !
Reçois nos vœux, chère et sainte patrie :
Nous jurons d'obéir, de donner notre vie,
Pour nos lois, pour l'égalité.
Que la France entière s'écrie :
Vive à jamais, vive la Liberté !

LE MAIRE.

Guerriers qui volez aux combats,
En respectant les lois méritez la victoire.
La vertu fait les vrais soldats :
C'est dans la vertu qu'est la gloire.
Épargnez le sang des humains ;
En conquérant la paix, sanctifiez la guerre ;
Les palmes sur le front, l'olive dans les mains,
Délivrez et calmez la terre.

CHOEUR GÉNÉRAL.

Vive à jamais, vive la Liberté !
Reçois nos vœux, chère et sainte patrie :
Nous jurons d'obéir, de donner notre vie,
Pous nos lois, pour l'égalité.
Que la France entière s'écrie :
Vive à jamais, vive la Liberté !

(On exécute des danses analogues aux différentes nations.)

LE GÉNÉRAL.

Que devient l'ardeur intrépide
De ces conquérans aguerris,
Qui devaient dans leur vol rapide
Renverser les murs de Paris ?
La France a fait plier sous elle
Les tyrans et leur fol orgueil :
Le Rhin, la Marne, la Moselle,
De leurs guerriers sont le cercueil.

SCÈNE VI.

CHOEUR.

Chantons, dansons, la patrie est contente :
    Partout ses braves défenseurs
    Ont frappé les rois d'épouvante ;
    La République est triomphante :
Chantons, dansons ; nos frères sont vainqueurs.

L'AIDE-DE-CAMP.

    Le sombre tyran des Vandales,
    Vengeur et complice des rois,
    Devant ses enseignes fatales
    Se flattait de courber nos droits.
    Il menaçait ; il prend la fuite,
    Il court au fond de son palais
    Pleurer sa puissance détruite,
    Et trembler au nom des Français.

CHOEUR.

Chantons, dansons, la patrie est contente :
    Partout ses braves défenseurs
    Ont frappé les rois d'épouvante ;
    La République est triomphante :
Chantons, dansons ; nos frères sont vainqueurs.

LE GÉNÉRAL.

    A Namur, à Spire, à Mayence,
    On réclame l'égalité :
    A Chambéri le peuple danse
    Sous l'arbre de la Liberté.
    Enflammés d'un même génie,
    Tous les peuples vont à la fois

Briser la triple tyrannie
Des prêtres, des grands et des rois.

CHOEUR.

Chantons, dansons, la patrie est contente :
Partout ses braves défenseurs
Ont frappé les rois d'épouvante;
La République est triomphante :
Chantons, dansons; nos frères sont vainqueurs.

THOMAS.

Déjà le Brabant nous appelle,
Et Liége implore nos guerriers;
Courons dans les murs de Bruxelle
Conquérir de nouveaux lauriers.
Si l'Autriche résiste encore,
De Vienne gagnons les remparts,
Plantons l'étendard tricolore
Au sein du palais des Césars.

CHOEUR.

Chantons, dansons; la patrie est contente :
Partout ses braves défenseurs
Ont frappé les rois d'épouvante;
La République est triomphante :
Chantons, dansons; nos frères sont vainqueurs.

LE GÉNÉRAL.

Citoyens, que de Rome esclave
Les fers soient brisés par nos mains :
Aux lieux où siége le conclave
Ressuscitons les vieux Romains;

SCÈNE VI.

Et dans cette terre classique,
Déserte aujourd'hui de vertus,
Réveillons la cendre héroïque
Et des Gracques et des Brutus.

CHOEUR.

Chantons, dansons, la patrie est contente :
Partout ses braves défenseurs
Ont frappé les rois d'épouvante ;
La République est triomphante :
Chantons, dansons ; nos frères sont vainqueurs.

FIN DU CAMP DE GRAND-PRÉ.

NOTE.

SCÈNE PREMIÈRE.

Tout ce que Chénier fait dire au chœur est extrait de son hymne sur la Fédération, qu'on trouvera dans ses poésies diverses : il en a transporté ici une strophe entière.

FÉNÉLON,

TRAGÉDIE EN CINQ ACTES,

REPRÉSENTÉE, POUR LA PREMIÈRE FOIS, A PARIS, SUR LE THÉATRE DE LA RÉPUBLIQUE, LE 9 FÉVRIER 1793.

ÉPITRE DÉDICATOIRE
AU CITOYEN DAUNOU,
DE L'INSTITUT NATIONAL.

Vous n'ignorez pas, mon ami, que, pour régénérer l'espèce humaine, il vient de s'élever en France une secte fanatique, ayant pour cri de ralliement : Guerre à la philosophie. Cette secte est assez peu redoutable par les talens; mais elle prêche tous les jours, et régente l'Europe dans quatre ou cinq feuilles périodiques. En attendant que ces grands écrivains se fassent des réputations, ils veulent détruire les réputations faites. L'un s'est chargé de Voltaire, l'autre de J.-J. Rousseau, un troisième de Montesquieu; un quatrième annonce à l'Europe que les Anglais sont essentiellement absurdes; que Locke est un esprit faux; Bacon, un rêveur sans idées; Sidney, Gordon, Bolingbroke, des extravagans; et que les mots liberté, philosophie, doivent être prohibés comme marchandise anglaise. Tous affirment, c'est leur manière de raisonner, que le peuple a besoin d'erreurs, sans doute parce qu'il faut des dupes aux fripons ; que c'est un grand mal de propager les lumières ; que l'instruction publique est une calamité ; et que le quinzième siècle était encore un assez beau temps, du moins avant cette horrible invention de l'imprimerie. Le théâtre ayant bien quelque influence, ils en ont refait la poétique, et voici l'abrégé de leur doctrine. Rien de ce qui intéresse la politique et la religion ne doit être offert sur la scène. Point de rois odieux, surtout ceux de l'Europe moderne, à commencer de l'empereur Constantin. Point de prêtres chrétiens, ni les vicieux, ni même ceux qui seraient présentés comme des modèles de vertu. Peu d'histoire ; beaucoup de héros fabuleux, de mythologie antique, d'intrigues d'amour. Ne jamais parler de liberté, de tyrannie, de superstition. Bannir sévèrement du théâtre la philosophie, et même les sentences morales. On n'y va point pour s'éclairer, mais seulement pour se divertir. La conclusion de ces juges souverains est de condamner l'art dramatique à ne produire qu'un plaisir insignifiant. Ils proposent pour modèles les drames, les romans, les journaux dont ils enrichissent la littérature. Au plaisir près, il faut convenir que les exemples sont bien choisis. Par malheur, la nouvelle doctrine est directement contraire à la pratique des poètes qui ont illustré les deux scènes dans tous les temps et chez tous les peuples. Elle ne l'est pas moins à la théorie des critiques habiles, théorie qui n'est au fond que cette pratique réduite en préceptes. Il est facile de démontrer ce que j'avance; et cela même peut servir, si ce n'est au redressement des instituteurs, du moins à l'instruction des élèves, crédules pour des fables absurdes, et gardant jusqu'ici l'incrédulité pour une chose évidente, la profonde ignorance de leurs maîtres.

Les Athéniens, inventeurs de la tragédie, en firent un spectacle essentiellement politique et religieux. Que sont, qu'étaient un Danaüs, un Alcméon, un Atrée, un Égisthe, un Oreste, un Polymestor? pour nous des tyrans fabuleux; pour les Grecs des coupables couronnés qui avaient souillé les trônes de la Grèce. Eschyle n'était guère plus éloigné du siége de Troye que nous de la première croisade. Jupiter, Minerve, Diane, Hercule, qui toujours agissent, et souvent paraissent dans la tragédie grecque, faux dieux pour nous, étaient les dieux qu'on adorait dans les temples; et l'on ne peut exiger que, cinq siècles avant le christianisme, Euripide et Sophocle aient deviné les beautés poétiques de la mythologie chrétienne. Quant à la morale, elle abonde dans le personnage du chœur, et dans les autres personnages. Eschyle est sentencieux, Sophocle plus qu'Eschyle, Euripide plus que Sophocle : aussi fut-il chéri de Socrate et des autres philosophes. On grava sur son tombeau, qu'il avait orné la sagesse du charme des illusions tragiques. Il fut surnommé le philosophe du théâtre, et en même temps le plus tragique des poètes. En effet, moins élevé que Sophocle, moins parfait dans ses compositions, il est plus naïf, plus exquis dans le pathétique, partie importante, où peut-être il ne fut jamais égalé. La vieille comédie était, comme la tragédie, un spectacle politique; et Platon conseillait à Denys-le-Tyran la lecture d'Aristophane, s'il voulait connaître l'intérieur de la république d'Athènes. Mais ce spectacle était obscène et diffamatoire. Ce n'était pas seulement les dieux du paganisme qu'Aristophane faisait agir et parler d'une manière ridicule; les bons chrétiens lui en sauraient gré. Ce n'était pas seulement Euripide et Socrate vivans qu'il outrageait, en les jouant sous leur propre nom; les adversaires de la philosophie lui feraient grâce. Mais il insultait encore Périclès, Alcibiade, Cléon, les magistrats, les juges, les généraux, les chefs de l'État. Tant de licence fut avec raison réprimée par les lois, à deux époques différentes. Enfin, la nouvelle comédie, dépouillée du droit de nuire, devint toute philosophique. Il nous reste un assez grand nombre de fragmens de Ménandre, et ces fragmens sont pleins de morale. Il imitait Euripide dans un autre genre d'écrire; et ses ouvrages, comme ceux de son modèle, étaient les délices des philosophes. Quant aux théories des Grecs, Plutarque loue beaucoup Ménandre pour cette morale philosophique répandue dans ses comédies, et lui donne une haute préférence sur Aristophane. Le plus grand critique de la Grèce, Aristote, dans sa Poétique où il n'a pour objet que la tragédie, dit textuellement ces mots remarquables, que j'ai déja cités ailleurs : La tragédie est plus philosophique et plus instructive que l'histoire même.

Il ne nous reste du théâtre latin, ni les tragédies de Pomponius Secundus, ni le Thieste de Varius, comparable, selon Quintilien, aux chefs-d'œuvre de la scène grecque, ni la Médée d'Ovide, que le même Quintilien semble regarder comme la plus haute preuve du génie de ce grand poète. Sénèque, ou, si l'on veut, les deux Sénèques, moraux et sentencieux comme les tragiques d'Athènes, ne peuvent être toutefois comptés parmi les modèles. Octavie, pièce très-faible, écrite peu de temps après eux, mérite une seule remarque. Les spectateurs avaient pu voir les héros de cette tragédie historique. Néron y paraît avec ses victimes; et tous les vers portent ce caractère d'indignation qu'une tyrannie récente inspire à des esclaves délivrés. Nous n'avons aucune comédie peignant les mœurs des Romains: ils en avaient pourtant un grand nombre: ATELLANÆ, TABERNARIÆ, PRETEXTATÆ, TOGATÆ. Celles qui nous sont parvenues étaient nommées PALLIATÆ. Elles ne représentent que des Grecs, et ne sont que des imitations du grec. Il ne faut pas chercher la philosophie dans Plaute dont les vers mal tournés et les grossiers jeux de mots ne sont point du goût d'Horace; mais Térence, écrivain d'une élégance exquise, offre souvent dans ses vieillards cette morale épurée de Ménandre qu'il avait choisi pour modèle. Les critiques latins pensent comme les critiques grecs. Quintilien donne la palme comique à Ménandre, ce philosophe de la comédie. Pour la tragédie, il hésite entre Euripide et Sophocle; il semble même pencher en faveur du premier qu'il dit presque égal aux philosophes, dans leur propre science. Un critique d'un ordre bien plus élevé, Horace, dans son Art poétique, développant en beaux vers le caractère du chœur tragique, lui fait tracer un véritable cours de morale. Ce poète de la raison n'enseigne-t-il pas d'ailleurs à tous les poètes, que, pour atteindre au but de l'art, ils doivent réunir l'agréable et l'utile, éclairer le lecteur en l'amusant? Ne leur récommande-t-il pas expressément d'étudier la philosophie de Socrate; après avoir prononcé ce grand axiome, le bien penser est la source du bien écrire?

On sait dans quelle honteuse ignorance l'Europe fut plongée durant treize siècles, depuis l'époque où le christianisme devint la religion dominante de l'empire romain, jusqu'à l'invention de l'imprimerie. La théologie était forte; les sciences faibles; la philosophie et la littérature à peu près nulles. L'Italie seule avait produit un Dante, un Pétrarque, un Boccace; elle n'avait pas une scène régulière. Long-temps après eux, le cardinal Bibiena, auteur de la première comédie moderne, oublia d'y mettre du talent; mais, au commencement du seizième siècle, un des plus beaux génies que les derniers âges puissent opposer à l'antiquité, Machiavel, qui n'oubliait rien, fit représenter devant le pape Léon X sa piquante comédie de la Mandragore. Le pontife éclairé, tout en excommuniant Martin Luther si déchaîné contre les moines, ne fut point choqué de voir, dans le personnage de frère Timothée, un moine odieux et ridicule. L'archevêque Trissino, vers le même temps, donna Sophonisbe, la première tragédie moderne: la tragédie de l'archevêque ne valait guère mieux que la comédie du cardinal; mais, comme lui du moins, il ouvrait la route;

il l'ouvrait par une tragédie historique; et, dès la fin du même siècle, Lope de Véga, chez les Espagnols, allait plus loin que Trissino. Les drames de Lope, beaucoup trop compliqués, sans doute, offrent souvent une morale noble et saine. Il puisa plusieurs sujets dans l'histoire d'Espagne; et cet exemple fut suivi par Caldéron et Guillen de Castro, ses successeurs. Quand notre théâtre était encore en pleine barbarie, l'Angleterre se glorifiait déjà d'un grand poète dramatique, Shakespear, contemporain de Lope, et génie bien plus remarquable. La plupart de ses pièces sont tirées des histoires modernes, défigurées, il est vrai, par une foule de traditions fabuleuses. L'impérieuse Élisabeth entendit parler sur la scène les Plantagenet, les Tudor, les rois, les reines, les ministres, les prélats d'Angleterre, et jusqu'à son père Henri VIII. Élisabeth et Jacques Ier qui lui succéda, bien loin d'arrêter le poète dans sa carrière, assistaient fréquemment à la représentation de ses pièces. On ne les accusera point d'avoir trop favorisé la liberté. Cependant, si les ouvrages de Shakespear fourmillent d'obscénités et d'extravagances, tribut surabondant qu'il payait à son peu de culture, à l'ignorance de son siècle, au goût du public et de la cour, ces mêmes ouvrages étonnent par des traits sublimes et par une morale admirable. Indépendant comme la nature qui l'inspire seule, Shakespear peint à grands traits l'ambition délirante et les fureurs du despotisme. Plus d'un siècle après sa mort, les historiens de sa patrie, sans en excepter le philosophe David Hume, sont loin d'avoir égalé la sévère impartialité du poète, et la haine généreuse que lui inspirait la tyrannie.

Pierre Corneille, immortel fondateur de la scène française, puisa dans l'histoire presque tous ses sujets tragiques, quelques-uns même dans l'histoire moderne. Il introduisit sur la scène deux martyrs du christianisme, et auprès d'eux un païen persécuteur qui se convertit, et un sceptique tolérant qui ne se convertit pas. Il est sentencieux jusque dans le Cid où l'amour domine avec tant d'éclat. Il l'est surtout quand il représente la majesté des peuples libres, ou quand il peint les tyrans avec une horrible vérité qu'il ne daigne pas même adoucir. Ce qui refroidit plusieurs de ses ouvrages, ce sont des amours déplacées, et non ces tableaux politiques où il excelle, et qui lui ont mérité le nom de Grand. Si l'on s'intéresse fort peu aux tendresses d'Eudoxe, de Rodogune, de Jules César, d'Attale, de Perpenna, de Maxime, quoi de plus vrai que les sombres terreurs de Phocas, que l'ambition forcenée de Cléopâtre, que la bassesse de Ptolomée et de son conseil, que l'ignominie de Prusias?

Quoi de plus admirable que les belles scènes d'Horace, de Cinna, d'Héraclius; que l'entrevue de Sertorius et de Pompée; que ce Nicomède, digne élève d'Annibal, luttant seul, après lui, contre le despotisme des conquérants du monde; que Pompée mort, et toujours présent, toujours le premier personnage de la tragédie; que sa veuve Cornélie tenant en main cette urne funèbre où la liberté romaine n'est plus qu'un peu de cendre?

Nous avons de Racine onze tragédies, dont sept historiques, puisque Bérénice même est de ce nombre, et qu'on ne veut pas sans doute ranger Esther et Athalie parmi les sujets fabuleux. Bajazet seul est tiré de l'histoire moderne. Croit-on que le rôle entièrement politique d'Acomat soit la moins belle partie de cette pièce? Croit-on que la tragédie de Mithridate soit refroidie par l'entretien de ce monarque et de ses enfants, et par le beau récit d'Arbate? Aimerait-on mieux les scènes où le roi de Pont avilit son grand caractère par une tendresse glaciale et des ruses de comédie? Quant à Britannicus, si l'on trouve au théâtre une peinture énergique de la tyrannie qui achète les crimes, et de la servitude qui les vend, n'est-ce pas dans cet austère chef-d'œuvre où vit tout entier le génie de Tacite? Si, dans Iphigénie, l'art merveilleux du poète inventa l'épisode d'Ériphile pour amener un dénouement convenable à la scène française, toutefois ce qui est digne de l'admiration de tous les siècles, n'est-ce donc pas cette foule de beautés sévères, ces richesses d'Homère et d'Euripide, étalées et augmentées par le talent pompeux de Racine ? C'est dans Phèdre que l'amour est à sa place, non l'amour d'Aricie et du farouche Hippolyte, mais l'amour de Phèdre, le personnage le plus passionné que nous ait laissé la scène antique. N'est-elle pas, d'ailleurs, essentiellement morale, cette pièce, où « *les faiblesses de l'amour sont données pour de vraies faiblesses, où les passions ne sont présentées que pour montrer tout le désordre dont elles sont cause,* » où « *le vice est peint partout avec des couleurs qui en font connaitre et haïr la difformité ?* » Et qu'on y prenne garde : c'est Racine lui-même qui s'exprime ainsi dans sa préface, et voici les mots qu'il ajoute : « C'est ce que tout homme qui travaille pour le public doit se proposer, et c'est ce que les premiers poètes tragiques avaient en vue sur toute chose. Leur théâtre était une école où la vertu n'était pas moins bien enseignée que dans les écoles des philosophes. » Telle est la théorie de Racine. Je ne veux attaquer ni justifier le choix du sujet d'Athalie ; mais près de l'enfant roi, près du pontife prophète, ne voit-on pas une reine exécrable, un prêtre infâme, altérés du sang innocent ? Une éloquente morale embellit chaque scène. Le style, toujours ferme et sublime, est en même temps plus sentencieux que dans aucune tragédie française. L'ouvrage est simple, sévère, religieux, politique, ainsi qu'une tragédie grecque. Long-temps avant ce chef-d'œuvre, Racine, jeune encore, et dans toute sa force, abandonna la carrière, avant de toucher la borne où lui seul pouvait atteindre. Mais à quoi faut-il l'attribuer? Aux chaînes qu'il traînait dans sa route, aux spectateurs égarés qui négligeaient Britannicus, à la cour qui commandait Bérénice, à d'ineptes critiques, à d'indignes rivaux, à des cabales odieuses, aux intrigues de quelques puissants qui forçaient le génie de choisir entre l'honneur dangereux de leurs persécutions, et l'opprobre de leur protection.

Dès les commencements de ce grand poète, un talent aussi rare et plus audacieux, qui avait dirigé ses premiers travaux pour le théâtre, et dont il aurait dû rester l'ami, introduisait sur la scène comique une philosophie supérieure. Elle éclate partout chez Molière : dans les sujets, dans les compositions, dans les maximes d'un grand sens, dans une foule de vers nés proverbes, et plus encore dans l'étonnante hardiesse des tableaux qu'il représente. Sous une monarchie, il ne fit point, comme la plupart des poètes comiques, un traité secret avec la vanité des gens du beau monde.

Il ne flatta point leurs portraits; il ne leur immola point les classes inférieures: il attaqua le vice où il régnait, et puisa le ridicule au plus haut de sa source. Dans le Bourgeois gentilhomme, les vices de cour vivent aux dépens des ridicules en roture; dans Georges-Dandin, les ridicules sont partagés: la classe privilégiée garde le privilége du vice. Molière poursuit le charlatanisme chez les médecins du roi, chez les beaux esprits accrédités, chez les femmes considérées et puissantes, à l'hôtel Rambouillet, à l'Académie française. Tous les genres de fausseté sont mis en jeu dans le Misanthrope, et tous les personnages sont de la cour. N'est-il pas aussi du grand monde, ce débauché D. Juan, qui, après avoir porté la désolation dans vingt familles, se propose de contrefaire le dévot, et trace le portrait vigoureux et trop fidèle de l'athée hypocrite? Dans Tartuffe, l'imbécille Orgon n'est-il pas un homme de la haute robe? Quant au personnage principal, non-seulement il indique en masse le corps nombreux des bigots, mais il désigne directement ce qu'on appelait alors les nouveaux casuistes. Les jésuites n'y furent pas trompés. Un de leurs coryphées, le célèbre P. Bourdaloue, fit et prononça contre Tartuffe un sermon qui n'est d'ailleurs ni aussi moral, ni même aussi divertissant que cette admirable comédie. Molière s'élève expressément, dans sa préface, contre certaines gens qui voulaient interdire au théâtre les matières de la religion. Il leur répond avec une raison victorieuse : « Si l'emploi de la comédie est de corriger les vices « des hommes, je ne vois pas par quelle raison il « y en aura de privilégiés. » Que l'on pèse ces mots remarquables, et que les littérateurs non lettrés cessent d'opposer leur autorité burlesque à celle d'un profond et puissant génie, enlevé trop tôt à la gloire nationale, distingué au premier rang des philosophes, seul au premier rang des poètes comiques, supérieur à ses modèles comme à ses successeurs dans tous les genres de comédie qu'ils ont traités, et, dans la comédie philosophique, resté sans successeurs, comme il avait été sans modèle.

N'oublions pas, mon ami, d'unir à tant de grands hommes le premier de nos critiques, ce Despréaux dont vous avez fait un si judicieux éloge; l'ami, le guide, l'oracle des illustres écrivains de son siècle; ce Despréaux que Voltaire a nommé LEUR MAITRE EN L'ART D'ÉCRIRE, et dont l'épais Marmontel eut le malheur de ne pas apprécier le mérite. L'élève des anciens, l'Horace français, voulait aussi que le théâtre fût une école de vertu et de philosophie. Sans rappeler même les leçons de son Art poétique, il suffit pour s'en convaincre de lire cette belle épître où il réconcilie l'ombre de Molière avec Racine vivant. C'est là surtout qu'il peint et juge en maître l'audace éclairée du poète comique, honoré par lui du nom de contemplateur. C'est là qu'il loue spécialement dans le poète tragique la simple et touchante Iphigénie, et *les nobles traits* de Burrhus, et *la douleur vertueuse* de Phèdre; il ne s'agit ni d'épisodes, ni de fades entretiens qui répugnaient à son goût sévère. On sait qu'il blâmait Racine d'avoir consenti à traiter le sujet de Bérénice. On sait encore qu'il opposa son approbation courageuse et consolante au froid accueil que reçurent d'abord Britannicus et le Misanthrope. Despréaux avait vu la comédie terrassée avec Molière; il vit la tragédie dégradée après la mort de Racine; les aventures, les mœurs, le style des romans souiller la sévérité des sujets antiques et la majesté de l'histoire; pénétrer dans le camp du farouche Arminius, dans la prison même de Phocion; introduire une partie carrée dans Électre, et une intrigue d'amour jusque dans l'horrible sujet d'Atrée. Ce qui, depuis, rendit Despréaux injuste pour les beautés réelles de Rhadamiste, ce ne fut pas seulement un style dur, souvent faible, et presque toujours incorrect; ce fut encore une princesse inconnue, un prince travesti, les galanteries d'Arsame, et La Calprenède mêlé à Tacite, ainsi qu'il était mêlé à Sophocle dans l'Électre du même auteur. Qu'aurait dit l'ami de Racine, s'il eût vécu assez long-temps pour retrouver ces fadeurs et ces travestissements ridicules au milieu d'une conjuration pour l'empire du monde; s'il eût vu le sénat, non celui de Tibère, mais celui de Rome, libre encore, avili devant Catilina; un Caton sans courage; un Cicéron sans éloquence, et le sauveur de la patrie prostituant sa fille aux tendresses d'un chef de brigands? Qu'aurait dit l'ami de Molière, s'il eût vu, graces à La Chaussée, la comédie prude et larmoyante, sans miroir, sans masque et sans brodequin, en paix avec les vices et les ridicules? S'il eût vu Marivaux mettre à la mode les madrigaux en dialogue, et le jargon des précieuses; non parce qu'il avait trop d'esprit, mais parce qu'il n'avait point assez d'esprit pour être naturel, bien moins encore assez de génie pour peindre énergiquement les travers de l'humanité?

Le Sage, par la forte comédie de Turcaret; Destouches, Piron, Gresset, par quelques heureux ouvrages, relevèrent un peu, dans le dix-huitième siècle, la scène comique en décadence. Voltaire remplit la scène tragique. Je le considère uniquement dans ses tragédies; sa gloire vaste et diverse dépasse les bornes de mon sujet. Élève de Racine et des Grecs, Voltaire nous rendit l'austérité du théâtre antique, presque entière dans les trois derniers actes d'Œdipe, entière dans le beau rôle d'Électre, et dans le chef-d'œuvre de Mérope.

Brutus et la mort de César semblent des pièces de Corneille, corrigées par Racine. Voltaire attaqua de front les préjugés, quelquefois la tyrannie politique, toujours la tyrannie sacrée. Il tenta l'histoire moderne, traita historiquement jusqu'aux sujets d'invention, osa tout ce qu'il pouvait pour agrandir la carrière, fraya des routes nouvelles, en marqua les écueils, indiqua des sentiers encore impraticables, prévit et prépara l'époque où ils seraient frayés à leur tour: du reste, en ses compositions, moins original que Corneille, moins sage que Racine, plus large et plus varié que l'un et l'autre; le premier pour la force, après l'auteur d'Horace; le premier pour l'élégance, après l'auteur de Phèdre; leur égal pour émouvoir les passions; le premier de tous pour appliquer la philosophie à l'art tragique. Il mérita, comme Euripide et Molière, le nom de philosophe du théâtre. Il eut, comme Euripide, des poètes pour détracteurs, et, comme Molière, des jésuites, mais point d'Aristophane ni de Bourdaloue. Ainsi que l'auteur de Tartuffe, l'auteur de Mahomet fut, des grands écrivains de son siècle, celui qui s'attira le plus d'ennemis. Tous deux obtinrent les mêmes, ceux de la raison humaine. De nos jours encore, les dignes héritiers de Fréron déclament sans pudeur contre les plus belles tragédies du grand homme; mais de pareils ouvrages useront facilement plusieurs générations de pareils critiques.

Je crois superflu de faire observer que Voltaire littérateur est d'accord avec Voltaire poète; et certes, ce n'était pas un littérateur vulgaire. Mais de tous les faits que je viens d'exposer, ne m'accordez-vous pas, mon ami, le droit de conclure hardiment, n'en déplaise aux anti-philosophes et à leur poétique nouvelle, que tout ce qui intéresse la politique, la religion, que tous les personnages de l'histoire, tous les états de la société, appartiennent de droit au théâtre; qu'il n'y faut disserter ni sur la liberté, ni sur l'amour; mais qu'il n'en faut exclure aucune des passions humaines; que la tyrannie et la superstition peuvent bien y occuper un peu d'espace, puisqu'elles en ont occupé beaucoup trop dans l'histoire des hommes; que les sentences riches de sens et bien placées sont des ornements dont la poésie dramatique doit se parer, mais non se couvrir; qu'il faut maintenir avec honneur la philosophie sur les deux scènes, et que tout l'art se renferme en deux mots, Instruire et plaire. Les vrais poètes suivront les sentiers difficiles qui mènent au but, non des sentiers faciles qui en écartent. Ils porteront le joug de l'art tout entier, non de ridicules entraves, qui ne gêneraient que le talent. D'autres écrivains, plus dociles, accepteront cette servitude; mais l'art tombera: les esclaves n'ont pas de génie.

J'étais bien jeune encore, mais déjà convaincu de ces principes, lorsque je composai la tragédie de Charles IX. Elle indisposa des partis nombreux qu'irritèrent de nouvelles tentatives également accueillies par l'indulgence publique. Des succès me tinrent lieu des talents que mes ennemis me contestaient, non sans quelque raison, mais peut-être aussi avec une exagération passionnée. Dès-lors, et depuis douze années, j'ai vu se former contre moi des recueils d'injures, des bibliothèques de calomnies. Qu'est-il arrivé? Les imposteurs ont voulu me nuire: ils m'ont servi. Les hommes honnêtes, divisés sur des opinions, mais ralliés sur la morale, ont été révoltés d'un acharnement sans pudeur comme sans justice. Tout-à-l'heure encore, on n'a vu qu'avec indignation des journalistes décriés, après avoir indécemment outragé le grand acteur qui a si bien créé le rôle de Fénélon, me reprocher les sentiments d'humanité que je fais professer à l'auteur du Télémaque, le justifier du crime de tolérance, et m'opposer jusqu'à l'époque où ma tragédie fut représentée. Comment ces tartuffes maladroits n'ont-ils pas senti qu'il m'était doublement honorable d'avoir publié Charles IX sous la royauté, et Fénélon sous la tyrannie démagogique? Comment n'ont-ils pas vu que les principes d'une faction cruelle étaient combattus dans Fénélon, et la faction elle-même attaquée ouvertement dans le discours préliminaire? Ne savent-ils pas qu'à cette occasion je fus dénoncé dans ses clubs et dans ses journaux? Ne savent-ils pas que lorsqu'elle fut entièrement dominante, elle bannit du théâtre Fénélon et Calas comme fanatiques, Henri VIII et Charles IX comme royalistes, Caïus Gracchus comme suspect d'aristocratie? N'ont-ils jamais ouï dire qu'en plein spectacle, un homme que je ne veux pas nommer, puisqu'il est aujourd'hui sans pouvoir, entendant Gracchus s'écrier, *Des lois et non du sang*, m'accusa devant quinze cents spectateurs d'être un ennemi de la liberté? Ignorent-ils que je fus contraint de laisser long-temps anonyme ce chant du départ, que les fiers accens de Méhul ont rendu cher à nos guerriers victorieux? Ignorent-ils enfin que, sans partager la gloire de votre captivité, mon respectable ami, je n'étais pas étranger aux périls qui menaçaient votre existence; et qu'un mois avant la chûte du tyran populaire, des hommes qui vivent encore sollicitaient devant moi, dans un comité redoutable, un décret d'accusation contre moi? La chance a tourné; les persécuteurs ont survécu à leur puissance. Comment me suis-je vengé d'eux? De quelques-uns par les services, du plus grand nombre par le mépris, d'aucun par la persécution. Voilà ce que les écrivains de parti pourraient facilement savoir; voilà même ce qu'ils pourraient dire, si la vérité leur paraissait préférable à l'imposture; mais peut-être l'imposture est lucrative, et la vérité les ruinerait.

Que faire toutefois, au milieu de tant d'ennemis littéraires, politiques, religieux? Continuer sa route avec courage, mépriser les calomnies, écouter les critiques, même injustes; profiter des critiques judicieuses, fussent-elles gâtées par les injures, consulter les vrais connaisseurs, respecter le public, cultiver à la fois l'art de penser et l'art d'écrire. Animé de cet esprit, j'ai cru devoir corriger, sur-tout pour le style, les tragédies de ma jeunesse, long-temps après leur succès. Ce que j'ai déjà tenté pour les deux premières, je l'essaie maintenant pour Fénélon. Sans doute il n'y restera que trop de fautes; nul n'en est plus persuadé que moi; mais du moins l'intérêt qu'inspire cette pièce est le résultat d'une morale pure, conforme aux sentiments du philosophe illustre que je fais agir et parler, commune aux différentes sectes, étrangère aux dogmes religieux, humaine, et faite pour des hommes. Voilà ce qui a soutenu l'ouvrage, en France et chez l'étranger. Voilà ce qui peut le rendre digne de vous être aujourd'hui dédié; à

268   ÉPITRE DÉDICATOIRE.

vous, mon ami, qui, dans la Convention nationale, durant plusieurs législatures, au sein du Tribunat, n'avez cessé de défendre avec éloquence les principes d'une sage liberté; à vous, sans trésors comme sans intrigues; pur de tyrannie et de servitude; à vous, qui honorez vos amis, comme vous avez honoré les fonctions publiques. L'exemple que je m'empresse de donner trouvera plus d'un imitateur. Les gens de lettres, ceux qui méritent ce nom, sentiront de plus en plus que l'indépendance convient seule à l'auguste profession qu'ils exercent. Ils réserveront désormais pour l'amitié modeste, éclairée, vertueuse, des hommages prostitués long-temps à l'orgueil sans fierté, à la richesse sans lumières, et au pouvoir sans vertu.

FÉNÉLON.

PERSONNAGES.

FÉNÉLON, archevêque de Cambrai.
D'ELMANCE, commandant de Cambrai.
HÉLOISE.
AMÉLIE.
ISAURE.
L'ABBESSE.
LE MAIRE.
UN PRÊTRE.
CLERGÉ.
RELIGIEUSES.
OFFICIERS MUNICIPAUX.
PEUPLE.

La scène est à Cambrai. Le premier acte se passe dans l'intérieur d'un couvent de femmes; le deuxième et le quatrième, dans un souterrain du même couvent; le troisième et le cinquième, dans le palais de l'Archevêque.

FÉNÉLON,
TRAGÉDIE.

ACTE PREMIER.

SCÈNE PREMIÈRE.
AMÉLIE, ISAURE.

ISAURE.

Vos vœux seront comblés : bientôt, jeune Amélie,
Vous allez partager le saint nœud qui nous lie !
Vos sermens solennels, prononcés devant nous,
Fermeront la barrière entre le monde et vous.
L'épreuve nécessaire est enfin achevée,
Et du nouveau prélat on attend l'arrivée.
Mais votre cœur soupire, et vous baissez les yeux !
Pourquoi ces longs regards qui parcourent ces lieux ?
J'ai quelques droits peut-être à votre confiance ;
Ne vous contraignez pas, rompez ce dur silence ;
Tout m'annonce un chagrin que vous voulez céler,
Et je vois que vos pleurs demandent à couler.

AMÉLIE.

Isaure, il est trop vrai, je ne puis m'en défendre :
Un sentiment nouveau chez moi se fait entendre ;
Par moi-même en secret mon cœur interrogé
Soupçonne à peine encor comment il a changé.
Dans ce cloître sacré je dois passer ma vie ;
C'est là mon seul asile, et ma seule patrie ;
J'ignore les mortels qui m'ont donné le jour,
Et mes yeux en s'ouvrant ont connu ce séjour.
Toi-même fus témoin de mon impatience ;
Au destin de nos sœurs je m'unissais d'avance ;
Je partageais leurs soins ; ma bouche, à tout moment,
D'accord avec mon cœur prononçait le serment.
Mais, dût-on m'accuser d'erreur ou de caprice,
L'heure approche, tout change ; et ce grand sacrifice,
Qui fut long-temps l'objet de mon plus doux espoir,
N'est désormais pour moi qu'un funeste devoir.

ISAURE.

Vous me voyez surprise, et bien plus consternée.
Il faut gémir encor sur une infortunée.
D'un riant avenir votre œil était séduit ;
Ce jour brillant et pur s'est perdu dans la nuit.

AMÉLIE.

Déjà depuis six mois de ma raison plus mûre
Je voulais vainement étouffer le murmure.
On me vantait la paix que l'on goûte en ce lieu,
Et ce lien sacré qui nous unit à Dieu.
Est-ce bien dans ces murs qu'est le bonheur suprême ?

Peut-être ce lien, me disais-je à moi-même,
Est un poids révéré qu'on porte avec effort.
Peut-être cette paix n'est qu'un sommeil de mort.
Ainsi je nourrissais dans cette solitude
Je ne sais quelle vague et sombre inquiétude :
Ainsi tout préparait mon âme au changement!
Mais hier, dans la nuit, un triste événement
A redoublé la crainte et la mélancolie
Qui déjà corrompaient les destins d'Amélie.
Vous connaissez la voûte et les degrés obscurs
Qui conduisent du temple en ces paisibles murs.
A l'heure où finissait la nocturne prière,
Un peu loin de nos sœurs, je montais la dernière,
Pensive, et les regards sur la terre attachés,
Me livrant tout entière à mes chagrins cachés.
Tandis que de ces soins j'étais préoccupée,
Tout à coup d'un bruit sourd mon oreille est frappée;
Je marche vers ce bruit; je m'arrête, et j'entends
Le cri d'un être faible, et qui souffrit long-temps.
Cette plaintive voix, ces sons lents et funèbres,
Plus déchirans encore au milieu des ténèbres,
Ont accablé mes sens glacés d'un morne effroi,
Et du fond d'un cercueil semblaient monter vers moi.

ISAURE.

Oubliez tout, ma fille, ou vous êtes perdue.

AMÉLIE.

Isaure!

ISAURE.

Vous voyez combien je suis émue.
Chère Amélie, au nom du plus tendre intérêt,
D'un tel événement renfermez le secret.
L'abbesse de ces lieux auprès de nous s'avance :
Avec elle surtout observez le silence.

(Elle sort.)

SCÈNE II.

L'ABBESSE, AMÉLIE.

L'ABBESSE.

Je vous cherche, Amélie; Isaure, laissez-nous.
Ma fille, le bonheur va commencer pour vous.

AMÉLIE, à part.

Ciel !

L'ABBESSE.

Vous allez à Dieu consacrer votre vie ;
Le moment est bien près, et je vous porte envie.

AMÉLIE.

Le nouvel archevêque... ?

L'ABBESSE.

Est parti de la cour.
Il sera dans ces murs avant la fin du jour.

AMÉLIE, à part.

Malheureuse !

L'ABBESSE.

Pour vous quelle gloire s'apprête !

ACTE I, SCÈNE II.

Bientôt le voile auguste ornera votre tête :
Déjà l'époux sacré vous attend aux autels ;
Fénélon recevra vos sermens immortels.

AMÉLIE.

Fénélon ! par vos soins j'appris dès mon enfance
A chérir ses vertus et sa douce éloquence ;
Zélé sans amertume, austère sans rigueur,
Il ne sait point, dit-on, tyranniser un cœur.

L'ABBESSE.

Le vôtre, mon enfant, se donnera sans peine :
Élevée en ces lieux, vous aimez votre chaîne ;
Et le ciel est content de ces vœux épurés,
Saints comme le ciel même à qui vous les offrez.
Il est des nœuds moins doux, des sermens plus pénibles ;
Nous voyons trop souvent, dans ces cloîtres paisibles,
Un cœur qui, dans le monde, épris de mille erreurs,
Des folles passions a senti les fureurs,
Recueillir ses débris dispersés par l'orage,
Et chercher parmi nous un port en son naufrage.
Vainement il aspire à la tranquillité ;
Au pied du sanctuaire il se sent agité ;
Du Dieu qu'elle a cherché l'épouse criminelle,
Étendant loin du cloître un regard infidèle,
Vers les plaisirs du monde a des retours secrets,
Et tient long-temps à lui, du moins par les regrets.
Mais jusqu'ici votre âme, encor neuve et docile,
A respiré l'air pur qui règne en cet asile ;
Le souffle empoisonné d'un monde séducteur

Jamais de vos desirs n'altéra la candeur.
AMÉLIE.
Ah! que votre bonté m'écoute, et me pardonne.
L'ABBESSE.
Qu'est-ce donc? qu'avez-vous?
AMÉLIE.
Mon nouveau sort m'étonne.
L'ABBESSE.
Comment!
AMÉLIE.
C'est pour jamais que je vais m'engager?
L'ABBESSE.
Sans doute.
AMÉLIE.
Pour jamais! je tremble d'y songer.
L'ABBESSE.
Qui? vous?
AMÉLIE.
De mes devoirs la sainteté m'accable.
Mon cœur prêt à franchir un pas si redoutable,
Un peu de temps encor voudrait s'y préparer :
Exaucez-le, madame, et daignez différer.
L'ABBESSE.
Différer, dites-vous?
AMÉLIE.
Oui, je vous en supplie.
L'ABBESSE.
Puis-je à cette tiédeur reconnaître Amélie?

ACTE I, SCÈNE II. 277

Quelles réflexions ou quels événemens
Ont ainsi tout à coup changé vos sentimens?
Les jours étaient trop lents au gré de votre attente;
Chaque instant fatiguait votre ame impatiente;
Ce zèle ardent et pur s'est bientôt ralenti;
Après tant de sermens ce cœur s'est démenti.

AMÉLIE.

Hélas!

L'ABBESSE.

Vous repoussez une chaîne éternelle!

AMÉLIE.

Eh bien! s'il était vrai, serais-je criminelle?

L'ABBESSE.

Vous l'avouez!

AMÉLIE.

Je puis l'avouer sans rougir.
J'ai changé malgré moi; devez-vous m'en punir?
J'ai vu se dissiper l'erreur enchanteresse:
Au lieu de ce bonheur qu'on me peignait sans cesse,
Mes yeux n'ont aperçu qu'un immense avenir,
Sans espérance, hélas! comme sans souvenir.
Voilà donc mon destin! la paix de cet asile
Éternise le temps qui s'écoule immobile.
En prononçant mes vœux, plus de vœux à former;
Point de pere qui m'aime, et que je puisse aimer;
Plus rien autour de moi; rien que la solitude!
Mon cœur de vos liens craignant la servitude,
A par des nœuds plus doux besoin de s'attacher:

J'ignore mes parens; je voudrais les chercher.
Si le sort à jamais me dérobe leur trace,
Eh bien! Dieu me créa; Dieu verra ma disgrace.
Resterai-je orpheline, en regardant les cieux?
Ah! je le tiens de vous; rien n'échappe à ses yeux;
Tout éprouve ici bas ses bontés paternelles;
Dès que le faible oiseau peut essayer ses ailes,
Loin du sein de sa mère il vole sans appui;
Il est seul dans le monde; et Dieu prend soin de lui.

L'ABBESSE.

Je vous laisse à penser si je pouvais attendre
Cet aveu qu'un peu tard vous m'osez faire entendre,
Et ce trouble inoui de vos sens agités;
Vous voulez m'attendrir, et vous me révoltez.
Quand déjà l'on prépare un sacrifice austère,
Vous prétendez quitter ce cloître solitaire,
Pour chercher vos parens qui vous sont inconnus!
Vos parens!... pour jamais vous les avez perdus.
Des mortels méprisés vous ont donné la vie
Au sein de l'infortune et de l'ignominie;
Vous expiriez sans moi; mes bienfaisans secours
Dans ce pieux asile ont conservé vos jours:
Et de l'abandonner vous formez l'espérance!
De tous mes soins pour vous telle est la récompense!
Mais ne présumez pas que ce vain changement
Suspende mes desseins, et m'arrête un moment:
Il faut qu'un nœud sacré, contraint ou volontaire,
Répare votre honte et celle d'une mère:

Sachez de vos destins supporter la rigueur;
Ne les oubliez plus, et domptez votre cœur.

AMÉLIE.

Ce cœur que sous vos lois j'ai fait plier sans cesse
Connaît la modestie, et non pas la bassesse.
Ce discours vous surprend: si j'ai pu m'égarer,
Montrez-moi mon erreur, et daignez m'éclairer.
Comment suis-je flétrie avant que d'être née?
Ah! je n'ai point choisi ma triste destinée;
Ce n'est pas d'un hasard que doit rougir mon front;
Mon sort est un malheur, mais non pas un affront.
Vous avez autrefois accueilli mon enfance;
J'ai long-temps de votre âme éprouvé l'indulgence;
Et, malgré vos rigueurs, je ne croirai jamais
Avoir acquis le droit d'oublier vos bienfaits.
Mais sachez me connaître, et plaignez Amélie:
Ces mortels méprisés dont j'ai reçu la vie,
Dans le sein qui m'anime ont mis une fierté
Qu'on ne fait point fléchir par la sévérité.
Soumise à la douceur, je fus long-temps timide;
C'est votre dureté qui me rend intrépide:
Mais puisqu'enfin je puis vous expliquer mes vœux,
D'une âme libre et pure écoutez les aveux.
Au pied de cet autel, qui fut souvent sinistre,
De l'Éternel bientôt je verrai le ministre:
Ne fondez plus d'espoir sur ma timidité;
Je ne mentirai point au Dieu de vérité.
D'autres ont prononcé le serment de la crainte:

Vous entendrez ma bouche, incapable de feinte,
Rejeter loin de moi des liens que je hais :
Voilà dès aujourd'hui le serment que je fais.

L'ABBESSE.

Ah! je ne reçois point ce serment sacrilège.
Adieu. Gardez-vous bien de tomber dans le piège;
Vous avez mis un terme à ma tendre amitié;
Mais je veux écouter un reste de pitié.
A vos premiers desirs cessez d'être infidèle;
C'est la nécessité, c'est Dieu qui vous appelle;
Immolez à ce Dieu vos faibles volontés :
Je saurai vous punir, si vous me résistez.

(Elle sort.)

SCÈNE III.

AMÉLIE.

Me punir! et de quoi? Quelle est donc mon offense?
Que m'ordonne ce Dieu, soutien de mon enfance?
Dans un autre séjour ne puis-je le chérir?
Dois-je quitter la vie avant que de mourir?
J'attends tout de lui seul : il me sera propice;
On n'achèvera point le cruel sacrifice :
Cette voix du tombeau, ces accens du malheur,
Qui portèrent l'effroi dans le fond de mon cœur,
Me donneront la force et la persévérance.
Cieux! ne confondez pas ma timide espérance.

SCÈNE IV.

AMÉLIE, ISAURE.

AMÉLIE.

Chère Isaure, est-ce toi?

ISAURE.

J'accours auprès de vous.
Hélas! qu'avez-vous fait? L'abbesse est en courroux.
Sait-elle qu'à ses lois votre âme est infidèle?

AMÉLIE.

J'ai tout dit. J'ai fait plus: j'ai juré devant elle
Que la triste Amélie, à la face des cieux,
Ne prononcerait pas des sermens odieux.

ISAURE.

Qu'a-t-elle répondu?

AMÉLIE.

Si je fais résistance,
Je dois, m'a-t-elle dit, éprouver sa vengeance.

ISAURE.

Et que résolvez-vous?

AMÉLIE.

De lui désobéir.

ISAURE.

Écoutez, Amélie, et vous allez frémir.
Écoutez. Je vous parle avec pleine franchise:
A des lois que je hais vous me voyez soumise.

Les nœuds que j'ai formés sont le choix du malheur,
Le vœu de l'indigence, et non pas de mon cœur.
Dans cet asile sombre où je fus entraînée,
J'ai maudit quatorze ans ma dure destinée :
Sans cesse autour de moi je n'ai vu qu'un tombeau ;
Quand je fis mon serment vous étiez au berceau :
Mes soins pour votre enfance, ô ma chère Amélie,
Parfois m'ont fait sentir et supporter la vie :
Ce temps est déjà loin ; tout s'écoule, et je voi
Que vous serez à plaindre, hélas! autant que moi.
Ne le soyez pas plus ; croyez-en mes alarmes :
Je pleure, et c'est sur vous que je répands des larmes ;
N'aggravez point les maux qui vous sont préparés :
Soumettez-vous, ma fille, en vain vous espérez.
L'espérance, à votre âge, est prompte à nous séduire.
Un exemple effrayant, dont je peux vous instruire,
Un châtiment bien long... vous ouvrira les yeux ;
Il existait déjà quand je vins en ces lieux.

AMÉLIE.

Comment!

ISAURE.

Il dure encor.

AMÉLIE.

Quel est donc ce mystère ?
Je ne vous comprends pas.

ISAURE.

J'aurais dû vous le taire,
Mais enfin mon devoir cède à votre intérêt ;

ACTE I, SCÈNE IV.

Je vais vous révéler un horrible secret.

AMÉLIE.

Dieu! quel est-il? Je brûle et je crains de l'apprendre.

ISAURE.

Personne ne s'approche; on ne peut nous entendre.

AMÉLIE.

Expliquez-vous.

ISAURE.

Hier, de lamentables cris
Ont frappé votre oreille et vos sens attendris.
Ces cris...

AMÉLIE.

Eh bien! ces cris...? Je frissonne d'avance...

ISAURE.

Parlez bas, craignons tout.

AMÉLIE.

Ces cris donc...?

ISAURE.

Je balance.

AMÉLIE.

Vous!

ISAURE.

Je ne puis me taire, et je n'ose parler.

AMÉLIE.

Isaure, il n'est plus temps de rien dissimuler.

ISAURE.

Ces cris sont...

AMÉLIE.

Achevez.

ISAURE.
Ceux d'une infortunée,
Au fond d'un souterrain dans ces lieux enchaînée.
AMÉLIE.
Ah! que m'avez-vous dit!
ISAURE.
L'horrible vérité.
AMÉLIE.
O comble de fureur et d'inhumanité!
La malheureuse...
ISAURE.
Eh bien!
AMÉLIE.
Vous est-elle connue?
Qui vous en a parlé? qui pourrait...?
ISAURE.
Je l'ai vue.
AMÉLIE.
Ici?
ISAURE.
Je vous l'ai dit, au fond d'un souterrain.
AMÉLIE.
Où donc?
ISAURE.
Entre le temple et les murs du jardin.
AMÉLIE.
O ciel!
ISAURE.
Depuis quinze ans, c'est là qu'elle est mourante.

ACTE I, SCÈNE IV.

C'est moi qui tous les jours, à l'aurore naissante,
Lui porte en ce cachot de tristes alimens,
Qui de ses jours flétris prolongent les tourmens.

AMÉLIE.

Des femmes ont osé...! mais apprends-moi son crime.

ISAURE.

Je l'ignore.

AMÉLIE.

Quel est le nom de la victime?

ISAURE.

Hélas! je ne sais rien que ses revers affreux.

AMÉLIE.

Plutôt que de former d'abominables nœuds,
Près d'elle, en ce tombeau... Que son sort m'intéresse!
Si votre ame pour moi ressent quelque tendresse...

ISAURE.

En doutez-vous?

AMÉLIE.

Je veux la voir, et lui parler.

ISAURE.

Vous, ma fille!

AMÉLIE.

A l'instant.

ISAURE.

Vous me faites trembler.
Vous voulez...

AMÉLIE.

Compatir à sa douleur mortelle,

Peut-être l'adoucir, m'affliger avec elle,
Recueillir ses sanglots, entendre ses malheurs,
Et de ses yeux mourans essuyer quelques pleurs.

ISAURE.

Moi! je vous conduirais...!

AMÉLIE.

C'est trop vous en défendre.

ISAURE.

Mais vous ne songez pas qu'on pourrait nous surprendre.

AMÉLIE.

Je vous suivrai de loin, lentement, pas à pas;
Les yeux de nos tyrans ne nous surprendront pas.
Vers la victime enfin mon âme est entraînée:
A soulager ses maux je me sens destinée.
Venez.

ISAURE.

Vous l'exigez?

AMÉLIE.

J'embrasse vos genoux.

ISAURE.

Suivez-moi, mon enfant: ciel, prends pitié de nous!

ACTE II.

SCÈNE PREMIÈRE.

HÉLOÏSE, dans un assoupissement qui s'augmente par degrés.

Est-il vrai? je revois les lieux qui m'ont vu naître!
D'Elmance, cher époux, j'ai cru te reconnaître.
Non, je suis seule encor, seule avec mes tourmens :
J'ai vécu quelques jours ; je meurs depuis quinze ans.
Je gémis, et ma voix ne peut être entendue :
Vivante, en un cercueil me voilà descendue.
Respirons... Tant de maux seront-ils éternels?
Dieu, qui n'es point barbare ainsi que les mortels,
Recours de l'infortune, et véritable père,
Entends mes vœux, entends ; c'est la mort que j'espère ;
Daigne enfin terminer mon douloureux destin,
Et puissé-je aujourd'hui m'éveiller dans ton sein!

SCÈNE II.

HÉLOÏSE, AMÉLIE, ISAURE.

ISAURE.

Avançons.

AMÉLIE.

Elle dort!

ISAURE.

Vous pleurez!

AMÉLIE.

O nature!
Dieu bon, Dieu bienfaisant, voilà ta créature.

ISAURE.

Vous venez de la voir; il est temps de rentrer.

AMÉLIE.

Non.

ISAURE.

Je tremble: venez.

AMÉLIE.

Non; je veux demeurer.

ISAURE.

Songez que dans ces lieux je ne saurais attendre.

AMÉLIE.

Chère Isaure, bientôt tu viendras m'y reprendre.

ISAURE.

Vous prétendez rester?

AMÉLIE.

Oui, tel est mon desir.

J'éprouve de l'effroi, mais un secret plaisir :
Je peux jouir en paix de ma mélancolie.

ISAURE.

Ah! mon cœur veut toujours ce que veut Amélie.
Je vous laisse à regret : vous l'ordonnez. Adieu.

(Elle sort.)

SCÈNE III.

HÉLOÏSE, AMÉLIE.

AMÉLIE.

Mes sens sont accablés dans cet horrible lieu.
Ces arcs, ce souterrain, ce silence, cette ombre,
Tout porte au fond du cœur un abattement sombre.
Sur cette pierre usée, un lugubre flambeau
Semble, de son feu pâle, éclairer un tombeau.
C'en est un. Qu'as-tu fait, malheureuse victime?
Et comment peux-tu vivre au fond de cet abîme?
Du pain! de l'eau! des fers! je n'ose m'approcher :
D'un intérêt puissant mon cœur se sent toucher.
Malgré tant de malheur ses traits sont pleins de charmes.
Ciel! de ses yeux fermés je vois couler des larmes!
Par celui qui voit tout c'est un être oublié.
Divine Providence, humanité, pitié,
Accourez, sauvez-la, tandis qu'elle respire!
Tu peux dormir!... ici!... Je l'entends qui soupire;
Elle vient d'achever son pénible sommeil.

HÉLOÏSE.

Quelle est donc cette voix qui cause mon réveil?

AMÉLIE.

Je n'ai jamais été si tendrement émue.

HÉLOÏSE.

A mon oreille encore elle n'est point connue.

AMÉLIE.

Je vous aime, et vous plains : n'ayez aucun effroi.

HÉLOÏSE.

Ah! qui que vous soyez, approchez-vous de moi :
Mais vos yeux sur les miens s'arrêtent en silence!
Vos pleurs compatissans coulent en abondance!
Vous avez, je le vois, pitié de mes douleurs.

AMÉLIE.

Vous m'attirez à vous, contez-moi vos malheurs.
Ne craignez rien : versez dans mon ame attendrie
Tous les chagrins amers de votre ame flétrie :
Ils sont déjà les miens; je veux les partager,
Et mes soins caressans pourront les soulager.

HÉLOÏSE.

Vous voyez mon néant : vous plaignez ma détresse.
J'ai connu des grandeurs la pompe enchanteresse,
Vain éclat dont mes yeux n'étaient point éblouis.
Des princes d'Arlemont le sang me fut transmis;
Comme eux j'ai vu le jour au sein de la Provence,
Et le nom d'Héloïse embellit ma naissance.
Ce nom, qu'ont illustré l'amour et le malheur,
Semblait de mon destin présager la rigueur.

L'amante d'Abailard, au cloître condamnée,
Fut moins tendre que moi, fut moins infortunée.
De votre jeune cœur l'amour est ignoré.
Lorsque je vis d'Elmance, un sentiment sacré
Pénétra tout à coup dans mon ame enflammée;
Je rencontrai ses yeux; j'aimai, je fus aimée.
Mon père apprit bientôt et rejeta ses vœux;
Dans sa fille il voyait s'éteindre un nom fameux;
L'orgueil s'en indignait: mes soins et ma constance
N'ont pu de cet orgueil vaincre la résistance;
Ma mère au désespoir, s'approchant du tombeau,
De mon secret hymen alluma le flambeau.
Elle avait, sans succès, sollicité mon père;
D'Elmance m'adorait; j'aimais, elle était mère;
Elle unit nos deux mains à ses derniers momens,
Et de son lit de mort entendit nos sermens.

AMÉLIE.

Que vous deviez chérir cette mère sensible!

HÉLOÏSE.

Je perdis tout en elle; et mon père inflexible
Devint seul désormais arbitre de mes jours.
Le ciel devait alors en terminer le cours!
Je quittai sur ses pas cette belle Provence;
Son dessein même était d'abandonner la France,
Et, loin de mon amant, d'aller chez les Germains
Me chercher un époux parmi des souverains.
A lui tout dévoiler je fus enfin contrainte;
Dans les murs de Cambrai je surmontai ma crainte;

De mon cruel tyran j'embrassai les genoux;
Je bégayai les noms et d'amant et d'époux;
J'avouai par degrés qu'au sein de ma patrie
Une mère à d'Elmance avait donné ma vie;
Que d'un secret hymen, formé devant ses yeux,
Je portais dans mon sein le gage précieux.
Le ciel ne voudra pas que mon père m'opprime,
Lui disais-je en pleurant; pardonnez-moi mon crime,
Si pourtant c'en est un d'oser avoir un cœur;
A me déshériter bornez votre rigueur;
Faites-moi reconnaître aux lieux de ma naissance;
Reprenez tous vos biens, je ne veux que d'Elmance.

AMÉLIE.

A vos larmes sans doute il n'a pu résister?

HÉLOÏSE.

Mes larmes, mes aveux n'ont fait que l'irriter.
Dans ce cloître aussitôt par lui-même entraînée,
De monstres inhumains je fus environnée.
Loin des yeux d'un époux, l'enfant de notre amour,
Ma fille, un mois après, naquit dans leur séjour.
Bientôt leur piété, saintement inhumaine,
Prétendit me lier d'une éternelle chaîne:
Je maudis leurs sermens, je détestai leurs vœux;
De l'amour, de l'hymen je réclamai les nœuds;
Plutôt que d'achever un affreux sacrifice,
Je menaçai de fuir, de demander justice.
Voilà pour quel forfait des femmes en fureur
Me plongèrent vivante en ces lieux pleins d'horreur!

Ici, depuis quinze ans, je languis enchaînée,
Inconnue aux humains, du ciel abandonnée.
Cependant je vous vois, vous daignez m'écouter,
Et peut-être il est las de me persécuter.

AMÉLIE.

En ses touchans discours chaque mot m'intéresse.
Ah! mon respect pour vous égale ma tendresse;
De nos communs destins vous me voyez frémir,
Et c'est peut-être ainsi qu'on voulait me punir.

HÉLOÏSE.

Vous punir!

AMÉLIE.

   Apprenez quel est mon sort funeste :
On exige de moi des vœux que je déteste.

HÉLOÏSE.

Quoi! vous prononceriez ces horribles sermens!

AMÉLIE.

Mon cœur a découvert ses secrets sentimens;
Mais que peut l'opprimé contre la tyrannie?
On prétend malgré moi disposer de ma vie.

HÉLOÏSE.

Et vos cruels parens vous ont fermé leurs bras!

AMÉLIE.

Mes parens, dites-vous? je ne les connais pas.

HÉLOÏSE.

Quoi! vous ne savez pas ce que c'est qu'une mère!
Je vous plains à mon tour.

FÉNÉLON.

AMÉLIE.

O pitié douce et chère !
Dans l'abîme où le ciel a voulu vous plonger,
Plaignez-vous un chagrin qui vous est étranger ?
L'infortune aigrit l'âme, et la rend inflexible.

HÉLOÏSE.

A force de malheur la mienne est plus sensible.

AMÉLIE.

N'est-il aucune femme en ces lieux abhorrés
Qui sache compatir aux maux que vous souffrez ?

HÉLOÏSE.

Celle qui m'apportait, dans la première année,
Le vase rempli d'eau, le pain de la journée,
Alors qu'elle daignait jeter les yeux sur moi,
Me lançait des regards pleins de haine et d'effroi.
Une autre vint remplir ce sombre ministère :
Son aspect chaque jour me parut moins austère ;
De ses yeux attendris j'ai vu couler des pleurs :
La pitié qu'on inspire adoucit les malheurs.
Tant de maux, de chagrins, ma triste nourriture,
Paraissaient quelquefois accabler la nature ;
Cette femme, attentive à ces cruels momens,
M'apportait en secret de plus doux alimens.
Lorsque, pendant l'hiver, une humide froidure
Aigrissait tout à coup les tourmens que j'endure,
Un foyer bienfaisant, par ses soins allumé,
Pénétrait dans mon cœur lentement ranimé.
Payer tant de bienfaits n'est pas en ma puissance ;

Dieu seul en fut témoin, que Dieu les récompense.
AMÉLIE.
Ainsi vos plus beaux jours furent de longues nuits,
Héloïse; et jamais de vos sombres ennuis
Un rayon du printemps n'adoucit l'inclémence!
Jamais un soleil pur! et jamais l'espérance!
A quels tristes objets chaque jour pensiez-vous?
HÉLOÏSE.
A deux objets bien chers, ma fille et mon époux.
AMÉLIE.
Cet époux à votre âme est-il présent encore?
HÉLOÏSE.
Mon cœur plus que jamais le regrette et l'adore.
AMÉLIE.
Pardonnez, Héloïse; en cet affreux séjour,
Comment n'avez-vous pas étouffé votre amour?
HÉLOÏSE.
Moi, l'étouffer, grand Dieu! moi, j'oublîrais d'Elmance!
En cessant d'y penser mon désespoir commence.
Étouffer mon amour! j'eusse expiré sans lui:
Il guérit tous mes maux, il est mon seul appui;
C'est le dernier roseau que, du fond de l'abîme,
De sa main défaillante ait saisi la victime.
Hélas! morte au présent, j'ai vécu d'avenir,
Du nom de mon époux, et de son souvenir:
Près de lui, sur ses pas, j'ai revolé sans cesse
A ces champs fortunés, témoins de sa tendresse;
Je recevais sa foi, j'entendais ses soupirs;

Mes desirs s'unissaient à ses brûlans desirs;
De ce rêve enchanteur je goûtais le mensonge :
Partout où l'on respire on n'est heureux qu'en songe.
Ne puis-je au moins savoir si d'Elmance est vivant,
S'il se souvient de moi, s'il me nomme souvent,
Et s'il habite encor cette heureuse contrée
Où d'un époux chéri je vivais adorée?
Sa fille, mon enfant, ce doux présent des cieux,
Jamais dans ce tombeau n'a consolé mes yeux :
On l'écarte avec soin des regards de sa mère;
Ou peut-être la mort a fini sa misère.

AMÉLIE.

Quoi ! c'est peu d'ignorer le sort de votre époux :
Celui de votre enfant n'est point connu de vous?

HÉLOÏSE.

Vous voyez.

AMÉLIE.

Dans ce cloître elle a reçu la vie?

HÉLOÏSE.

Presque dès sa naissance elle me fut ravie.
Elle éprouvait déjà ses premières douleurs,
Et commençait à vivre en connaissant les pleurs.
Elle était dans les bras, sur le sein de sa mère;
Je caressais ma fille, et j'appelais son père :
En cet instant cruel, et cependant si doux,
J'avais besoin de voir, d'entendre mon époux,
De confier ma fille à des mains paternelles.
Je ne vois, je n'entends que des femmes cruelles

Qui, d'un œil de courroux, épiaient les momens
D'enlever ce trésor à mes embrassemens.
Hélas! on étouffa ma voix plaintive et tendre;
En accens prolongés l'airain se fit entendre;
On partit: mes tyrans coururent à l'autel,
Le crime au fond du cœur, invoquer l'Éternel.
O de mes longs tourmens époque mémorable!
On célébrait le jour où, dans Sion coupable,
Dieu, rédempteur du monde, et vainqueur du tombeau,
De ses jours immortels ralluma le flambeau.

AMÉLIE.

Qu'avez-vous dit? c'était... comblez mon espérance:
Dans ce jour solennel j'ai reçu la naissance.

HÉLOÏSE.

En quels lieux?

AMÉLIE.

Ici même, en ce cloître odieux.

HÉLOÏSE.

Si j'étais mère encore! achevez, justes cieux!
Et votre âge?

AMÉLIE.

Quinze ans.

HÉLOÏSE.

On vous nomme...

AMÉLIE.

Amélie.

HÉLOÏSE.

Ma fille!

FÉNÉLON.

AMÉLIE.

C'est de vous que j'ai reçu la vie!

HÉLOÏSE.

Amélie! Ah! ce nom te fut donné par moi;
En t'arrosant de pleurs je l'ai choisi pour toi;
Ce nom seul à mon cœur te rend encor plus chère;
C'est le nom, le doux nom qu'avait porté ma mère.

AMÉLIE.

Quoi! vous êtes la mienne! ô moment trop heureux!

HÉLOÏSE.

Le ciel a mis un terme à mes tourmens affreux.

AMÉLIE.

Que je baise ces mains, ces chaînes révérées
Que durant si long-temps ma mère a consacrées.

HÉLOÏSE.

Amélie!

AMÉLIE.

Et c'est vous qui, loin de l'Univers,
Souffrez, depuis quinze ans, tous les maux des enfers!

HÉLOÏSE.

Je ne m'en souviens plus. Objet de ma tendresse,
Sur mon sein maternel, oh! viens que je te presse!
Son père, mon époux, d'Elmance est dans ses yeux.
Oui, voilà son regard et ses traits gracieux.
Viens, que j'embrasse encore et la fille et le père;
O mon bien, mon trésor! viens, c'est moi, c'est ta mère,
Qui sort en ce moment des gouffres du trépas,
Qui te voit, qui t'entend, qui renaît dans tes bras.

SCÈNE IV.

HÉLOÏSE, AMÉLIE, ISAURE.

ISAURE.

Amélie, au plus tôt quittez ce sombre abîme.

HELOÏSE.

Nous séparer!

AMÉLIE.

Apprends quelle est cette victime.
C'est ma mère.

ISAURE.

Grand Dieu! qui pourrait vous porter...?

AMÉLIE.

C'est ma mère, te dis-je, et je n'en puis douter.

ISAURE.

C'est un malheur de plus et pour vous et pour elle.

AMÉLIE.

Comment!

ISAURE.

Je vous apporte une horrible nouvelle.
Votre bouche demain prononce le serment.

HÉLOÏSE, AMÉLIE.

Ciel!

ISAURE.

Le nouveau prélat arrive en ce moment.

AMÉLIE.

Fénélon?...

ISAURE.
Vient d'entrer dans les murs de la ville.
AMÉLIE.
Le ciel m'inspire. Allons; mon cœur est plus tranquille.
ISAURE.
Quelle est votre pensée, et que prétendez-vous?
AMÉLIE.
Je cours du saint prélat embrasser les genoux.
ISAURE.
Pour aller jusqu'à lui...
AMÉLIE.
Je compte sur ton zèle.
ISAURE.
Vous le verrez demain.
AMÉLIE.
Y penses-tu, cruelle?
Quand ma mère est en proie au plus affreux tourment,
Tu me parles d'attendre une heure, un seul moment!
ISAURE.
Songez-vous aux périls...
AMÉLIE.
La nature est plus forte.
De ce cloître abhorré peux-tu m'ouvrir la porte?
ISAURE.
Non. Vous pourriez à peine échapper vers le soir,
Par l'escalier secret qui conduit au parloir.
AMÉLIE.
Le soir!

ACTE II, SCÈNE IV.

ISAURE.

Avant ce temps vous seriez aperçue.
Si le mur du jardin qui donne sur la rue...

AMÉLIE.

Viens. Je le franchirai.

HÉLOÏSE.

Tu me remplis d'effroi.

AMÉLIE.

Non, ne redoutez rien; Dieu veillera sur moi.

HÉLOÏSE.

Conserve-moi tes jours.

AMÉLIE.

J'ai retrouvé ma mère,
Et je sens qu'aujourd'hui tout me sera prospère.

HÉLOÏSE.

Attends.

AMÉLIE.

Vous quitterez cet exécrable lieu :
J'en réponds. Viens, Isaure; et vous, ma mère, adieu.

ACTE III.

SCÈNE PREMIÈRE.

FÉNÉLON, D'ELMANCE, LE MAIRE, officiers municipaux, clergé, peuple.

FÉNÉLON.

Vous commandez ici? quoi! c'est vous, cher d'Elmance,
L'ami, le compagnon des jours de mon enfance!
J'ignorais votre sort; et je rends grace aux cieux
Dont la bonté voulut nous rejoindre en ces lieux.
Mes enfans, pour mon cœur ce jour a bien des charmes!
Un accueil si touchant me fait verser des larmes :
Je veux le mériter.

LE MAIRE.

Nous venons, monseigneur,
Offrir, au nom du peuple, à son nouveau pasteur,
Quelques dons précieux, des vœux et des hommages,
De la commune joie éclatans témoignages.

FÉNÉLON.
Ces présens, quels sont-ils?

LE MAIRE.
>De riches vêtemens,

D'un ministre du ciel superbes ornemens.
FÉNÉLON.
Eh quoi! vous n'avez point de pauvres dans la ville?
LE MAIRE.
Hélas!
FÉNÉLON.
>Vous en avez: où donc est leur asile?

Le prix de tous ces dons pouvait les secourir:
Songez que c'est leur pain que vous venez m'offrir.
Remportez vos présens; un vertueux exemple
Suffira pour orner le pontife et le temple.
Donnez aux malheureux cet or et cet argent:
Le ministre d'un Dieu qui vécut indigent
Ne doit point, croyez-moi, connaître l'opulence,
Ni d'un luxe barbare étaler l'insolence.
Bon peuple! dans ces murs je fixe mon séjour:
Je ne quitterai point mes enfans pour la cour;
Je veux des citoyens justifier la joie;
C'est un père, un ami que le ciel vous envoie.
Guidez mes premiers pas: adressez à mes soins
Ceux qui sont accablés du fardeau des besoins;
Ouvrez à mes regards le toit de la misère;
Montrez-moi chaque jour le bien que je puis faire:
Mes enfans, n'épargnez ni mon temps, ni mes biens;
Je suis votre archevêque, et je vous appartiens.
Pour prix de mes efforts, faites, s'il est possible,

Que toujours mon troupeau soit heureux et paisible.
Je sais que ces remparts renferment dans leur sein
De nombreux partisans de la foi de Calvin :
Ne voyez point en eux d'odieux adversaires ;
Plaignez-les, aimez-les : ils sont aussi vos frères.
L'erreur n'est pas un crime aux yeux de l'Éternel ;
N'exigez donc pas plus que n'exige le ciel.
Sous nos cinq derniers rois, la seule intolérance
A fait un siècle entier les malheurs de la France.
Gagnons, persuadons, n'aigrissons point les cœurs ;
Nous, prêtres, nous surtout qui sommes les pasteurs,
Voulons-nous ramener des brebis égarées,
Du fidèle troupeau trop long-temps séparées ?
La douceur et le temps combleront nos désirs ;
Et jamais la rigueur n'a fait que des martyrs.
Allez. (Ils s'en vont.)

SCÈNE II.

FÉNÉLON, D'ELMANCE.

FÉNÉLON.

Vous, demeurez ; et que votre présence
Me dédommage un peu d'une aussi longue absence.
Vous m'écoutez à peine, et paraissez troublé !
Quel motif à Cambrai vous a donc exilé,
Si loin de la Provence où le ciel vous fit naître,
De ceux qui vous aimaient, que vous aimiez peut-être ?
Né pour les grands emplois, fait pour orner la cour,

Qui peut avoir fixé vos pas dans ce séjour?
D'ELMANCE.
Un malheur qui ne doit finir qu'avec ma vie.
Désormais cette ville est ma seule patrie.
FÉNÉLON.
Le bruit de vos chagrins m'est souvent parvenu;
Ce qui les a causés m'est encore inconnu.
D'ELMANCE.
Je me tais; voulez-vous que l'oreille d'un sage
Entende de l'amour le profane langage?
Non; je dois respecter vos vertus, votre état.
FÉNÉLON.
Parlez à Fénélon, et non pas au prélat.
Me taire vos chagrins, c'est me faire une offense :
Croyez que tout mortel a besoin d'indulgence.
D'ELMANCE.
Puisque votre amitié veut bien m'encourager,
Dans un cœur aussi pur je vais me soulager.
Nous fûmes séparés au sortir de l'enfance :
J'allai dans ma patrie aux champs de la Provence;
Une femme en ces lieux décida de mes jours;
Je sentis en aimant que j'aimerais toujours.
Un moment confondit nos ames étonnées :
J'avais alors vingt ans, elle avait seize années;
C'était d'un sang fameux le dernier rejeton;
D'Héloïse en naissant on lui donna le nom.
Des princes d'Arlemont elle était héritière;
J'aimai, j'idolâtrai sa beauté douce et fière :

Mes vœux, pour son malheur, furent trop entendus :
D'un père ambitieux j'essuyai les refus ;
C'est en vain que ma race offrait à sa faiblesse
Le chimérique éclat d'une antique noblesse ;
D'Arlemont répondit que pour un tel lien
Il exigeait un nom qui fût égal au sien.
Mais à la vanité l'ame n'est point soumise ;
L'hymen à mes destins unissait Héloïse,
Et de ces nœuds secrets, qui nous liaient tous deux,
Elle portait un gage, hélas ! bien malheureux.
Sa mère le savait ; cette mère expirante
Consacra nos sermens de sa bouche mourante :
Elle serrait nos mains et les baignait de pleurs :
L'aspect de ses enfans soulageait ses douleurs.
Notre espoir au tombeau descendit avec elle ;
Un beau jour fut suivi d'une nuit éternelle.
Le père... d'un tel nom dois-je encor l'appeler ?
De ma tendre Héloïse il vit les pleurs couler ;
Mais, bercé des grandeurs d'une illustre famille,
Il osa préférer son orgueil à sa fille,
Me ravit à jamais ce trésor précieux,
Et déserta les champs qu'habitaient ses aïeux.
Je restai tout à coup seul au milieu du monde,
Traînant de bords en bords ma douleur vagabonde,
Interrogeant partout la trace de leurs pas,
Demandant Héloïse, invoquant le trépas.
Enfin j'apprends qu'au sein d'une ville étrangère
Le tyran d'Héloïse a fini sa carrière ;

Que, voyant approcher le moment de sa mort,
Cet inflexible père a connu le remord ;
Qu'il a maudit cent fois sa cruauté funeste :
Sans doute il pressentait la vengeance céleste.
J'apprends que, loin de lui, sa fille, sans secours,
A Cambrai, dans un cloître, a terminé ses jours ;
Que le fruit d'une amour aussi triste que chère
Est mort enseveli dans le sein de sa mère.
Cette horrible nouvelle a fixé mon destin,
Et mon cœur ne fut pas un moment incertain.
J'abandonne la cour, la ville, ma province ;
Je demande, et j'obtiens de la bonté du prince
L'honneur de le servir au sein des mêmes lieux
Où de mon Héloïse on a fermé les yeux.
Là je gémis en vain ; là, depuis douze années,
Héloïse au tombeau consume mes journées ;
Là, de son souvenir sans cesse déchiré,
Je respire à longs traits l'air qu'elle a respiré.
Je l'entends, je la vois, tout m'offre son image ;
Elle eut mes premiers vœux, et mon unique hommage ;
Le jour que du trépas elle a subi la loi,
Le bonheur et la paix, tout a cessé pour moi.

FÉNÉLON.

Ami, n'écoutez point ce désespoir extrême :
Le bonheur naît souvent du sein du malheur même ;
Et, quand Dieu le voudra, par des moyens secrets,
A votre ame agitée il peut rendre la paix.
Sur un fatal écueil vous avez fait naufrage ;

Il n'appartient qu'à Dieu de dissiper l'orage :
Épanchez votre cœur devant ce grand témoin;
Attendez le moment, peut-être il n'est pas loin.
D'un ministre du ciel tel sera le langage;
Fénélon, votre ami, vous dira davantage :
Je ne méprise point l'amour et ses douleurs,
Et je n'ai point l'orgueil d'insulter à des pleurs.
Je suis homme, et sensible aux passions humaines;
Mon cœur est pénétré du récit de vos peines;
Elles s'adouciront auprès de l'amitié;
Partageons vos chagrins, j'en prendrai la moitié;
Bénissons tous les deux le jour qui nous rassemble :
Quelquefois, mon ami, nous pleurerons ensemble.

D'ELMANCE.

Que vous m'attendrissez! que ce langage est doux!
Où prenez-vous ce ton qui n'appartient qu'à vous?
La vertu d'elle-même est partout respectable;
Vous doublez son empire en la rendant aimable.
Je vous ai, Fénélon, lassé de mon malheur;
Consolez-moi du moins avec votre bonheur;
Que je puisse admirer l'éclat de votre vie :
Vous méritiez sans doute un sort digne d'envie.
La fortune en naissant vous a tendu les bras;
Les plus brillans succès ont marqué tous vos pas;
Vertueux sans orgueil, sage avec indulgence,
Vous avez condamné vos rivaux au silence;
Votre âme a triomphé quand la mienne a gémi,
Et la gloire...

FÉNÉLON.
    D'Elmance, épargnez votre ami.
Je n'ai point eu de gloire, et cette vaine idole,
Même pour le grand homme, est une ombre frivole.
On ne m'admire point; puissé-je être estimé!
Je tiens surtout, d'Elmance, au bonheur d'être aimé.
Je vais de mes destins vous faire confidence:
Je ne murmure point contre la Providence;
J'ai connu les chagrins, mais j'ai su les souffrir,
Et tout homme ici bas doit pleurer et mourir.
Sans fatiguer les cieux de plaintes éternelles,
Nous pouvons adoucir ces épines cruelles;
Dans le champ de la vie il faut semer des fleurs,
Et c'est nous, trop souvent, qui faisons nos malheurs;
J'ai sur ces sentimens fondé ma vie entière.
Vous m'avez vu jadis entrer dans la carrière;
L'indulgence accueillit mes timides essais;
Même dans un autre âge elle a fait mes succès.
J'ai, durant trois hivers, au bord de la Charente,
Parmi les protestans traîné ma vie errante,
Pour apaiser des cœurs justement irrités,
Aigris par des revers qu'ils n'ont pas mérités.
Là j'ai vu, mon ami, la misère publique,
Tous les maux qui sont nés d'un édit fanatique;
J'ai calmé les chagrins; j'ai converti l'erreur:
Aujourd'hui de Cambrai je suis nommé pasteur:
Quand de l'épiscopat les soins doux, mais pénibles,
Me laisseront goûter quelques momens paisibles,

Je veux de l'amitié cultiver les plaisirs,
Et d'utiles travaux rempliront mes loisirs.
Art de former l'enfance, intéressante étude,
Tu viendras de tes fleurs orner ma solitude.
Nous avons oublié la nature et ses lois;
Les cris des préjugés ont fait taire sa voix.
Cherchant la vérité sous le voile des fables,
Conduits à la vertu par des routes aimables,
Puissent nos successeurs, un jour plus éclairés,
Dissiper les erreurs qui nous ont égarés!
Pour eux aux arts brillans j'ouvrirai mon asile;
Télémaque instruira leur jeunesse docile:
Là, mauvais courtisan, je veux peindre à la fois
Les misères du peuple et les crimes des rois.
Là, de l'humanité je plaiderai la cause.
Au succès de mes soins si notre âge s'oppose,
S'il méconnaît encore et craint la vérité,
Peut-être on l'entendra dans la postérité.

D'ELMANCE.

Quelqu'un vient nous troubler.

FÉNÉLON.

       Une femme s'avance.

D'ELMANCE.

Une novice, hélas! presque dans son enfance,
Précipite en ces lieux ses pas désespérés.

SCÈNE III.

FÉNÉLON, D'ELMANCE, AMÉLIE.

AMÉLIE.

Monseigneur...

FÉNÉLON.

Qu'avez-vous? je vois que vous pleurez.

AMÉLIE.

Je viens... vous annoncer...

D'ELMANCE.

Peut-être un nouveau crime.

FÉNÉLON.

Oui; je lis dans ses yeux que c'est une victime.

D'ELMANCE.

Elle a de grands secrets sans doute à révéler,
Et c'est devant vous seul qu'elle voudrait parler.
Il me semble revoir celle que j'ai perdue;
C'était cette candeur, cette grace ingénue :
Un objet si touchant réveille mes douleurs :
Adieu; je vais gémir; vous tarirez ses pleurs.

(Il sort.)

SCÈNE IV.

FÉNÉLON, AMÉLIE.

AMÉLIE.

Hélas!

FÉNÉLON.

Rassurez-vous, vous n'avez rien à craindre.
Mon ami vous plaignait.

AMÉLIE.

Lui-même il est à plaindre!
Je chéris la pitié de son cœur généreux.
Quoi! même hors du cloître il est des malheureux!

FÉNÉLON.

S'il en est!... mais, de grâce, expliquez-vous, ma fille.

AMÉLIE.

Ah! les infortunés...

FÉNÉLON.

Composent ma famille.

AMÉLIE.

Je me jette à vos pieds.

FÉNÉLON.

Mon enfant, levez-vous;
Ce n'est que devant Dieu qu'on doit être à genoux.

AMÉLIE.

Daignez... sachez... ma voix expire dans ma bouche.

FÉNÉLON.

Votre timidité m'intéresse et me touche.

Quel motif, quel chagrin vous conduit en ces lieux?
Parlez.
AMÉLIE.
Je viens de fuir loin d'un cloître odieux.
FÉNÉLON.
Ce parti, mon enfant, peut sembler condamnable.
AMÉLIE.
L'excès du désespoir doit le rendre excusable.
FÉNÉLON.
Sans doute on a voulu contraindre votre cœur,
Et de vœux éternels vous craignez la rigueur?
AMÉLIE.
Oui, j'étais sans secours contre la tyrannie;
Ces vœux cruels feront le tourment de ma vie:
Mais ce n'est pas pour moi que je viens vous parler.
FÉNÉLON.
Et pour qui, mon enfant? cessez de vous troubler.
AMÉLIE.
Pour une infortunée, hélas! qui m'est bien chère.
FÉNÉLON.
Achevez.
AMÉLIE.
Je frémis.
FÉNÉLON.
Pour qui donc?
AMÉLIE.
Pour ma mère.
FÉNÉLON.
Pour sa mère! à l'instant portons-lui des secours.

Elle est dans ces remparts? Guidez mes pas, j'y cours.

AMÉLIE.

Que vos jours soient bénis!

FÉNÉLON.

La douleur vous accable.
Où donc est votre mère?

AMÉLIE.

En ce cloître exécrable,
Au fond d'un souterrain, depuis quinze ans passés.

FÉNÉLON.

Et le ciel a permis ce que vous m'annoncez!
Vous avez pu savoir un secret si funeste!

AMÉLIE.

Apprenez...

FÉNÉLON.

En chemin vous m'apprendrez le reste.

SCÈNE V.

FÉNÉLON, AMÉLIE, UN PRÊTRE, clergé.

LE PRÊTRE.

Monseigneur...

FÉNÉLON.

Laissez-moi; je sors pour un instant.

LE PRÊTRE.

Qui peut donc l'exiger?

FÉNÉLON.

Un devoir important.

LE PRÊTRE.

Le peuple est aux autels, songez que le temps presse;
Vous devez commencer l'hymne de l'allégresse.
On vous attend; venez.

FÉNÉLON.

Vous, plutôt, suivez-moi;
Une femme périt dans un séjour d'effroi :
Du fond de son tombeau la victime m'appelle;
Mon cœur entend ses cris, et je vole auprès d'elle;
C'est mon premier devoir : servons l'humanité;
Après, nous rendrons grâce à la Divinité.

ACTE IV.

SCÈNE PREMIÈRE.

HÉLOÏSE, seule.

Isaure ne vient point! mon ame impatiente
S'agite, se consume, et languit dans l'attente.
Aux charmes de l'espoir je n'ose me livrer;
Si long-temps malheureuse, est-ce à moi d'espérer?
Oui : j'ai revu ma fille, et j'aime encor la vie.
Mais que fait, que devient mon aimable Amélie?
Qu'un ange bienfaiteur, daignant la protéger,
De ses jours innocens écarte le danger!
Qu'il conduise ma fille à l'ombre de son aile;
Qu'il lui montre sa route, et marche devant elle!

SCÈNE II.

HÉLOÏSE, ISAURE.

HÉLOÏSE.

J'entends du bruit. Venez : de grâce, instruisez-moi.

ISAURE.

Hélas!

ACTE IV, SCÈNE II.

HÉLOÏSE.

Vous gémissez! vous me glacez d'effroi.
Amélie...

ISAURE.

Apprenez...

HÉLOÏSE.

Dieu! votre cœur soupire!

ISAURE.

Ne craignez rien pour elle.

HÉLOÏSE.

Achevez; je respire.

ISAURE.

L'orage se prépare, et va fondre sur nous.

HÉLOÏSE.

D'où naît cette frayeur, et que redoutez-vous?

ISAURE.

L'abbesse a vu de loin votre chère Amélie
S'enfuir avec horreur loin de ce cloître impie.

HÉLOÏSE.

Est-il vrai? mon enfant n'est donc plus en ces lieux?

ISAURE.

Elle en est déja loin.

HÉLOÏSE.

Soyez bénis, ô cieux!
Pour la première fois vous m'avez exaucée.
Quoi! ma tendre Amélie... Elle n'est point blessée?

ISAURE.

Non, non; tous les dangers ont respecté ses jours;

Une invisible main lui prêtait son secours.
S'arrachant de vos bras, votre fille éplorée
Quitte ce sombre abîme, éperdue, égarée,
Traverse le jardin, vole, et sans balancer
Sur le mur aussitôt je la vois s'élancer.
L'éclair est moins rapide, et d'un faible treillage
Ses mains, ses pieds à peine agitaient le feuillage.
Monter, franchir le mur fut pour elle un instant;
Je la cherche des yeux, je l'appelle en tremblant;
Je ne la voyais point, et déja, dans la rue,
Sa voix me répondait quand je suis accourue.
Le ciel, a-t-elle dit, vient de me conserver;
Va rassurer ma mère, et je cours la sauver.

HÉLOÏSE.
O ma fille! ô mon sang! tu me rendras la vie!

ISAURE.
Des femmes de ce lieu craignez la troupe impie:
Elles vont vous punir; sans doute leurs fureurs
S'efforceront encor d'augmenter vos malheurs.

HÉLOÏSE.
Les augmenter! l'enfer n'oserait y prétendre!

ISAURE.
Dans ce noir souterrain je les entends descendre.

HÉLOÏSE.
Ma fille est loin d'ici; je ne sens plus d'effroi.

SCÈNE III.

HÉLOÏSE, ISAURE, L'ABBESSE, RELIGIEUSES.

HÉLOÏSE.

Monstres, après quinze ans enfin je vous revoi :
Contemplez vos tourmens, venez vous satisfaire.

L'ABBESSE.

Nous venons découvrir un coupable mystère.
Isaure, en ce moment, que faites-vous ici ?

ISAURE.

Qui, moi ?

L'ABBESSE.

Vous hésitez ! mon doute est éclairci.

ISAURE.

J'arrivais... j'annonçais...

L'ABBESSE.

Le départ d'Amélie ?

ISAURE.

De ce cloître à l'instant je sais qu'elle est partie.

L'ABBESSE.

Elle venait, dit-on, de ce sombre séjour.

ISAURE.

Vous croyez...

L'ABBESSE.

On l'a vue.

ISAURE.

O trop malheureux jour !

Il est vrai... punissez...
             L'ABBESSE.
                    Oui, vous serez punie.
             HÉLOÏSE.
Grand Dieu! tu n'es point las de tant de tyrannie!
             ISAURE.
C'est contre mon aveu...
             L'ABBESSE.
                    Croyez-vous m'abuser?
Isaure, il n'est plus temps de me rien déguiser.
C'est par vous qu'Amélie en ces lieux fut conduite,
Et vous avez encor favorisé sa fuite.
             HÉLOÏSE.
Elle aussi, cette enfant, vous vouliez l'opprimer!
La victime est si jeune! Isaure a dû l'aimer.
             L'ABBESSE.
Quel intérêt vous touche en faveur d'Amélie?
             HÉLOÏSE.
N'est-ce pas dans mon sein qu'elle a puisé la vie?
             L'ABBESSE.
Qui vous a dévoilé ces importans secrets?
             HÉLOÏSE.
La nature et nos cœurs. Je sais tous vos forfaits.
             L'ABBESSE.
Rougissez, et cachez votre honte éternelle.
             HÉLOÏSE.
C'est moi qui dois rougir? moi qui suis criminelle?
Ah! regardez le ciel, barbare, et jugez-vous!

S'il daignait aujourd'hui décider entre nous,
De l'arbitre éternel si l'arrêt redoutable
De nous deux à l'instant frappait la plus coupable,
Si les foudres vengeurs tombaient pour l'accabler!...
Vous vous rendez justice, et je vous vois trembler.

L'ABBESSE.

Quelle est donc cette audace? et que viens-je d'entendre?
A vous justifier oseriez-vous prétendre?
Ne vous souvient-il plus qu'un amour criminel
Vous a fait mériter l'abandon paternel?
Que la soumission, dans votre sort funeste,
Peut seule désarmer la vengeance céleste?

HÉLOÏSE.

Et vous, par quels moyens la désarmerez-vous?
Qui pourra vous sauver de l'immortel courroux,
Lorsque vous rendrez compte au Dieu de la nature,
Des tourmens qu'a soufferts sa faible créature?
Mon crime fut d'aimer; le vôtre est de haïr.
Dieu créa les mortels pour s'aimer, pour s'unir:
Ces cloîtres, ces cachots ne sont point son ouvrage;
Dieu fit la liberté, l'homme a fait l'esclavage.
Mais l'esclave ne porte aux pieds de l'Éternel
Qu'un hommage stérile, un encens criminel.
A ses vœux quelquefois si le ciel est propice,
C'est quand sa voix gémit et demande justice;
Quand l'infortune en pleurs, maudissant ses bourreaux,
N'a que Dieu pour témoin dans l'ombre des tombeaux.
Au cri du désespoir le monde est peu sensible;

Mais l'Être qui peut tout n'est jamais inflexible.

L'ABBESSE.

Jusqu'à quand, dites-moi, voulez-vous l'outrager?
Comment espérez-vous qu'il pense à vous venger?
L'Éternel, selon vous, prendra votre querelle!
C'est nous qu'il punira!

HÉLOÏSE.

      N'en doutez point, cruelle.
C'est vous qui répondrez de mes longues douleurs:
Il comptera mes cris, mes sanglots et mes pleurs,
Les heures, les instans de mes jours déplorables;
Et tout retombera sur vos têtes coupables.
Si la bonté du ciel, la pitié des humains,
Ne m'arrachent bientôt à vos barbares mains,
Pour prix de mes malheurs, qu'aucune autre victime
Ne vienne, après ma mort, au fond de cet abîme,
Déposer les chagrins de son cœur désolé
Sur la pierre insensible où mes pleurs ont coulé!
Qu'on ne retrouve plus dans le sein des familles
Des pères inhumains et bourreaux de leurs filles!
Que la religion, que vous déshonorez,
Ferme et détruise enfin ces cachots abhorrés:
Que la liberté règne au pied du sanctuaire;
Que jamais un mortel, ou faible ou téméraire,
Ne prête devant Dieu le serment insensé
D'être inutile au monde où ce Dieu l'a placé!
Vous, dont l'impiété depuis quinze ans m'opprime,
Que le remords vengeur, premier enfer du crime,

Vous ronge et vous déchire à vos derniers momens :
Puissiez-vous d'Héloïse envier les tourmens,
Traîner avec lenteur une mort douloureuse,
Mourir dans l'abandon qui la rend plus affreuse,
Et remplir de vos cris ces gouffres éternels,
Créés pour les tyrans et les grands criminels !

L'ABBESSE.

Ainsi vous prodiguez le blasphème et l'outrage !
Et vous ne craignez pas...?

HÉLOÏSE.

Épuisez votre rage.

L'ABBESSE.

Nous pouvons tout ici; vous le savez trop bien.

HÉLOÏSE.

Ah! peut-être aujourd'hui vous ne pourrez plus rien.

L'ABBESSE.

A quoi tend ce discours? quelle est votre espérance?

HÉLOÏSE.

On va dans ce moment tenter ma délivrance.
Ma fille...

L'ABBESSE.

Doit trouver son juste châtiment :
On a suivi ses pas; elle fuit vainement.

HÉLOÏSE.

Qu'entends-je !

L'ABBESSE..

A mes regards elle va reparaître.

21.

HÉLOÏSE.

Quel sera son destin?

L'ABBESSE.

Je lui ferai connaître
Que Dieu punit les cœurs contre lui révoltés.

HÉLOÏSE.

Quoi! vous la punirez?

L'ABBESSE.

Les fers que vous portez,
Voilà son sort.

HÉLOÏSE.

Grand Dieu! ma fille infortunée...!

L'ABBESSE.

Comme vous, loin de vous, doit languir enchaînée.

HÉLOÏSE.

Ma fille! non, jamais, non, ne l'opprimez pas:
Avant ce coup du moins donnez-moi le trépas.

L'ABBESSE.

Je vous vois maintenant plaintive et suppliante:
Votre fureur...

HÉLOÏSE.

Laissez ma fureur impuissante:
Le reproche est permis dans ma calamité;
Mais vous, n'affectez pas l'insensibilité.
Des mortels qui s'aimaient vous ont donné la vie;
Vous aviez une mère, et vous l'avez chérie.
Eh bien! par ces parens, objets de votre amour,
Par le sein maternel qui vous a mise au jour,

ACTE IV, SCÈNE III.

Par les tendres égards que l'on doit à l'enfance,
Par le Dieu qui vous voit, qui pardonne à l'offense,
De ma chère Amélie ayez quelque pitié;
Puisque j'ai tant souffert, son crime est expié.
Ah! ne repoussez point les sanglots d'une mère;
Voyez mes pleurs couler, voyez tant de misère:
Ces pleurs, ces fers, ces maux, ceux que vous pouvez voir,
Ceux que vous concevez, quinze ans de désespoir,
Les horreurs de ma lente et pénible agonie,
Mon cœur oublîra tout en faveur d'Amélie:
Oui tout: ne formez plus le vœu de la punir;
Si vous lui pardonnez, je pourrai vous bénir.

L'ABBESSE.

Ah! cessez...

HÉLOÏSE.

    Je me traîne à vos pieds que j'embrasse;
Que la pitié vous parle; accordez-moi sa grace;
N'unissez point ma fille à mes destins affreux:
Qu'elle ne souffre point; mon sort est trop heureux.

AMÉLIE, hors du souterrain.

Ma mère!

HÉLOÏSE.

 C'est sa voix.

L'ABBESSE.

    C'est elle qu'on ramène.
Il faut que de son crime elle porte la peine.
Je cours...

HÉLOÏSE.

Grace, pardon. C'est trop de cruautés. Vous voulez...!

L'ABBESSE.

La punir; et j'y vole.

SCÈNE IV.

HÉLOÏSE, ISAURE, L'ABBESSE, AMÉLIE, FÉNÉLON, PRÊTRES, RELIGIEUSES.

(Les prêtres portent des flambeaux.)

FÉNÉLON.

Arrêtez!

HÉLOÏSE, ISAURE, L'ABBESSE.

Ciel!

AMÉLIE, courant aux genoux d'Héloïse.

Ma mère!

HÉLOÏSE.

Amélie!

AMÉLIE.

On vient briser vos chaînes.

FÉNÉLON.

O superstition! ô fureurs inhumaines!

AMÉLIE.

C'est lui, c'est Fénélon.

HÉLOÏSE.

Je tombe à vos genoux. Pontife du Très-Haut, vous pleurez!

FÉNÉLON.
                    Levez-vous.
Quel objet!... vous, qu'ici mon aspect doit confondre,
Elle a gémi quinze ans : qu'osez-vous lui répondre ?
L'ABBESSE.
Par les décrets du ciel son arrêt fut dicté.
FÉNÉLON.
Ce ciel pardonne tout, hors l'inhumanité.
L'ABBESSE.
Dieu même prescrivait ces rigueurs légitimes.
FÉNÉLON.
Toujours le ciel et Dieu quand on commet des crimes!
Ce Dieu vous a-t-il dit, je veux être vengé?
Pourquoi punissez-vous avant qu'il ait jugé?
Pourquoi vous armez-vous d'une rigueur impie
Qu'accusent à la fois sa doctrine et sa vie?
Ah! puisque votre cœur est si mal inspiré,
Instruisez-vous du moins dans le livre sacré.
Comment Dieu parle-t-il à la femme adultère?
Elle pleure à ses pieds ; va-t-il, dans sa colère,
Chercher pour la punir des tourmens inconnus?
Il pardonne, et lui dit : *Allez, ne péchez plus.*
Il fallait égaler sa sublime indulgence.
Ne songez désormais qu'à fléchir sa vengeance.
Si des juges mortels j'invoquais le courroux,
Vous sentiriez les lois s'appesantir sur vous.
Je n'imiterai point votre rigueur sinistre,
Par respect pour celui qui m'a fait son ministre.

Vous, dont il a souffert les destins inouis;
Puisque vous me voyez, tous vos maux sont finis :
Ce jour est le dernier de votre long supplice.
Ah! c'est au nom de Dieu que l'humaine injustice
Osa vous condamner à d'horribles revers;
Et c'est au nom de Dieu que je brise vos fers.

HÉLOÏSE.

O pitié douce et tendre! ô sagesse suprême!
Est-ce un homme, un pontife, ou l'Éternel lui-même?

L'ABBESSE.

Mais son père, irrité par un cruel amour,
Dans ce cloître sacré l'enferma sans retour.
Il nous transmit le droit...

FÉNÉLON.

D'inventer des supplices?
De la voir expirer? d'y trouver des délices?
De jouir de ses pleurs et de son long trépas?
C'est le droit des bourreaux; ne le réclamez pas.

HÉLOÏSE.

Que son langage est doux! que son ame est sublime!

FÉNÉLON.

Sortez de ce tombeau, triste et noble victime;
Je n'ai qu'un seul regret, il fait couler mes pleurs;
C'est de venir si tard terminer vos malheurs.

AMÉLIE, à sa mère.

Vous allez, loin d'ici, jouir de ma tendresse.

ISAURE.

Je ne vous verrai plus. Vous partez : on me laisse!

ACTE IV, SCÈNE IV.

AMÉLIE.

Qui, vous ? le seul trépas pourra nous séparer.
Il reste une victime encore à délivrer.

FÉNÉLON.

Comment ?

HÉLOÏSE.

Oui. Cette femme est humaine et sensible.
Trompant de mes bourreaux la vengeance inflexible,
Isaure a par ses soins adouci mon malheur,
Et de mes jours éteints ranimé la chaleur.

AMÉLIE.

Elle a pris soin des miens depuis que je suis née ;
Elle est par l'indigence au cloître condamnée.

FÉNÉLON.

Isaure, expliquez-vous. Quel est votre desir ?

ISAURE.

De les suivre en tous lieux jusqu'au dernier soupir.

FÉNÉLON.

Eh bien, vous les suivrez.

ISAURE.

Héloïse ! Amélie !

FÉNÉLON, avec une surprise mêlée de joie à ce nom d'Héloïse.

Qu'entends-je ?

ISAURE.

Auprès de vous je vais passer ma vie.

FÉNÉLON.

Héloïse !

AMÉLIE.

Le ciel a comblé tous nos vœux.

FÉNÉLON.

Je prévois que ce jour fera bien des heureux.

L'ABBESSE.

Quoi! pour nous insulter, prétendez-vous encore
Dissoudre les liens de l'infidèle Isaure?

FÉNÉLON.

Vous venez de l'entendre, elle hait ce séjour :
Elle est libre; il suffit. Que ne puis-je en ce jour
Anéantir les vœux dictés par la contrainte,
Les sermens du malheur, les liens de la crainte,
Mettre à jamais un terme aux attentats sacrés,
Et convertir les cœurs d'un faux zèle enivrés!

L'ABBESSE.

C'est moi qui répondrai...

FÉNÉLON.

Je prends tout sur moi-même.

L'ABBESSE.

Songez-vous...?

FÉNÉLON.

J'instruirai le pontife suprême.

L'ABBESSE.

Rompre des vœux!

FÉNÉLON.

Le ciel repousse avec horreur
Des vœux qui ne sont point prononcés par le cœur

L'ABBESSE.

Elle a fait un serment...

ACTE IV, SCÈNE IV.

FÉNÉLON.

J'en ai fait un plus juste :
Quand je me suis chargé d'un ministère auguste,
J'ai fait serment au Dieu qui daigna m'appeler
D'essuyer tous les pleurs que je verrais couler.
Cette promesse est pure, et doit être remplie.
Venez, sensible Isaure, et vous, jeune Amélie,
Prenez toutes les deux Héloïse en vos bras ;
Au sein de mon palais guidez ses faibles pas.
Nous, heureux instrumens du ciel qui nous contemple,
Rendons-nous à sa voix qui nous appelle au temple ;
Offrons-lui les bienfaits qu'il dispense aujourd'hui :
Jamais plus digne encens n'aura monté vers lui.

ACTE V.

SCÈNE PREMIÈRE.

FÉNÉLON, D'ELMANCE, clergé, peuple.

FÉNÉLON.

Ces applaudissemens, ces transports d'allégresse,
Ces pleurs que vous versez, ces marques de tendresse,
Sans que je les mérite ont droit de m'émouvoir.
D'un homme et d'un prélat j'ai rempli le devoir;
Ce n'est pas moi, c'est Dieu qui sauve la victime;
C'est lui qui m'envoya, lui qui m'ouvrit l'abîme;
Dans la nuit du tombeau lui-même est descendu.
Allez. C'est un beau jour : qu'il ne soit point perdu.
Craignez ces passions qu'un long remords expie,
L'ambition, l'orgueil, le fanatisme impie.
Pères, de vos enfans ne forcez point les vœux :
Le ciel vous les donna, mais pour les rendre heureux.
(Ils s'en vont.)

SCÈNE II.

FÉNÉLON, D'ELMANCE.

D'ELMANCE.
Ami, plus je vous vois, et plus je vous admire.
FÉNÉLON.
D'Elmance, finissez.
D'ELMANCE.
Non, j'aime à vous le dire.
Si les prêtres toujours vous avaient ressemblé,
Le genre humain par eux eût été consolé.
Le nom de Dieu n'eût pas ensanglanté la terre;
Et ce théâtre affreux, où triomphe la guerre,
Heureux par leurs vertus, soumis à leurs bienfaits,
Eût été le séjour d'une éternelle paix.
Mais, éclairés en vain par vos touchans exemples,
Les ministres de Dieu déshonorent ses temples.
De sanglans tribunaux consacrent leurs succès:
Des Français à leur voix égorgent des Français;
Sur les rives du Rhône, au pied des Pyrénées,
Ils dépeuplent encor nos villes consternées,
Et leurs crimes nouveaux épouvantent nos yeux
Mouillés des mêmes pleurs qu'ont versés nos aïeux.
FÉNÉLON.
De la religion qu'ils osent méconnaître
Cette époque est la honte et la perte peut-être.

A force d'attentats ils la feront haïr.

D'ELMANCE.

Hélas! tout me rappelle un cruel souvenir.
Que n'étiez-vous déjà le chef de cette église,
Alors que dans un cloître on plongeait Héloïse!
Le cœur de Fénélon, sensible à nos malheurs,
Eût entendu ses cris, eût deviné ses pleurs.
Elle n'eût point péri seule et désespérée,
Loin de l'infortuné qui l'avait adorée :
Tous mes jours sont amers, tous mes jours seraient doux :
Je serais père encore, et je serais époux.

FÉNÉLON.

Montrez-vous moins injuste envers la Providence :
Elle aura soin de vous, comptez sur sa clémence.

D'ELMANCE.

Où retrouver jamais le bien que j'ai perdu?

FÉNÉLON.

Que diriez-vous, ami, s'il vous était rendu?

D'ELMANCE.

Qui me rendra l'objet dont mon ame est éprise?
Songez que sur la terre il n'est plus d'Héloïse.
Plein de mon seul amour, à charge à l'amitié,
Je ne puis, Fénélon, qu'inspirer la pitié :
Rien ne ranimera ma languissante vie;
C'est une fleur qui tombe avant le temps flétrie.

FÉNÉLON.

Vos tourmens, vos chagrins finiront en ce jour.

ACTE V, SCÈNE II.

D'ELMANCE.

Eh quoi! prétendez-vous m'arracher mon amour?
Le pourrai-je oublier? Pensez-vous m'y contraindre?
Je vois couler vos pleurs! oui! vous devez me plaindre.

FÉNÉLON.

Je pleure, mon ami, mais je ne vous plains pas.
On vous a d'Héloïse annoncé le trépas...
Écoutez-moi.

D'ELMANCE.

Grand Dieu! qu'avez-vous à me dire?

FÉNÉLON.

Détrompez-vous, d'Elmance: Héloïse respire.

D'ELMANCE.

Elle respire? O ciel! est-il vrai? dans quels lieux?
Courons, ne perdons pas des momens précieux.
Mais, peut-être, j'en crois une vaine espérance.

FÉNÉLON.

De ces transports soudains calmez la violence;
Vivez pour être heureux; vous êtes père, époux;
Héloïse respire, ici, tout près de vous.

D'ELMANCE.

Ici! je suis époux! je suis père! qu'entends-je?
D'où vient dans mes destins ce changement étrange?

FÉNÉLON.

Cette jeune novice...

D'ELMANCE.

Eh bien!

FÉNÉLON.

Qui, dans ces lieux,
Tantôt vint présenter sa douleur à nos yeux,
C'est l'enfant d'Héloïse, et vous êtes son père.

D'ELMANCE.

Où suis-je?

FÉNÉLON.

Elle venait m'implorer pour sa mère
Que la bonté du ciel a su nous conserver :
C'est votre épouse enfin que Dieu vient de sauver.

D'ELMANCE.

Quoi! dans ce souterrain... depuis quinze ans...

FÉNÉLON.

C'est elle.

D'ELMANCE.

O rage! ô fanatisme! ô vengeance cruelle!
Quinze ans... mais elle vit...! quel heureux coup du sort!
Si ce n'est qu'une erreur, vous me donnez la mort.

FÉNÉLON.

Ce n'est point une erreur. Je me suis fait instruire,
Lorsque j'ai, dans ces lieux, pris soin de la conduire,
Avant d'aller au temple où j'étais attendu.
Des princes d'Arlemont son père descendu
N'eut qu'elle d'héritière aux rives de Provence;
On la nomme Héloïse; elle épousa d'Elmance.

D'ELMANCE.

Ah! déposons le poids de tant d'adversité :
Le malheur qui n'est plus n'a jamais existé.

ACTE V, SCÈNE II.

Héloïse respire! ô tendresse! ô surprise!
C'est ici qu'est ma fille! ici qu'est Héloïse!
Combien je vais l'aimer après tant de revers!
Que je vais la venger des maux qu'elle a soufferts!
Que tardons-nous? Daignez me conduire auprès d'elle...
Que d'Elmance enivré, que son époux fidèle
Puisse encore à ses pieds lui redonner son cœur,
Dût-il, en la voyant, mourir de son bonheur!

FÉNÉLON.

Au nom du sentiment, et vertueux et tendre,
Que vous lui consacrez, et qu'elle a droit d'attendre,
Devant elle d'abord laissez-moi vous nommer;
Songez qu'au bonheur même il faut s'accoutumer.
A la mort, à l'oubli long-temps abandonnée,
De ses nouveaux destins elle semble étonnée;
D'un époux si chéri l'aspect inattendu
Accablerait son cœur trop fortement ému.
Elle sera long-temps languissante, affaiblie;
Hélas! des maux sans nombre ont tourmenté sa vie.
Par tant d'événemens agitée en ce jour,
Celle que vous aimez repose en ce séjour.
Je veux à son réveil lui parler de d'Elmance,
Raconter sa tendresse, annoncer sa présence.
Tandis qu'à vous revoir je vais la préparer,
Dans la chambre prochaine il faut vous retirer.

D'ELMANCE.

De tous ses mouvemens mon cœur sera-t-il maître?

FÉNÉLON.
Je vous avertirai quand vous pourrez paraître.

SCÈNE III.
FÉNÉLON, D'ELMANCE, ISAURE.

ISAURE.

Monseigneur, pardonnez si j'ose vous troubler;
Héloïse, en ces lieux, demande à vous parler.

D'ELMANCE.

Quel instant! je succombe à l'excès de ma joie.

FÉNÉLON.

Elle approche. Fuyez; gardez qu'on ne vous voie.
(D'Elmance sort.)

SCÈNE IV.
FÉNÉLON, HÉLOÏSE, AMÉLIE, ISAURE.

HÉLOÏSE, soutenue par Amélie et Isaure.

O terre des vivans, salut! heureux séjour!
Je puis donc te revoir, astre brillant du jour!
Que ses rayons sont purs! que la nature entière
S'embellit à mes yeux de sa douce lumière!

FÉNÉLON.

Héloïse, approchez; vous voulez me parler:
J'écoute. Asseyez-vous. Qu'avez-vous à trembler?

ACTE V, SCÈNE IV.

Renaissez au bonheur qui pour vous va renaître:
Vos maux... oui, tous vos maux sont réparés peut-être;
Peut-être puis-je encor vous servir aujourd'hui.

HÉLOÏSE.

Grace à vous, l'infortune est sûre d'un appui;
Je le sais; je le vois.

FÉNÉLON.

Daignez enfin me dire
Quel sujet maintenant près de moi vous attire.

HÉLOÏSE.

Vous connaissez mon nom, le rang de mes aïeux,
Les champs où le soleil vint éclairer mes yeux,
Les nœuds que j'ai formés au sein de ma patrie,
Et le nom de l'époux à qui j'étais unie.
Vous voyez cette enfant, fruit d'un lien si doux:
Ne pourrai-je savoir le sort de mon époux?
Ne peut-on m'éclairer sur le destin d'un père,
Dont l'orgueil inflexible a causé ma misère?

FÉNÉLON.

Votre père autrefois tyrannisa vos jours;
Les siens dans le remords ont terminé leur cours.

HÉLOÏSE.

Il ne vit plus! son cœur repoussait mes tendresses;
Sa malheureuse fille ignorait ses caresses;
Jamais dans ses rigueurs il ne s'est démenti;
Je lui pardonne tout, puisqu'il s'est repenti.

FÉNÉLON.

D'Elmance...

HÉLOÏSE.

Eh bien, parlez.

FÉNÉLON.

Voit encor la lumière.

HÉLOÏSE.

La main de mon époux fermera ma paupière!
Je ne demande point s'il pense encore à moi :
Je n'ai point le desir de contraindre sa foi :
Sans retour, sans espoir j'étais ensevelie;
Un bien qu'on n'attend plus facilement s'oublie.
Il a pu, loin de moi, former des nœuds plus beaux,
Quand je le regrettais dans l'ombre des tombeaux.
J'ai vu s'évanouir ma plaintive jeunesse;
Mon amour ne veut point offrir à sa tendresse
Quelques jours languissans, rebut de la douleur,
Et des attraits flétris par quinze ans de malheur.
Mais je veux le rejoindre au sein de ma patrie,
Le revoir, lui montrer celle qu'il a chérie,
Attendre près de lui l'instant de mon trépas,
Lui remettre sa fille, et mourir dans leurs bras.

FÉNÉLON.

Ne portez point vos pas aux rives de Provence :
Votre époux a quitté le lieu de sa naissance.

HÉLOÏSE.

Et sait-on sur quels bords il respire le jour?

FÉNÉLON.

Il a dans ces remparts établi son séjour.

ACTE V, SCÈNE IV.

HÉLOÏSE.
Dans Cambrai, dites-vous? Il venait pour me suivre?
FÉNÉLON.
Pour vous pleurer du moins : il croyait vous survivre.
HÉLOÏSE.
Quoi! si près d'Héloïse, il ignorait son sort?
FÉNÉLON.
On avait à d'Elmance annoncé votre mort.
HÉLOÏSE.
Il a formé peut-être un nouvel hyménée?
FÉNÉLON.
Sa main depuis ce temps n'a point été donnée.
HÉLOÏSE.
Je suis loin de son cœur; il a dû m'oublier.
FÉNÉLON.
Son cœur vous appartient; vous l'avez tout entier.
HÉLOÏSE.
Ciel! à mon souvenir il trouve encor des charmes?
FÉNÉLON.
Il vous nomme sans cesse en répandant des larmes.
HÉLOÏSE.
Je respire. D'Elmance est donc connu de vous?
FÉNÉLON.
La plus tendre amitié m'unit à votre époux.
HÉLOÏSE.
A Cambrai, dans ce jour, a-t-elle pris naissance?
FÉNÉLON.
Ce sont des nœuds formés au temps de notre enfance.

HÉLOÏSE.
Et vos yeux ont revu mon époux aujourd'hui?
FÉNÉLON.
Ici même, à l'instant, j'étais auprès de lui.
HÉLOÏSE.
Auriez-vous sur mon sort observé le silence?
FÉNÉLON.
J'ai dit votre infortune et votre délivrance.
HÉLOÏSE.
Comment a-t-il appris cet étonnant récit?
FÉNÉLON.
Avec tous les transports d'un cœur qui vous chérit.
HÉLOÏSE.
Quand viendra-t-il revoir l'épouse la plus tendre?
FÉNÉLON.
A l'heure où nous parlons il peut déjà l'entendre.
HÉLOÏSE.
Expliquez-vous. D'Elmance...?
FÉNÉLON.
      Est proche de ces lieux.
HÉLOÏSE.
Pourquoi ne vient-il pas? qu'il paraisse à mes yeux!

SCÈNE V.

FÉNÉLON, D'ELMANCE, HÉLOÏSE, AMÉLIE, ISAURE.

D'ELMANCE.

Héloïse!

HÉLOÏSE.

C'est lui!

AMÉLIE, ISAURE.

Ciel!

HÉLOÏSE.

Mon époux!

AMÉLIE.

Mon père!

HÉLOÏSE.

Aimez-la bien, d'Elmance; elle a sauvé sa mère.

D'ELMANCE.

O ma fille!

HÉLOÏSE.

Embrassez l'enfant de notre amour.
Hélas! loin de vos yeux elle a reçu le jour.

D'ELMANCE.

Que vous avez souffert! Des monstres que j'abhorre...

HÉLOÏSE.

Non, je n'ai rien souffert, si vous m'aimez encore!

D'ELMANCE.

Je prétends vous venger; la loi doit les punir.

HÉLOÏSE.

D'Elmance, je n'ai plus la force de haïr.
Mon cœur las de tourmens, fatigué de vengeance,
Est tout à la tendresse, à la reconnaissance.
(En lui montrant Isaure.)
Celle que vous voyez, par ses heureux secours,
Dans le sein de l'abîme a prolongé mes jours;
Elle a veillé sur moi, veillé sur Amélie;
Mon sort sera le sien : c'est ma plus tendre amie.

ISAURE.

Tant que j'existerai, puissé-je vous servir!

D'ELMANCE.

En ce jour fortuné je dois tous vous bénir;
Vous surtout, Fénélon, grand homme, ami fidèle,
De la simple vertu rare et touchant modèle!

FÉNÉLON.

Approchez. Devant Dieu j'unis vos chastes mains :
Aimez-vous; c'est la loi qu'il impose aux humains.
Cette loi pour vos cœurs sera toujours sacrée.
Héloïse, oubliez une chaîne abhorrée :
Vous renouvellerez, au pied de nos autels,
Des nœuds qui seront purs, qui seront immortels.
Vos malheurs publiés vaincront le fanatisme;
La fin de vos revers confondra l'athéisme;
L'infortune, en secret se nourrissant de pleurs,

Saura qu'il est un Dieu témoin de ses douleurs,
Qu'il faut se résigner devant la Providence,
Et qu'il n'est jamais temps de perdre l'espérance.

FIN DE FÉNÉLON.

VARIANTE.

ACTE II, SCÈNE III.

Au lieu de ces deux vers, existans dans l'édition précédente,

> Il voyait dans sa fille éteindre un nom fameux,
> L'orgueil me haïssait....

Il faut :

> Dans sa fille il voyait s'éteindre un nom fameux,
> L'orgueil me dédaignait....

TIMOLÉON,

TRAGÉDIE EN TROIS ACTES,

AVEC DES CHOEURS

MIS EN MUSIQUE PAR MÉHUL;

Représentée, pour la première fois, sur le théâtre de la République, le 25 fructidor an III de la République française (11 sept. 1795).

PERSONNAGES.

TIMOLÉON, frère de Timophane.
TIMOPHANE.
ORTAGORAS.
ANTICLÈS.
DÉMARISTE, mère de Timoléon et de Timophane.
LE CHOEUR du peuple et des guerriers.

La scène est à Corinthe.

TIMOLÉON,
TRAGÉDIE.

ACTE PREMIER.

(Le théâtre représente la maison de Démariste et de ses enfans.)

SCÈNE PREMIÈRE.

TIMOPHANE.

Je plains l'ambitieux qui n'est pas insensible.
Vertu, j'entends encor ton reproche inflexible !
Chaque jour qui s'écoule ajoute à mes ennuis,
Et tout Corinthe en pleurs m'éveille au sein des nuits.
O souvenir d'un père ! ô voix de la patrie !
Voix plus puissante encor d'une mère chérie ;
Exploits d'un frère absent, mais toujours redouté,
Vous pesez à la fois sur mon cœur agité.
Quoi ! né républicain, je prétends à l'empire !
Timoléon combat, Timophane conspire !
Par la soif de régner Timophane est vaincu !

Timoléon plus jeune a déja plus vécu.
Aux bords siciliens, sur les mers de l'Afrique,
Son glaive heureux et pur défend la république.
Je crois déjà le voir, libre de soins guerriers,
Sous le toit paternel, dédaignant ses lauriers,
Déposant à nos pieds ses marques de victoire,
Modeste et triomphant, m'accabler de sa gloire.
Faut-il que son nom seul m'épouvante aujourd'hui?
Malheureux! tu pouvais être aussi grand que lui!

SCÈNE II.

TIMOPHANE, ANTICLÈS.

ANTICLÈS.
Timophane, il est temps, remplis ta destinée.
TIMOPHANE.
Anticlès, que dis-tu?
ANTICLÈS.
Cette illustre journée...
TIMOPHANE.
Va dévoiler peut-être et punir nos complots.
ANTICLÈS.
Quel fantôme sinistre a troublé ton repos?
TIMOPHANE.
Ami, le pauvre dort au sein de sa chaumière,
Et d'un œil vertueux il revoit la lumière.
Moi, puissant, mais coupable, après un lourd sommeil

Je trouve le remords qui m'attend au réveil.
ANTICLÈS.
Le remords! Timophane, excuse ma surprise.
Veux-tu donc renoncer à ta noble entreprise?
Hardi pour concevoir, timide pour agir,
Peux-tu la craindre?
TIMOPHANE.
Non; mais je puis en rougir.
La même ambition malgré moi me dévore;
Sa voix tonne, Anticlès, et me domine encore:
Dans l'abîme avec toi Timophane entraîné,
Déjà par la vertu se sent abandonné:
Mon parti, tes conseils, notre intérêt m'anime,
Et dans le fond du cœur j'ai consommé mon crime.
Mais, si je mens au peuple et lui manque de foi,
Si je feins avec tous, puis-je feindre avec moi?
Soit reste de vertu, soit faiblesse peut-être,
Je répugne à tromper, je crains le nom de traître;
Je crains, je l'avoûrai, ce reproche éternel
Qui, jusque sur le trône, atteint le criminel,
Ce tribunal secret auquel il doit répondre,
Ces yeux de tout un peuple ouverts pour le confondre,
Et le sort en un mot d'un tyran détesté,
Obligé de frémir au nom de liberté.
ANTICLÈS.
Quand il faut achever, ce repentir me blesse,
Et ce n'est point, crois-moi, l'instant de la faiblesse.
Un conjuré qui tremble est bien près de périr,

Et tu dois désormais ou régner, ou mourir.
TIMOPHANE.
Mourir! j'ai combattu dans les champs de la gloire;
En bravant le trépas, j'ai connu la victoire;
Au nombre des héros mes lauriers m'ont placé;
Ils sont teints de mon sang que la guerre a versé.
Ce n'est donc point la mort, même terrible et lente,
Qui peut déterminer mon âme chancelante.
Le fer des assassins, le glaive de la loi,
A des conspirateurs n'inspirent point l'effroi.
Je ressens, il est vrai, de plus justes alarmes :
Qui ne craint point la mort peut redouter des larmes.
ANTICLÈS.
Des larmes!
TIMOPHANE.
   D'une mère : elle a tant de pouvoir!
Obéir à ses vœux est un si doux devoir!
La mienne a bien des droits à ma reconnaissance :
Démariste aux vertus instruisit mon enfance;
Et, des lois de Corinthe aimant l'austérité,
M'enseigna des leçons dont j'ai mal profité.
Et je vais maintenant, pour prix de sa tendresse,
De mon éclat honteux affliger sa vieillesse,
Attacher, avec pompe, à son front maternel
Du bandeau des tyrans l'opprobre solennel!
ANTICLÈS.
Tu peux...!
TIMOPHANE.
   Je le prévois : bientôt l'infortunée,

Loin de son fils coupable, aux larmes condamnée,
Desirant mon trépas que j'aurai mérité,
Maudira ma naissance et sa fécondité.

ANTICLÈS.

Eh bien, s'il est ainsi, renonce à la couronne;
Va, perds des conjurés que ton cœur abandonne;
Et, si leur imprudence a compté sur ta foi,
Punis-les des complots qu'ils ont tramés pour toi.
Mais quel sera le but de tant de perfidie?
Ne crois point acheter ton salut de leur vie.
Acharnés contre toi, tes nombreux ennemis
T'accableront bientôt, s'ils ne sont point soumis:
Avec ses affidés Ortagoras conspire;
A ton frère, peut-être, on veut donner l'empire.

TIMOPHANE.

Mon frère! lui, tyran! lui, régner! non, jamais.

ANTICLÈS.

Ortagoras...

TIMOPHANE.

Qu'importe un vieillard que je hais?
Magistrat insensé, dont le sombre génie
Ne rêve que forfaits, ne voit que tyrannie.
S'il partage avec nous cet honorable emploi
De convoquer le peuple et de sceller la loi,
S'il siége à nos côtés dans le rang de prytane,
Il frémit, mais il tremble au nom de Timophane.
Vingt fois dans la tribune il a conçu l'espoir
D'ébranler mon crédit, de saper mon pouvoir;

Et moi, j'ai toujours vu, calme au sein de l'orage,
S'exhaler à mes pieds son impuissante rage.
ANTICLÈS.
Et c'est là le motif de ses chagrins jaloux ;
C'est là ce qui sans cesse irrite son courroux.
Adulateur zélé d'une foule inconstante,
L'aspect de tes amis l'afflige et l'épouvante.
Il sait qu'à ta fortune unissant leurs efforts,
Les riches t'ont voué leurs bras et leurs trésors ;
Qu'au nom d'égalité leur ame est alarmée ;
Que tu peux d'un coup-d'œil enfanter une armée ;
Et, de tes fiers dédains essuyant la froideur,
D'un regard envieux il prévoit ta grandeur.
Il pense t'arrêter dans ta route sublime :
Sous ton chemin de fleurs sa main creuse un abîme.
TIMOPHANE.
Que veut-il, Anticlès? Dis; parle; réponds-moi.
ANTICLÈS.
Détruire tes amis pour venir jusqu'à toi.
TIMOPHANE.
Détruire mes amis! Je leur serai fidèle.
ANTICLÈS.
Oui : reprends à jamais ton courage et ton zèle.
Plus de ménagemens, plus de vaines terreurs.
TIMOPHANE.
Je veux d'Ortagoras prévenir les fureurs.
De nos fiers conjurés je connais la vaillance ;
Je leur ai tout promis, richesse, honneurs, puissance :

En de vastes desseins trop prompt à m'engager,
Je n'ai plus de remords quand je vois leur danger.
Denys, par leurs conseils, reçoit mes émissaires;
Épaississons la nuit qui couvre ces mystères.
Contre lui Syracuse implore notre appui;
Dans Corinthe, en secret, qu'ils agissent pour lui.
Ses trésors prodigués ont été leur partage:
Je n'oublîrai jamais que je suis leur ouvrage;
Ils m'ont ouvert, peut-être, un chemin dangereux:
N'importe, ils m'ont servi; je périrai pour eux.

ANTICLÈS.

Leur fortune est la tienne; et c'est aujourd'hui même
Qu'ils veulent sur ton front poser le diadême.

TIMOPHANE.

Aujourd'hui?

ANTICLÈS.

   Dans la place, aux yeux du peuple entier.
Ceux qu'on ne peut séduire, on peut les effrayer.
Nous avons caressé l'orgueilleuse richesse,
Flatté l'ambition, soudoyé la paresse.
Crois-moi, n'attendons pas que ton frère, en ces lieux,
Oppose à nos desseins un front victorieux.
Voilà ton seul rival. C'est durant son absence
Que nous allons fonder ta nouvelle puissance:
De ce nom redoutable on voudrait t'accabler.

TIMOPHANE.

C'est à mes ennemis qu'il convient de trembler.

ANTICLÈS.
Leur foule, en te nommant, se permet la menace.
TIMOPHANE.
Eh bien! je punirai leur insolente audace.
ANTICLÈS.
Que veux-tu que ma voix annonce à tes amis?
TIMOPHANE.
Dis-leur que je tiendrai tout ce que j'ai promis.
ANTICLÈS.
Le succès, Timophane, est dans la confiance.
TIMOPHANE.
Il suffit. Laisse-moi. Démariste s'avance.
Qu'ils viennent sur tes pas me chercher en ces lieux;
Je les suivrai. Le reste est dans la main des Dieux.

(Anticlès sort.)

SCÈNE III.

TIMOPHANE, DÉMARISTE.

DÉMARISTE.
Inquiète long-temps du sort de votre frère,
J'ai craint qu'il n'éprouvât la fortune contraire :
Mon cœur à cet effroi ne doit plus se livrer.
Pour Corinthe, mon fils, tout semble prospérer.
Il m'écrit d'Agrigente; et, maître de la ville,
Il a vaincu deux fois le tyran de Sicile.
Bientôt même, c'est lui qui m'en donne l'espoir,
Sous le toit paternel nous pourrons le revoir.

A nos vaillans guerriers, Carthage en vain s'oppose :
Pour lui fermer la mer déja tout se dispose ;
Timoléon prétend l'attaquer dans ses ports,
Peut-être sur les flots surprendre ses trésors,
La chercher, la combattre, et jusques sur nos rives
Traîner son opulence et ses voiles captives.
Combien des immortels je ressens les faveurs !
Combien sur tous mes jours ils ont versé d'honneurs !
Épouse fortunée, et plus heureuse mère,
J'ai deux fils vertueux qui remplacent leur père.
Tous deux ont aux combats guidé nos étendards.
Maintenant, le premier, brillant sous mes regards,
D'un magistrat du peuple exerce la puissance ;
L'autre, loin de mes yeux signalant sa vaillance,
Des mains d'un peuple ami fera tomber les fers,
Et du joug de Carthage affranchira les mers.

TIMOPHANE.

L'entreprise est sans doute illustre et magnanime,
Digne de cette ardeur dont la gloire l'anime.
Je l'avoûrai pourtant ; j'ai peine à concevoir
Que l'on veuille tenter tout ce qu'on croit pouvoir.
Quel espoir nous séduit ? quelle fureur nous presse ?
Deux siècles de combats ont fatigué la Grèce.
L'Univers étonné la vit se réunir,
S'opposer aux Persans, les vaincre, les punir ;
Et trois fois Marathon, Salamine et Platée
Relevèrent l'éclat de sa gloire insultée.
La justice, en ce temps, conduisait ses guerriers,

Et vingt peuples rivaux confondaient leurs lauriers.
Mais, depuis, excitant de plus sombres querelles,
La haine a divisé nos palmes fraternelles.
Durant un demi-siècle, au sein de nos cités,
Nos fleuves ont roulé des flots ensanglantés.
Pourquoi troubler encor la tranquille Aréthuse?
Pourquoi porter la guerre au sein de Syracuse?
Ceux que nous combattons nous ont-ils outragés?
A-t-on vu par Denys nos temples saccagés?
Ses voiles, dans Corinthe apportant les ravages,
Ont-elles violé l'orgueil de nos rivages?
Ah! sans chercher encor des succès incertains,
Sans vouloir rallumer des feux à peine éteints,
N'avons-nous pas nous-même à réparer nos pertes?
Ne nous reste-t-il pas des campagnes désertes,
Qui, d'un aspect stérile importunant les yeux,
Appellent vainement le soc laborieux?
Faut-il toujours braver la mort et les tempêtes,
Toujours perdre du sang et rêver des conquêtes?
Et nos braves soldats ne pourront-ils jamais
Goûter dans leurs foyers les douceurs de la paix?

DÉMARISTE.

La paix avec des rois! la paix avec des traîtres!
Corinthe et Syracuse ont les mêmes ancêtres.
Nos frères, sans secours, seraient abandonnés
Aux fureurs de Denys qui les tient enchaînés!
Non. Par leur liberté que la guerre s'achève:
Ne parlons, jusque-là, ni de paix ni de trêve.

Quand un peuple asservi combat ses oppresseurs,
Aussi bien que la paix, la guerre a ses douceurs.
Avant de désarmer, que le tyran succombe;
Que le traité de paix soit écrit sur sa tombe:
Avec ses favoris qu'il périsse accablé
Sous les impurs débris de son trône écroulé;
Et que la Grèce alors, ainsi que l'Italie,
Dise, en félicitant Corinthe enorgueillie:
Syracuse captive avait compté sur toi;
Tu peux te reposer, Syracuse est sans roi.

SCÈNE IV.

TIMOPHANE, DÉMARISTE, ANTICLÈS,
CONJURÉS.

ANTICLÈS, à Timophane.

On t'attend. Viens; suis-nous.

DÉMARISTE.

Qu'est-ce donc qui s'apprête?

TIMOPHANE.

Ne vous alarmez point.

ANTICLÈS.

Viens; que rien ne t'arrête.

TIMOPHANE.

La fortune m'appelle, et je marche avec vous.

ANTICLÈS.

Que vois-je? Ortagoras qui s'avance vers nous.

TIMOPHANE.
Loin de moi ce vieillard !
DÉMARISTE.
Quel injuste langage !
Ah ! du moins respectez ses vertus et son âge.
TIMOPHANE.
Ses vertus !
DÉMARISTE.
Vous devez...
TIMOPHANE.
Ah ! je ne lui dois rien.
Quel est-il ?
DÉMARISTE.
Votre égal, puisqu'il est citoyen,
Prytane ainsi que vous, ami de votre frère.

SCÈNE V.

TIMOPHANE, DÉMARISTE, ANTICLÈS, ORTAGORAS, conjurés

ORTAGORAS.
O de Timoléon digne et prudente mère,
Dont le cœur généreux lui fit chérir nos lois,
Pour votre récompense, apprenez ses exploits.
DÉMARISTE.
Quels sont-ils ?
TIMOPHANE, bas à Anticlès.
Tu l'entends ?

ANTICLÈS, bas à Timophane.
>Un seul mot t'intimide.

ORTAGORAS.

Les rayons d'un jour pur doraient la plaine humide;
Nous respirions au port le calme du matin,
Et nos yeux contemplaient cet horizon lointain
Où la mer de Crissa, désertant nos rivages,
A la mer d'Ionie apporte des orages.
Des navires nombreux s'avançaient sur les flots;
Déjà, reconnaissant la voix des matelots,
Le peuple saluait, par des cris d'allégresse,
Les habits, le langage et les chants de la Grèce;
Et bientôt de plus près, s'offrant à nos regards,
Timoléon vainqueur aborde nos remparts.

DÉMARISTE.

Mon fils!

TIMOPHANE.

>Mon frère! ô ciel!

ANTICLÈS.

>Timoléon!

ORTAGORAS.

>>Lui-même.

Tandis qu'autour de lui nos citoyens qu'il aime,
Serrés entre ses bras, célébraient son retour,
Ses yeux mouillés de pleurs parcouraient ce séjour;
Et, le front ombragé de palmes de victoire,
Environné d'honneurs, il ignorait sa gloire.
Simple avec dignité, modeste sans effort,

Béni d'un peuple immense assemblé sur le port,
Le seul Timoléon, fuyant sa renommée,
Félicitait Corinthe et sa vaillante armée,
Et, sur tous nos guerriers rejetant son éclat,
Opposait à son nom la splendeur de l'État.

DÉMARISTE.

O mon fils!

TIMOPHANE, bas à Anticlès.

O couronne!

ANTICLÈS, bas à Timophane.

Elle n'est point perdue.

ORTAGORAS.

Une ivresse touchante est partout répandue.
Le port, que sa valeur enrichit tant de fois,
Étale avec orgueil les dépouilles des rois.
Les blés siciliens, les trésors de Carthage,
Du travail indigent vont être le partage.
Le cri de la victoire est cent fois répété :
GLOIRE AUX RÉPUBLICAINS, TRIOMPHE, LIBERTÉ !
Le long de nos deux mers les rivages mugissent.
Entendez-vous au loin ces voix qui retentissent,
Ces chants de nos héros saluant leurs foyers
Aux sons harmonieux des instrumens guerriers ?
Vers le toit paternel Timoléon s'avance.
Que les ambitieux rentrent dans le silence !
Et que l'égalité, de retour avec lui,
Dans nos murs consolés refleurisse aujourd'hui !

SCÈNE VI.

TIMOLÉON, TIMOPHANE, DÉMARISTE, ANTICLÈS, ORTAGORAS, conjurés, LE CHOEUR.

LE CHOEUR.

Réjouis-toi, belle Corinthe :
Salut, foyers sacrés, vénérables remparts,
Séjour des lois, temple des arts !
Ton nom, chéri des Dieux, glace les rois de crainte.
Vois flotter dans tes murs nos drapeaux triomphans :
Nous revolons vers toi, cité libre et puissante ;
A leur mère, long-temps absente,
Neptune protecteur ramène tes enfans.

TIMOLÉON.

Voici le toit paisible où j'ai reçu la vie.
Qu'il est doux de rentrer au sein de sa patrie,
De revoir, d'embrasser tous ceux qu'on doit chérir,
Lorsque devant leurs yeux on n'a point à rougir !
Mère, dont les vertus égalent la tendresse,
Premier-né de mon père, et toi, dont la sagesse
Dans l'amour de nos lois m'a toujours affermi,
Respectable vieillard, mon guide et mon ami,
Au sein des immortels la victoire repose :
Ils ont de leur Olympe accueilli notre cause ;
L'égide protectrice a marché devant moi :

Les destins de Corinthe ont triomphé d'un roi.
Nous n'avons cependant qu'ébranlé sa puissance.
L'ombre du grand Dion demande encor vengeance;
Elle doit l'obtenir; les chemins sont ouverts.
J'ai conquis Agrigente et délivré les mers;
C'était l'unique but de ma course guerrière;
Un autre achèvera; j'ai rempli ma carrière.
Denys déconcerté tremble dans ses remparts:
Du despote vaincu voici les étendards.
Allez, braves guerriers; suspendez dans la place
Ces garans immortels de votre heureuse audace;
Que leur aspect nourrisse au cœur de vos enfans
L'amour de la patrie et l'horreur des tyrans!

DÉMARISTE.

Il est beau d'obtenir, de mériter l'estime:
Goûte bien, mon cher fils, cet hommage unanime
Dont l'éclat te poursuit jusque dans ces foyers
Où le front maternel attendait tes lauriers.
Tu rentres dans le sein de tes dieux domestiques:
Ton aspect réjouit ces Pénates antiques
Qui virent mes enfans respirer, sous mes yeux,
La douce égalité si chère à leurs aïeux.
Ces portiques sacrés où mûrit ta jeunesse,
Ces murs religieux te rappelaient sans cesse:
Ta gloire, loin de toi, remplissait ce séjour,
Et notre liberté demandait ton retour.

ORTAGORAS.

O des bons citoyens la plus chère espérance!

Je t'ai dit : *Tu vaincras*, lorsque, dans ton enfance,
Assis sur mes genoux, tu pleurais à ma voix
Qui d'Épaminondas récitait les exploits.
Ton âme fière et tendre, aux vertus destinée,
Le suivait pas à pas aux champs de Mantinée.
Là, sur son lit de mort, tu lui tendais les bras,
Et tes jeunes soupirs enviaient son trépas.
Conserve à ce grand homme un souvenir fidèle ;
Ceux qui viendront un jour te prendront pour modèle.
Ta mère a, comme moi, prédit ton avenir...
Avec elle un moment je veux t'entretenir.
Tu reviens ; bénissons Corinthe et son génie.
On parle ici de paix, même de tyrannie :
Des esprits dangereux, plaignant un roi pervers,
Osaient à notre armée annoncer des revers,
Et, sur tes débris même élevant leur pensée,
Croyaient fouler ta gloire à leurs pieds renversée ;
Mais ta gloire est debout ; ils ont trop espéré ;
Tu parais dans Corinthe, et je suis rassuré :
Sous le pouvoir du peuple écrase leur puissance.
Ces héros d'un instant, grands durant ton absence,
Sont les feux de la nuit dont l'éclat incertain
Disparaît aux rayons de l'astre du matin.

TIMOLÉON.

Sur l'intérêt commun tu m'inspires la crainte.
Je viens donc retrouver la guerre dans Corinthe !
Digne contemporain de nos sages aïeux,
Je t'entendrai vieillard ; je verrai par tes yeux.

TIMOLÉON.

Rendons tous deux le calme à Corinthe troublée.
Prytanes, dès ce jour, convoquez l'assemblée:
Je veux, sans différer, remettre au peuple entier
Le pouvoir que son choix m'a daigné confier:
La loi le veut ainsi; les lois, les mœurs antiques,
Sont l'appui de l'État dans les choses publiques.
C'est un roi, c'est Denys qui veut nous diviser:
Aux projets du tyran sachons nous opposer.
Laissons la vanité, l'intrigue et l'avarice,
Sous leurs pas criminels, creuser un précipice;
Mais nous, qui prétendons que les rois soient punis,
Pour les mieux terrasser, restons toujours unis.

(*Timoléon sort avec Ortagoras et Démariste. Timophane sort avec Anticlès et les conjurés.*)

SCÈNE VII.

LE CHOEUR.

STROPHE.

Cinthien, dieu du jour, toi qui, sur cette rive,
    Guidais les voiles de Jason,
Lorsque, de mers en mers, ta fille fugitive
Suivait son jeune époux, vainqueur de la toison;
Tes feux planant au loin sur les monts de la Grèce,
    D'une lumière enchanteresse
    Embellissent des cieux d'azur:
Mais c'est dans nos vallons, qu'annoncé par l'Aurore,

Sortant du sein des eaux, ton char humide encore
    Répand son éclat le plus pur!

ANTI-STROPHE.

De l'Eurotas aux bords de l'Èbre,
D'un fertile climat étalant les douceurs,
    Cent cités, rivales et sœurs,
Étonnent l'univers de leur splendeur célèbre:
Chacune avec orgueil lève un front radieux;
Mais l'aimable Corinthe éclate entre les belles,
    Comme, parmi cent immortelles,
La mère de l'Amour brille au banquet des Dieux.

SECONDE STROPHE.

Cité chère à Vénus, cité reine de l'onde
    Qui presse en tous lieux tes remparts,
Au centre de la Grèce, opulente et féconde,
Tu rapproches ses fils et ses trésors épars!
Ton rivage est un pont d'éternelle structure,
    Que la bienfaisante nature
    A jeté sur les flots amers:
Dans tes ports, dans tes murs l'univers se rassemble;
Et par un double nœud Corinthe unit ensemble
    Et les continens et les mers.

ACTE II.

(Dans cet acte et dans le suivant, le théâtre représente la place publique de Corinthe. On voit dans le fond la mer de Crissa, chargée de vaisseaux : à droite du spectateur, la tribune aux harangues : à gauche, des tombeaux entourés de cyprès, qui se prolongent sous les portiques).

SCÈNE PREMIÈRE.

TIMOPHANE, ANTICLÈS, conjurés.

ANTICLÈS.

Ne peux-tu dissiper le trouble qui t'agite?

TIMOPHANE.

Ah! ce retour soudain rend mon âme interdite.

ANTICLÈS.

Cache à nos compagnons ton morne abattement.

TIMOPHANE.

Ce vieillard soupçonneux lui parle en ce moment.

ANTICLÈS.

Timoléon t'arrête au bout de ta carrière!
Du trône sur tes pas il ferme la barrière!

ACTE II, SCÈNE I.

TIMOPHANE.

Regarde autour de nous ces drapeaux suspendus,
Ces drapeaux teints du sang des esclaves vaincus :
Tout le vante en ces lieux ; tout m'accuse moi-même.

ANTICLÈS.

Timophane effrayé renonce au diadême !

TIMOPHANE.

Que ferai-je, Anticlès ?

ANTICLÈS.

Dis, crains-tu le danger ?

TIMOPHANE.

Qui ? moi !

ANTICLÈS.

Le crains-tu !

TIMOPHANE.

Non.

ANTICLÈS.

Rien n'a donc pu changer.

TIMOPHANE.

A la honte, au mépris, je suis encor sensible.

ANTICLÈS.

Tarder est dangereux ; reculer, impossible.

TIMOPHANE.

Si, par mon repentir, je ne perdais que moi !
Mais vous me captivez, vous avez tous ma foi.
La trahison me suit, et son fardeau m'accable !

ANTICLÈS.

Que dis-tu ?

TIMOPHANE.

Ne crains rien; je resterai coupable.
O mon frère! pour moi le crime est un devoir.

ANTICLÈS.

Lorsque nous conspirions, tu pouvais tout prévoir.

TIMOPHANE.

Lorsque nous conspirions, sa gloire était absente.
Si, tout à coup, sa voix, sévère et menaçante...

SCÈNE II.

TIMOLÉON, TIMOPHANE, ANTICLÈS, CONJURÉS.

TIMOLÉON, du fond du théâtre.

Timophane!

TIMOPHANE, à Anticlès.

C'est lui! que je me sens troubler!

TIMOLÉON, s'avançant.

Timophane, en secret je voudrais te parler.

TIMOPHANE.

Mes amis, laissez-nous.

(Il reste seul un moment.)

SCÈNE III.

TIMOLÉON, TIMOPHANE.

TIMOLÉON.
Viens.
TIMOPHANE.
Que veux-tu, mon frère ?
TIMOLÉON.
Regarde ce tombeau : c'est là qu'est notre père.
TIMOPHANE.
Héros quand il vécut, il est entre les Dieux.
TIMOLÉON.
Te rappelles-tu bien sa mort et nos adieux ?
TIMOPHANE.
Oui.
TIMOLÉON.
Ses derniers conseils...
TIMOPHANE.
Étaient ceux de la gloire.
TIMOLÉON.
Sont-ils profondément gravés dans ta mémoire ?
TIMOPHANE.
Je me rappelle trop ces funestes momens.
TIMOLÉON.
Près de son lit de mort, quels furent nos sermens ?
TIMOPHANE.
De chérir la vertu, de suivre son exemple.

TIMOLÉON.
Mon frère, il nous entend; son regard nous contemple;
Et d'un père expirant chaque mot est sacré.
Quels furent ses discours, et qu'avons-nous juré?

TIMOPHANE.
Je te l'ai déjà dit.

TIMOLÉON.
Est-ce tout?

TIMOPHANE.
Non, sans doute.

TIMOLÉON.
Le reste est loin de toi.

TIMOPHANE.
Peux-tu le croire?

TIMOLÉON.
Écoute.
Tous deux il nous pressait dans ses bras languissans.
C'est ainsi qu'il parla: « Soyez bons, mes enfans;
« Obéissez aux lois; adorez la patrie. »
Est-il vrai?

TIMOPHANE.
Tu dis vrai: j'entends sa voix chérie.

TIMOLÉON.
« Et si l'orgueil s'armait contre la liberté,
« Périssez pour le peuple et pour l'égalité. »
Est-il vrai?

TIMOPHANE.
Je l'avoue.

ACTE II, SCÈNE III.

TIMOLÉON.

Et nous, alors, mon frère,
Les yeux noyés de pleurs, baisant les mains d'un père,
Par le ciel et par lui nous jurâmes tous deux
D'aimer, de respecter un peuple généreux,
De vouer aux tyrans une haine implacable,
De n'en jamais souffrir, de frapper le coupable
Qui, pour l'ambition renonçant au devoir,
Oserait usurper le suprême pouvoir.
Est-il vrai?

TIMOPHANE.

Tout est vrai, ta mémoire est fidèle.

TIMOLÉON.

Ces promesses, ces vœux, ton cœur se les rappelle?

TIMOPHANE.

Tu n'as rien oublié : ces vœux furent les miens.

TIMOLÉON.

J'ai tenu mes sermens; as-tu gardé les tiens?

TIMOPHANE.

Je jure...

TIMOLÉON.

Arrête, attends; mon père va t'entendre.
Tu rougis?

TIMOPHANE.

Moi! rougir?

TIMOLÉON.

Et pourquoi t'en défendre?
N'impose point silence à ton cœur combattu:

Celui qui sait rougir aime encor la vertu.

TIMOPHANE.

Mon âme à conspirer ne s'est point abaissée;
Et, fidèle à l'État...

TIMOLÉON.

Si j'avais la pensée
Que déjà Timophane a pu trahir l'État,
Tu verrais cette main punir ton attentat.
Mais je dois t'arrêter; l'ambition te guide.
Le crime est un torrent dont la course est rapide :
Fuis ses bords dangereux.

TIMOPHANE.

Je vois dans tes discours
La haine d'un vieillard qui me poursuit toujours,
De cet Ortagoras, dont le sombre génie...

TIMOLÉON.

Non, il ne te hait point: il hait la tyrannie;
Il craint de tes amis l'audace et le pouvoir.
Moi-même avec douleur je viens de te revoir.
Tu n'as pas d'un seul mot accueilli ma tendresse :
Tu semblais repousser la commune allégresse.
Embarrassé, contraint dans ces heureux momens,
Ton cœur répondait mal à mes embrassemens.
Flatté comme un despote, entouré de puissance,
Tu traînes sur tes pas une cour qui t'encense.
J'y vois un Anticlès qui déteste nos lois,
Patron du peuple, élu par les amis des rois;
De fastueux cliens, dignes d'un tel prytane,

ACTE II, SCÈNE III.

Voilà les citoyens que chérit Timophane.
Leur intérêt, voilé du nom de bien public,
De notre liberté fait un honteux trafic;
Les noms d'égalité, de vertu, de patrie,
Ne retentissent plus dans leur âme flétrie.
Lorsque l'État réclame et des biens et de l'or,
Ils ferment avec soin leur avare trésor;
Rien ne peut au péril aguerrir leur faiblesse:
Rien n'attendrit ces cœurs séchés par la mollesse.
Quand le peuple, quittant ses rustiques foyers,
Court affronter la mort et les travaux guerriers,
On voit, dans nos remparts, leur oisive opulence,
D'un luxe corrupteur étaler l'insolence;
Et, toujours évitant la gloire et les dangers,
Aux maux de la patrie ils semblent étrangers.
Tu ne me réponds pas? Je viens de te confondre.

TIMOPHANE.

Tu ne me confonds pas, et je vais te répondre.
Tes reproches sont durs; ils sont cruels pour moi:
Mais je vois un ami, je vois un frère en toi;
Je te chéris encor, malgré ton injustice.
Je n'oublîrai jamais que, sans ta main propice,
Dans les plaines d'Argos, tout mon sang répandu...

TIMOLÉON.

Mon frère! un citoyen! j'ai fait ce que j'ai dû.

TIMOPHANE.

Mon cœur reconnaissant...

TIMOLÉON.

Point de reconnaissance :
Défends la liberté; voilà ma récompense.
TIMOPHANE.
Mon nom dans les combats fut placé près du tien.
Ce que l'État me doit...
TIMOLÉON.

L'État ne nous doit rien;
Mais nous lui devons tout : vertus, talens, fortune,
Tout en nous appartient à la mère commune :
Si nous comptons un jour nul pour la liberté,
Nous lui volons le bien qu'elle nous a prêté.
TIMOPHANE.
Faut-il, en la servant, dénué d'espérance,
Renoncer pour jamais au prix de sa vaillance?
Après quelques exploits, et tant de sang versé,
Dois-je donc par la haine être récompensé?
J'oublie Ortagoras, par égard pour mon frère;
Je sais que la vieillesse, ombrageuse et sévère,
En de vagues soupçons se plaît à s'égarer;
Mais que d'affronts cruels on m'a fait dévorer!
Ceux que tu méconnais sont des amis sincères;
Ils imposaient silence à mes vils adversaires :
Ce sont eux qui, pour moi se réunissant tous,
Ont dissipé l'essaim de mes rivaux jaloux.
Si de Corinthe, enfin, je suis élu prytane,
Ce sont eux dont la voix a nommé Timophane;
Et, sans eux, dans l'exil je me verrais plongé

Loin de la ville ingrate où j'étais outragé.
Tes yeux ont vu pourtant si je l'ai bien servie!

TIMOLÉON.

Et le droit de verser ton sang pour la patrie,
L'inestimable honneur de mourir pour nos lois,
N'est-ce donc pas un prix plus grand que tes exploits?
Tu n'as que de l'orgueil; tu n'aimes point la gloire.
Peux-tu compter pour rien une illustre mémoire;
Les vierges, les vieillards, célébrant leur soutien,
Pleurant sur le cercueil du guerrier citoyen;
Le chêne couronnant sa valeur qui succombe,
Et l'immortalité qui s'assied sur sa tombe?
Tu me parles d'affronts : et de quoi te plains-tu?
Par de vils envieux le lâche est abattu.
Vois Cimon, Miltiade, Aristide le Juste:
Eh! qui n'envîrait pas leur infortune auguste?
Après vingt ans d'exploits, de vertus, de travaux,
N'ont-ils pas succombé sous d'indignes rivaux?
N'a-t-on pas vu contre eux s'armer la calomnie?
N'ont-ils pas d'un exil essuyé l'infamie?
Eh bien! de la vengeance ont-ils goûté l'espoir?
Ont-ils voulu du peuple ébranler le pouvoir?
Non; d'un regard modeste, et d'une âme tranquille,
Ils emportaient la gloire au fond de leur asyle;
Et, de loin sur l'État fixant toujours les yeux,
Pour la patrie absente ils invoquaient les Dieux.

TIMOPHANE.

De la vertu suprême ascendant redoutable!

Le passé m'épouvante, et l'avenir m'accable.
Anticlès...

TIMOLÉON.

Anticlès! pourquoi ce nom fatal?
Il me semble du crime entendre le signal.

TIMOPHANE.

Je dois te déclarer tout ce que je redoute :
De nombreux citoyens, trompés, faibles sans doute,
Voudraient calmer l'État trop long-temps agité,
Et sur un ferme appui fonder la liberté.
Déjà même à grands cris ces citoyens demandent...

TIMOLÉON.

Anticlès et les siens? Je sais ce qu'ils prétendent.
J'entrevois aisément, ainsi qu'Ortagoras,
Des projets que j'abhorre, et que je ne crains pas.
Quelquefois, il est vrai, dans une république,
Le peuple est travaillé d'un repos léthargique :
Alors tous les méchans s'assemblent à grands flots :
Alors au sein des nuits s'ourdissent les complots.
Quand le lâche est tremblant, quand le traître conspire,
Quand le tyran futur a la main sur l'empire,
Se levant tout à coup le peuple d'un coup d'œil
Voit tous ses ennemis, et les plonge au cercueil.

TIMOPHANE.

Ta généreuse ardeur et m'anime et m'enflamme.
A tes sages conseils j'abandonne mon âme.
Dis-moi, Timoléon; crois-tu qu'avant ce jour
De Corinthe en mon cœur j'eusse étouffé l'amour?

ACTE II, SCÈNE III.

Mon frère, avec tes traits, j'avais là son image,
Et contre elle indigné je lui rendais hommage.
A ton malheureux frère elle a parlé cent fois :
Elle me parle encore.

TIMOLÉON.

Eh bien! entends sa voix.
Sois digne des mortels qui t'ont donné la vie;
Et si quelques pervers, organes de l'envie,
Veulent d'une ombre injuste obscurcir ton éclat,
Punis-les par ta gloire, en servant bien l'État.
Mais, surtout, des flatteurs crains la langue homicide;
Plus d'ami dangereux, de conseiller perfide;
Rejette loin de toi ces vils séditieux,
Ministres complaisans du moindre ambitieux,
Nés pour la servitude, et façonnés au crime.
Foudroyés par la loi, qu'ils tombent dans l'abîme:
Le regret de Corinthe, à leurs derniers instans,
Sera d'avoir produit ces indignes enfans.
Mais toi, dont la patrie a vanté la vaillance,
Qui peux lui consacrer une utile existence,
Fais refleurir ton nom qu'ils prétendaient flétrir;
Rentre dans ta vertu qu'ils voulaient conquérir;
Arrache de leurs mains ta probité captive;
Et, reportant l'effroi dans leur âme craintive,
A ces usurpateurs retirant ton appui,
Rapproche-toi du peuple : on n'est grand qu'avec lui.

SCÈNE IV.

TIMOLÉON, TIMOPHANE, DÉMARISTE.

DÉMARISTE.

Aux accens du vieillard Corinthe se rassemble;
Dans la place publique on va vous voir ensemble :
Vous, au nom de l'État, mes enfans, aimez-vous;
A l'instant fortuné qui nous réunit tous,
N'attristez point les pleurs que verse ma tendresse,
Et des bons citoyens partagez l'allégresse.
Oubliez vos débats, en voyant ce séjour
Tout rempli du héros qui vous donna le jour;
Que du fond du cercueil son ombre ensevelie,
Parle à ses deux enfans et les réconcilie.

TIMOPHANE.

L'amitié de mon frère est un besoin pour moi.

TIMOLÉON.

Si tu chéris l'État, tout mon cœur est à toi.

DÉMARISTE.

Ma main sur ce tombeau joint vos mains fraternelles.
Et toi, qui nous entends des voûtes éternelles,
Guerrier, dont je crois voir les mânes attendris
Tressaillir sous le marbre à l'aspect de tes fils;
Que ce généreux couple, à ta vertu fidèle,
Dans le sentier de gloire atteigne son modèle,
Et digne, ainsi que toi, du nom de citoyen,

Mêle dans tous les cœurs son souvenir au tien.
Et moi qui t'adorai, quand sur la sombre rive
Ton âme appellera mon âme fugitive;
Quand, de ma destinée interrompant le cours,
La nature viendra redemander mes jours,
Puissé-je m'écrier: « Corinthe est satisfaite!
« Je fus épouse et mère, et j'ai payé ma dette;
« Long-temps de mon époux j'ai partagé l'éclat,
« Et je laisse en mourant deux soutiens à l'État. »

SCÈNE V.

TIMOLÉON, TIMOPHANE, DÉMARISTE, ORTAGORAS, LE CHOEUR.

ORTAGORAS.

Un décret solennel, émané de nos pères,
Négligé par leurs fils en des temps moins austères,
Veut que tout citoyen, de fonctions chargé,
Devant le peuple entier paraisse et soit jugé.
A suivre cette loi Timoléon s'empresse:
Comme à ces grands objets tout l'État s'intéresse,
Les magistrats du peuple ont dû le rassembler;
Timoléon m'entend; c'est à lui de parler.

TIMOLÉON, à la tribune.

Citoyens, magistrats, assemblés sur la rive,
Membre du souverain dont tout pouvoir dérive,
Nommé chef de l'armée, et responsable à tous,

Je dois vous rendre compte, et m'offre devant vous.
Un vrai républicain ne craint pas la lumière.
De mes moindres discours, de ma conduite entière,
Je veux avoir le peuple et les dieux pour témoins.
Sur dix mille guerriers confiés à mes soins,
La moitié, d'Agrigente occupe encor l'enceinte :
Trois cents ont eu l'honneur de mourir pour Corinthe :
Les autres, en ce jour revenus sur mes pas,
Sont prêts à s'illustrer en de nouveaux combats.
Par un de ses décrets lorsque la république
M'envoya sur les mers de Sicile et d'Afrique,
Quinze de nos vaisseaux s'éloignèrent du bord :
Je ramène aujourd'hui vingt vaisseaux dans le port.
Deux, pris à Lilibée, apportent dans la ville
Ces superbes moissons que produit la Sicile :
Trois autres, chargés d'or, sont aux Carthaginois :
Ces fiers républicains, qui protègent des rois,
N'avaient pas présumé que leur flotte opulente
Volerait vers Corinthe et non vers Agrigente.
Pour les frais de la guerre on tira du trésor,
On remit dans mes mains deux mille talens d'or :
Faites un sacrifice au temple de Neptune :
Je reviens les verser dans la masse commune :
La mer vous les rapporte au sein de vos foyers :
Carthage et Syracuse ont payé vos guerriers.
Mes compagnons, gardant leur simple caractère,
Ont maintenu des Grecs la discipline austère,
Et de tous vos soldats le courage indompté

Est digne de Corinthe et de la liberté :
Ils sauront de Denys terrasser l'insolence :
L'honneur de mes succès n'est dû qu'à leur vaillance.
J'ai tâché cependant de remplir mon devoir..
Au peuple souverain je remets mon pouvoir :
Je lui garde mon sang ; je lui donne ma vie :
Jusqu'au dernier soupir, soldat de la patrie,
Je marcherai toujours aux accens de sa voix :
Trop heureux de mourir en défendant ses droits !
(Il descend de la tribune.)

LE CHOEUR.

Guerrier fidèle et magnanime,
Cher à Corinthe qui t'entend,
Reçois le seul prix qui t'anime :
Sois heureux ; LE PEUPLE EST CONTENT.
Reste encor le chef de l'armée ;
Et, dans Syracuse alarmée,
Ton nom vaincra nos ennemis :
Sur tes enseignes immortelles
La Victoire étendra ses ailes,
Et les rois te seront soumis.

TIMOLÉON, à Ortagoras.

Des partisans du trône où se cache l'audace ?

ORTAGORAS.

Ils ne sont pas encor descendus dans la place.

DÉMARISTE.

Ce parti méprisable...

ORTAGORAS.
Est nombreux et puissant.
Mais il prépare un crime; Anticlès est absent.
DÉMARISTE.
Le voici.
TIMOLÉON.
Quelle suite!
TIMOPHANE.
O ciel!
ORTAGORAS.
Quelle insolence!

SCÈNE VI.

TIMOLÉON, TIMOPHANE, DÉMARISTE, ORTAGORAS, ANTICLÈS, LES CONJURÉS, LE CHOEUR.

ANTICLÈS.
Citoyens, il est temps de rompre le silence
Sur un projet hardi, mais long-temps médité,
Et commandé surtout par la nécessité.
Les droits sont violés, les lois sont incertaines:
Les magistrats sans force abandonnent les rênes;
Et, quand la guerre au loin dévore nos soldats,
Corinthe est condamnée à d'éternels débats.
Entre d'habiles mains, un empire durable,
Un pouvoir concentré, solide, inébranlable,

Peut seul rétablir l'ordre, et maintenir la loi.
LE CHOEUR, avec indignation.
Arrête, épargne-nous l'infâme nom de roi.
ORTAGORAS, à Timoléon.
Vois-tu des conjurés la cohorte immobile?
TIMOLÉON.
Vous ne m'attendiez pas des bords de la Sicile,
Traîtres, qui de si loin combattiez contre nous!
TIMOPHANE.
Anticlès, oses-tu...?
DÉMARISTE, à Timophane.
Pourquoi vous troublez-vous?
ORTAGORAS.
Lâches enfans des Grecs, vous regrettez des maîtres!
J'ai vécu plus que vous, et j'ai vu vos ancêtres.
TIMOLÉON.
Écoutez le vieillard.
ORTAGORAS.
Songez-vous sans effroi
Qu'il vous faut désormais, si vous avez un roi,
Automates tremblans sous sa main protectrice,
Respirer ou mourir au gré de son caprice?
L'égalité vous pèse! avez-vous oublié
Que nos peuples pour elle ont tout sacrifié?
Les Phocéens, quittant les mers de l'Ionie,
Jusqu'aux mers de Marseille ont fui la tyrannie:
Le jeune Harmodius, aux bords athéniens,
Sur Hipparque immolé vengea les citoyens:

Dans les murs de Corinthe, aux monts de l'Arcadie,
Un échafaud des rois punit la perfidie,
Et la Grèce, éveillant vingt peuples enchaînés,
A vomi de son sein ses bourreaux couronnés.
Du monarque persan l'éclatante ruine
Étonne encor les flots qui bordent Salamine.
Voyez de tous côtés s'élever à vos yeux
Les droits du peuple écrits du sang de vos aïeux;
Voyez la liberté descendant sur nos villes:
Des champs de Messénie au pas des Thermopyles,
Il n'est pas un seul point où, gravant ses exploits,
La Grèce, en traits sanglans, n'ait accusé les rois.
Ainsi, l'égalité devint votre partage;
Et vous renonceriez à ce grand héritage!
Vous prétendez ramper sous un sceptre insolent,
Et relever d'un roi le colosse accablant!
Ah! si vous êtes las du pouvoir populaire,
Esclaves, respectez le jour qui vous éclaire;
Attendez que la nuit ait voilé nos remparts;
Avant d'élire un roi, massacrez vos vieillards.
Votre honte est pour eux un supplice trop rude;
Ils n'ont pas respiré l'air de la servitude:
Que leur dernier soupir n'en soit pas infecté,
Et qu'ils meurent du moins avec la liberté.

LE CHOEUR.

Liberté! liberté! guerre à la tyrannie!

TIMOPHANE.

Si du monde usurpé la liberté bannie

Fuyait partout des rois le souffle criminel,
Elle aurait dans Corinthe un asyle éternel.
De nos dieux protecteurs l'auguste Providence
Veille du haut des cieux sur notre indépendance.
Rendons-nous toutefois dignes de leurs bienfaits :
On n'est point criminel pour réclamer la paix ;
Mais sachez qu'en nos murs il est d'autres coupables :
Le peuple est entouré d'ennemis implacables...

ANTICLÈS.

Et c'est pour assurer, pour maintenir ses droits,
Qu'au nom du bien public j'élève ici la voix.
Il faut qu'un magistrat, sage, actif, intrépide,
Opposant aux partis une invincible égide,
De tous les factieux confonde la fureur,
Et que la liberté règne par la terreur.

DÉMARISTE.

Tel est des oppresseurs le langage ordinaire ;
Je dénonce Anticlès : républicaine et mère,
J'ai le droit de parler pour arracher mon fils
Au piége où l'entraînaient de perfides amis.
Je vois en nos remparts une horde insensée
Aux lèvres du génie enchaîner la pensée.
La terreur, comprimant l'honnête homme abattu,
Sèche l'humanité, fait taire la vertu.
La tyrannie altière, et de meurtres avide,
D'un masque révéré couvrant son front livide,
Usurpant sans pudeur le nom de liberté,
Roule au sein de Corinthe un char ensanglanté.

Au courage, au mérite on déclare la guerre :
On déclare la paix aux tyrans de la terre ;
Et la discorde impie, agitant ses flambeaux,
Veut élever un trône au milieu des tombeaux.
Il est temps d'abjurer ces coupables maximes :
Il faut des lois, des mœurs, et non pas des victimes.
Imprimons aux méchans un salutaire effroi ;
Que le crime pâlisse et tombe sous la loi :
Mais qu'au moins l'innocent goûte un sommeil tranquille ;
Mais que l'infortuné trouve encore un asyle ;
Qu'il ne redoute plus, sous son toit protecteur,
L'œil du juge homicide et du vil délateur.
Le peuple ne veut plus ces indignes entraves :
Songeons que la terreur ne fait que des esclaves ;
Et n'oublions jamais que sans humanité
Il n'est point de loi juste et point de liberté.

ANTICLÈS.

Que tardons-nous encor ? l'heure est enfin venue
De rétablir la paix dans Corinthe éperdue,
D'étouffer sans retour les cris séditieux.

ORTAGORAS, *découvrant un diadème caché parmi les conjurés.*

Citoyens ! quel objet vient offenser mes yeux ?
Voyez-vous ce bandeau, marque du rang suprême ?
Connaissez vos tyrans.

LE CHOEUR.

O crime ! un diadême !

TIMOLÉON.

Et voilà donc la paix que vous nous préparez !

ORTAGORAS.

Pour qui tous ces apprêts, infâmes conjurés?

DÉMARISTE.

Est-ce pour Anticlès?

ORTAGORAS.

Est-ce pour Timophane?

TIMOPHANE.

Moi! que mon front, souillé par un bandeau profane...

TIMOLÉON.

Foule aux pieds avec nous ce signe des forfaits.
Traîtres, qui demandez un monarque et la paix,
Sous ces vils étendards courbez un front docile;
Renvoyez ces vaisseaux à Carthage, en Sicile;
Au barbare Denys courez tendre les bras,
Et, pour l'avoir vaincu, prononcez mon trépas.
Et vous, jeunes guerriers, mes compagnons fidèles,
Vous qu'ils ont remplacés, vieux soldats, mes modèles,
Déchirez vos drapeaux, brisez vos boucliers,
Et de vos fronts sanglans détachez vos lauriers;
Ou plutôt, vrais enfans de Corinthe captive,
Levez-vous, rappelez sa vertu fugitive.
Voyez-vous, mes amis, ces monumens sacrés
Où dorment des héros les mânes révérés?
Marchons; séparons-nous de nos indignes frères:
Au fond de leurs tombeaux allons chercher nos pères;
Revenons avez eux; rangez-vous près de moi:
Périssons tous ici; mais n'ayons point de roi.

ANTICLÈS, aux conjurés.

Quittons ces lieux. Bientôt nous nous ferons connaître.
(Anticlès et les conjurés s'en vont.)

SCÈNE VII.

TIMOLÉON, TIMOPHANE, DÉMARISTE, ORTAGORAS, LE CHOEUR.

ORTAGORAS.
Prévenons Anticlès et les amis du traître.
LE CHOEUR.
La guerre et point de roi. Vive l'égalité!
TIMOPHANE.
Par un fougueux délire Anticlès emporté...
TIMOLÉON.
Anticlès est coupable, et digne du supplice.
TIMOPHANE.
Je cours...
TIMOLÉON.
   Si tu le suis, tu deviens son complice.
Demeure avec le peuple, et laisse ces brigands
Dont l'opulence impie a besoin de tyrans.
Généreux citoyens, vous, hélas! vous, ma mère;
Divin vieillard, et toi... dirai-je encor mon frère?
Avant d'aller au temple y rendre grâce aux Dieux,
Répétons le serment que chantaient nos aïeux
Lorsque le dernier roi de Corinthe asservie
Perdit sur l'échafaud sa criminelle vie;

Et que l'ambition, courbant son front d'airain,
Pâlisse aux fiers accens du peuple souverain!

LE CHOEUR.

Soleil, sacré flambeau qui fécondes la terre,
Pour nous, pour nos enfans, et tous, pour l'avenir,
Aux rois, à leurs amis, nous jurons une guerre
Que tes feux éternels ne verront point finir!
Périssent à jamais les tyrans et les traîtres!
  Et, si notre postérité
Démentait le serment prêté par ses ancêtres,
Refuse tes rayons à l'infâme cité.
Que du monde effrayé Corinthe disparaisse;
Qu'attentive à nos cris la foudre vengeresse
Frappe les habitans, écrase les remparts;
Que nos mers en grondant réunissent leurs ondes,
  Et, dans leurs cavernes profondes,
Roulent à l'Océan ses vestiges épars!

ACTE III.

SCÈNE PREMIÈRE.

TIMOLÉON, DÉMARISTE.

TIMOLÉON.

Non, devant mes regards il ne doit plus paraître.
Songez qu'un pas de plus Timophane est un traître :
Je vois qu'il a sucé de funestes leçons,
Et des bons citoyens mérité les soupçons.
Il va se rendre ici; je ne veux point l'attendre.
Il vous chérit encor, qu'il sache vous entendre;
Qu'il impose silence à ses vœux criminels,
Si l'orgueil peut se taire aux accens maternels.
Il marche en s'agitant au bord du précipice :
Puisse-t-il le fermer! l'heure est encor propice.
De nous et de Corinthe ordonnez aujourd'hui.
Il vient. Je me retire, et vous laisse avec lui.

SCÈNE II.

DÉMARISTE, TIMOPHANE.

DÉMARISTE.

Approchez-vous, mon fils.

TIMOPHANE.

Il fuit l'aspect d'un frère.

DÉMARISTE.

Oui, pour l'abandonner aux conseils d'une mère.

TIMOPHANE.

Et pourquoi m'éviter? Quel est donc mon forfait?

DÉMARISTE.

Au fond de votre cœur êtes-vous satisfait?

TIMOPHANE.

M'a-t-on vu rechercher l'éclat du rang suprême?

DÉMARISTE.

N'est-on jamais tyran qu'avec un diadême?

TIMOPHANE.

Ainsi vous vous rangez parmi mes ennemis!

DÉMARISTE.

Vous le croyez?

TIMOPHANE.

Ma mère!

DÉMARISTE.

Écoutez, mon cher fils.

TIMOPHANE.

Pardonnez...

DÉMARISTE.

               Je vous plains : l'ambition tourmente.
A ce mot, je le vois, votre fureur s'augmente :
D'un injuste dépit j'excuse les éclats ;
Offensez votre mère, et ne vous perdez pas.

TIMOPHANE.

Me perdre, dites-vous ? ah ! je n'ai rien à craindre.

DÉMARISTE.

Timophane un instant ne peut-il se contraindre ?
On vous flatte, mon fils ; on vous trompe, et je voi
Que vos cruels amis vous sont plus chers que moi.
Dans nos jeux solennels, au milieu de ces fêtes
Qui de mes deux enfans consacraient les conquêtes,
Les citoyens émus, me suivant à grands flots,
S'écriaient : *La voici, la mère des héros.*
Veux-tu que, dans les fers, maudissant ta puissance,
Ce peuple, dont les chants célébraient ma naissance,
Ne me distingue plus que par des noms affreux,
Et que mon jour natal soit un jour malheureux ?
Oses-tu renoncer à ma tendresse même ?
Je t'aime, Timophane ; et tu sais que je t'aime
De cet amour si tendre et si passionné
Que le cœur maternel sent pour un premier-né.
Mais, ne t'abuse point : si le ciel te destine
A commander au peuple, à tramer sa ruine,
A rétablir le nom, l'autorité d'un roi,

ACTE III, SCÈNE II.

Mon cœur dès ce moment sera fermé pour toi.
Les Dieux exauceront le vœu de ma colère.
Aux pieds de leurs autels, avant que d'être mère,
Je leur ai demandé le bienfait de tes jours:
J'irai les supplier d'en terminer le cours:
J'apprendrai ton trépas sans larmes et sans plainte;
Et je t'aime mieux mort, que tyran de Corinthe.

TIMOPHANE.

Ma conduite n'a point mérité ce courroux.
J'écoute, en répondant, ma tendresse pour vous:
A des titres sacrés elle vous est acquise.
D'un fils respectueux je vous dois la franchise.
Laissons mes intérêts, ne parlons point de moi.
Aujourd'hui dans Corinthe on veut nommer un roi:
Mon frère, à ce seul mot, prétend que l'on conspire;
Mais du peuple assemblé vous connaissez l'empire;
Dès que, suivant les lois, il a délibéré,
La forme de l'État peut changer à son gré.
Lorsqu'un tel changement vient du peuple lui-même,
Nous devons respecter sa volonté suprême.
Si, pour remplir ses vœux, vous voulez me haïr,
A force de vertus, je saurai vous fléchir:
Quand les lois renaîtront, quand, sous ma main puissante,
Vous reverrez Corinthe heureuse et florissante,
Plus grand que mon pouvoir, je saurai l'expier;
Et c'est à l'avenir de me justifier.

DÉMARISTE.

Ciel! que viens-je d'entendre? ô mère infortunée!

A ce comble d'horreur j'étais donc destinée!
Enfin, je l'ai surpris ton sacrilége vœu!
Tu brûles de régner, et tu m'en fais l'aveu!
Quoi! le sort d'un monarque excite ton envie!
Nul instant de bonheur ne console sa vie:
Il voit fuir de sa cour la vertu, l'amitié,
Et jamais ses revers n'inspirent la pitié:
Il dort sous le poignard qui menace sa tête;
Du sinistre poison la coupe est toujours prête;
Il vit dans les tourmens; et, quand il a régné,
Par le mépris public il meurt accompagné.
Quelle est l'ambition dont ton âme est saisie?
Penses-tu gouverner des esclaves d'Asie,
Qui, d'un dieu couronné servant les intérêts,
Le front dans la poussière, attendent ses décrets?
Toi! régner sur Corinthe! Après ce coup funeste,
Si d'un sang généreux quelque goutte lui reste,
Comment te flattes-tu d'exister un moment?
Crois-tu que dans la Grèce on règne impunément?
Les poignards manquent-ils pour punir ton audace?
Couvert du sang d'un roi l'échafaud te menace.
Si tu veux éviter une honteuse mort,
Pourras-tu, malheureux, échapper au remords,
Au reproche accablant de ton âme flétrie,
Au cri d'un peuple entier qui te dira: *Patrie?*
De ce trône pervers si tu veux t'approcher,
C'est sur mon corps sanglant que tu dois y marcher:
Vois mourir à tes pieds, vois tomber ta victime,

ACTE III, SCÈNE II.

En arrêtant son fils sur le chemin du crime.
Mon souvenir, vengeant un peuple consterné,
Pèsera tous les jours sur ton front couronné;
Ton oreille entendra ta mère gémissante:
Ma malédiction, terrible et menaçante,
En tous lieux sur tes pas viendra semer l'effroi;
Et tu verras mon ombre entre le trône et toi.

TIMOPHANE.

Démariste, arrêtez; qu'avez-vous osé dire?
Vous pourriez...!

DÉMARISTE.

Non, cruel, je ne puis te maudire:
Tu n'es point exilé de mon cœur maternel;
Je te chéris encore ingrat et criminel.
Mais rends-moi mon enfant, rends-le moi, non coupable,
Non le chef, le jouet d'un parti détestable,
Mais grand, mais vertueux, mais digne d'être aimé,
Tel que je l'ai nourri, tel que je l'ai formé.
La douce égalité pour toi n'a plus de charmes;
La patrie aux abois t'adresse en vain ses larmes;
De nos Dieux protecteurs tu méprises la voix:
Mais la nature encor n'a point perdu ses droits;
Tu n'as point oublié les soins de ma tendresse,
Et pour quel avenir j'élevai ta jeunesse.
Ton père en ce cercueil va bientôt me revoir;
Ne m'y fais point descendre avec le désespoir:
Que ce ciel que tu vois, ce jour que tu respires,
Ce sein qui t'a porté, ce cœur que tu déchires,

Ta mère à tes genoux...

TIMOPHANE.

Levez-vous. Je frémis.

DÉMARISTE.

Je vois couler tes pleurs : j'ai retrouvé mon fils.

TIMOPHANE.

Levez-vous...

DÉMARISTE.

Tu promets...

TIMOPHANE.

Tout ce que veut ma mère.
Calmez-vous, Démariste, et dites à mon frère
Qu'ici je lui demande un secret entretien.
Il est temps que son cœur s'entende avec le mien :
Sur moi, sur lui peut-être, il est temps qu'il prononce :
Sous le toit paternel j'attendrai sa réponse.

(Il sort.)

SCÈNE III.

TIMOLÉON, DÉMARISTE.

TIMOLÉON.

Imprudent Timophane! Il sort; vous l'avez vu :
Que dit-il? que veut-il? qu'avez-vous obtenu?

DÉMARISTE.

Il a versé des pleurs; il se repent; il t'aime.

TIMOLÉON.

Vous pensez qu'il n'est pas épris du rang suprême?

DÉMARISTE.
Dans ces lieux, en secret, il veut t'entretenir.
TIMOLÉON.
S'il a versé des pleurs, ma mère, il peut venir.
DÉMARISTE.
D'un pareil entretien j'oserai tout prétendre.
Pour chérir la patrie, il ne faut que t'entendre;
Parle-lui comme un frère, il fera son devoir.
TIMOLÉON.
Qu'il vienne; je l'attends; vous me rendez l'espoir.
(Elle sort.)

SCÈNE IV.
TIMOLÉON, ORTAGORAS.

ORTAGORAS.
Non : n'espère plus rien, Démariste s'abuse :
Timophane est un traître, et c'est moi qui l'accuse;
Il régnera demain, s'il ne meurt aujourd'hui.
TIMOLÉON.
Quels indices nouveaux s'élèvent contre lui?
ORTAGORAS.
Dans Corinthe à l'instant cette lettre est surprise.
TIMOLÉON.
Comment?
ORTAGORAS.
  Lis, tu sauras quelle est son entreprise.
Vois si de tels forfaits peuvent être impunis :

La lettre est pour ton frère ; elle est du roi Denys.
Lis. Tu connais sa main.

TIMOLÉON.

Tout mon cœur se soulève.
« Denys à Timophane. » Oui, c'est Denys.

ORTAGORAS.

Achève.

TIMOLÉON.

« Il est temps que ton front... » Malheureux ! qu'ai-je lu ?
Ma mère ! c'en est fait, Timophane est perdu.
« Il est temps que ton front...

ORTAGORAS.

« Porte enfin la couronne.
« Anticlès est à nous...

TIMOLÉON.

« Son parti t'environne :
« Prodiguez ma richesse, et maintenez mes droits.
« Enchaînez d'un frein d'or tout ce peuple indocile ;
« Qu'après de longs débats Corinthe et la Sicile
« Vivent en paix sous deux bons rois. »

ORTAGORAS.

Qu'en dis-tu ?

TIMOLÉON.

Scélérats ! Il faut qu'à l'instant même
Le peuple rassemblé... Qu'un jugement suprême...
Qu'Anticlès... Timophane... accusés...

ORTAGORAS.

Penses-tu
Qu'ils attendront l'arrêt et qu'ils ont ta vertu ?

Ne viens-tu pas de voir que, durant ton absence,
Ton frère a d'un monarque affecté la puissance?
Veux-tu que ses amis, sûrs de l'impunité,
En couronnant son front parlent de liberté?
Ou bien, veux-tu tenter au sein de notre ville
Le dangereux hasard d'une guerre civile?
Quand l'échafaud vengeur atteint tous les forfaits,
L'État peut prononcer, la loi décide en paix.
Mais, quand l'État n'est rien, quand la loi gémissante
Voit tomber les débris de sa force impuissante,
Quand il faut terminer le combat engagé
Entre un usurpateur et le peuple outragé,
Alors avec le fer tout citoyen décide,
Alors tout homme libre est un tyrannicide.

TIMOLÉON.
Il faut donc...

ORTAGORAS.
L'immoler.

TIMOLÉON.
Quoi! ma main dans son cœur...!

ORTAGORAS.
Non; tu n'as pas besoin de ce nouvel honneur.
Ton amour pour ton frère exciterait ma crainte:
C'est moi dont le poignard délivrera Corinthe.
Par mes ordres bientôt de hardis citoyens
Oseront arrêter Anticlès et les siens.
Je veux dans l'avenir consacrer ma mémoire;
J'ai traîné, soixante ans, des jours vides de gloire:

Compagnon des héros, je ne fus qu'un soldat;
Rien de mon front vieilli ne rajeunit l'éclat.
Mais, quand j'aurai frappé celui qui nous opprime,
Assuré que les Grecs, en rappelant son crime,
Chanteront le vieillard qui l'aura fait périr,
Tous mes jours seront pleins, et je pourrai mourir.

TIMOLÉON.

Et si tu succombais?

ORTAGORAS.

Ne crains pas ma vieillesse:
Lorsque dans nos remparts une indigne jeunesse
Conspire pour le crime et pour la royauté,
Un vieillard doit venger l'antique égalité.
Pour les républicains l'âge n'a point de glace:
J'aurai de cent guerriers le courage et l'audace;
L'aspect de l'oppresseur affermira mon bras,
Et les dieux de Corinthe ont juré son trépas.
Il est mort... Loin de toi les faiblesses vulgaires;
Va, les bons citoyens seront toujours tes frères:
Pour conserver l'État, la liberté, la loi,
Tu ne perds qu'un seul homme, et cet homme est un roi.

TIMOLÉON.

Je vois qu'il est puissant; je vois qu'il est coupable.
Il suffit. Donne-moi cet écrit redoutable:
Il le verra. Je veux, par cet arrêt de mort,
Dans son cœur parricide enfoncer le remord.
Reste sous ce portique: un grand dessein m'anime;
Ne crains rien pour le peuple, il aura sa victime:

Tiens prêt le fer vengeur; si je voile mes yeux,
Parais, venge Corinthe, et satisfais les Dieux.

ORTAGORAS.

Le voici.

TIMOLÉON.

Je le vois.

ORTAGORAS.

Ton âme est attendrie.

TIMOLÉON.

Ciel!

ORTAGORAS.

Sois Timoléon, et songe à la patrie.

(Il sort.)

SCÈNE V.

TIMOLÉON, TIMOPHANE.

TIMOPHANE.

O mon frère!... A ce nom tu ne dois point frémir :
Si tu chéris l'État, si tu veux l'affermir,
Écoutons tous les deux sa voix qui nous appelle :
Il triomphe en Sicile; à Corinthe il chancelle;
Tu vois les droits du peuple incertains et flottans;
Les antiques pouvoirs sont usés par le temps;
Dans la place publique une fureur mutine,
Sinistre avant-coureur de la guerre intestine,
A divisé Corinthe en deux partis nombreux,
Tous deux craints l'un de l'autre, et tous deux dangereux.

Portons au gouvernail une main protectrice;
Je veux qu'avec son nom la royauté périsse.
Mais de l'État vieilli ranimons la langueur;
Mais à l'autorité rendons plus de vigueur;
Que, déployant au loin leur ombre tutélaire,
Les rameaux dispersés du pouvoir populaire,
Sous un abri plus sûr désormais rassemblés,
N'abaissent pas leurs fronts par les vents ébranlés;
Et, de Lacédémone imitant la prudence,
Entre deux magistrats partageons la puissance.

TIMOLÉON.

Cet étrange discours est bien digne de toi;
Fastueux et trompeur, c'est le discours d'un roi.
A te parler sans art Timoléon s'engage;
Alors qu'on veut séduire, on farde son langage.
Vainement toutefois tu penses te cacher;
On devine aisément où tu prétends marcher.
Tu veux, au nom des lois, au nom du peuple même,
Surprendre dans ses mains la puissance suprême;
Et, croyant que l'orgueil me domine en secret,
Tu daignes avec moi partager un forfait!

TIMOPHANE.

Un forfait! moi?

TIMOLÉON.

    Plus d'un. J'ai de quoi te confondre.

TIMOPHANE, à part.

Que dit-il?

TIMOLÉON.

    A ton offre il faut d'abord répondre.

Masque d'un nom sacré ton empire naissant;
Je serai toujours libre, et jamais tout-puissant.
Je ne veux opprimer, ni souffrir qu'on m'opprime,
Et je t'empêcherai de consommer ton crime.

TIMOPHANE.

Oses-tu me parler avec tant de hauteur?

TIMOLÉON.

Toi, perfide, oses-tu m'offrir le déshonneur?

TIMOPHANE.

Perfide!

TIMOLÉON.

Oui, je l'ai dit: est-ce te faire injure?
Je pouvais te nommer sacrilége et parjure.

TIMOPHANE.

Ces titres...

TIMOLÉON.

Sont les tiens. Aujourd'hui, dans ces lieux,
Devant l'ombre d'un père, et sous l'aspect des dieux,
Tu m'as dit que ton âme, à Corinthe fidèle,
Ne s'est point abaissée à conspirer contre elle.

TIMOPHANE.

Eh bien?

TIMOLÉON.

Tu m'as trompé.

TIMOPHANE.

Cesse de m'insulter.

TIMOLÉON.

Tu m'as trompé, te dis-je, et je n'en puis douter.

Ce n'est pas tout. J'ai vu le peuple, en ce lieu même,
Lorsqu'Anticlès allait t'offrir un diadême,
T'arracher le serment de maintenir nos droits,
D'aimer l'égalité, de combattre les rois.
Tu l'as trompé.

TIMOPHANE.

C'est trop...

TIMOLÉON.

Ta mère infortunée,
Ta mère qui t'adore, à tes pieds prosternée,
Pour vaincre, pour briser ton inflexible cœur,
Fait parler son amour, sa vertu, sa douleur;
Je la vois de tes pleurs tendrement occupée;
Ta mère... malheureux! tu l'as aussi trompée.

TIMOPHANE.

A souffrir tant d'affronts me crois-tu condamné?

TIMOLÉON.

De quel droit Timophane en est-il étonné?

TIMOPHANE.

Un frère...

TIMOLÉON.

A qui je dois l'opprobre de ma vie.

TIMOPHANE.

Un citoyen...

TIMOLÉON.

Qui veut détruire la patrie.

TIMOPHANE.

Un magistrat...

ACTE III, SCÈNE V.

TIMOLÉON.

Flétri par le double attentat
De souhaiter l'empire et de trahir l'État.

TIMOPHANE.

Qui? moi!

TIMOLÉON, montrant la lettre à Timophane.

Tiens, lis.

TIMOPHANE, lisant.

« Denys... » Ciel!

TIMOLÉON.

Eh bien, Timophane?

TIMOPHANE.

Ah! remets en mes mains...

TIMOLÉON.

L'écrit qui te condamne!
Tu ne peux l'espérer.

TIMOPHANE.

Connais-tu mon pouvoir?

TIMOLÉON.

Non. Je connais les lois, le peuple et mon devoir.

TIMOPHANE, voulant sortir.

Avant la fin du jour tu sauras mieux...

TIMOLÉON.

Arrête.
Le crime est sur tes pas; ton châtiment s'apprête :
Les yeux des immortels te poursuivront partout;
Et, le glaive à la main, la vengeance est debout.

TIMOPHANE.
Je saurai, sans frayeur, rejoindre mes ancêtres.
TIMOLÉON.
Ils fuiront ton aspect, tu rejoindras les traîtres.
TIMOPHANE.
Cruel!
TIMOLÉON.
Que n'es-tu mort avec tant de héros,
Lorsque nous combattions aux campagnes d'Argos?
Corinthe sur ta tombe aurait versé des larmes;
Le peuple dans un temple eût consacré tes armes;
Sur le marbre, garant de l'immortalité,
J'aurais gravé ces mots: *Mort pour la liberté.*
Mais des traits ennemis j'essuyai la tempête;
Je conjurai le fer qui fondait sur ta tête;
Mon sang coula deux fois pour épargner le tien:
Je croyais à l'État conserver un soutien;
Hélas! j'obtins du ciel un bonheur homicide,
Et mon bras vertueux sauvait un parricide.
TIMOPHANE.
Ote-moi ton bienfait sans me le reprocher.
Tu m'as sauvé la vie, il faut me l'arracher:
Puisqu'elle t'appartient, c'est un poids qui m'accable.
TIMOLÉON.
Ah! prends encor la mienne, et ne sois point coupable.
TIMOPHANE.
Mon frère...
TIMOLÉON.
Oui, je l'étais.

ACTE III, SCÈNE V.

TIMOPHANE.

Tes sens sont attendris!
Mon frère!

TIMOLÉON.

Laisse-là ce nom que tu flétris.
Quand pour la liberté tu prodiguais ta vie,
Quand ton cœur tressaillait au nom de la patrie,
Quand tes yeux s'allumaient à ce vil nom de roi,
Tu connais l'amitié qui m'unissait à toi.
Alors, avec orgueil, je t'appelais mon frère;
Alors, dans son tombeau, tu consolais mon père.
Mais, depuis que ton cœur, par le crime infecté,
N'a pas craint de trahir la sainte égalité;
Depuis qu'un Anticlès te flatte et te couronne,
Depuis que des tyrans tu protèges le trône,
Je ne vois plus en toi qu'un lâche ambitieux :
L'ami du despotisme est un monstre à mes yeux.

TIMOPHANE.

Va; je saurai haïr un frère qui m'abhorre.

TIMOLÉON.

Où cours-tu?

TIMOPHANE.

Me venger.

TIMOLÉON.

Reviens; demeure encore.
Demeure...

TIMOPHANE.

Que veux-tu?

TIMOLÉON.

                      Remplir tout mon devoir.
Avant de te quitter... pour ne plus nous revoir,
Je te dois un conseil.

TIMOPHANE.

                 Explique ce mystère.
Un conseil! quel est-il?

TIMOLÉON.

                    Un conseil bien austère,
Que je ne puis donner sans douleur, sans effroi,
Mais le seul qui convienne au temps, aux lieux, à moi.
Écoute.

TIMOPHANE.

   Eh bien!

TIMOLÉON.

                Qu'ici le peuple se rassemble;
A l'instant, devant lui, nous paraîtrons ensemble.

TIMOPHANE.

Pourquoi?

TIMOLÉON.

         Tu parleras cet écrit à la main.

TIMOPHANE.

Qu'oses-tu proposer, et quel est ton dessein?

TIMOLÉON.

D'effacer ton forfait, de sauver ta mémoire,
De rassembler encor les débris de ta gloire.
Vois d'un regard profond la tombe et l'avenir,
Et le dernier succès que tu peux obtenir.

TIMOPHANE.

Comment?

TIMOLÉON.

Dénonce-toi, dénonce tes complices.
Tu frémis! sous tes yeux qu'ils marchent aux supplices.

TIMOPHANE.

Ah!

TIMOLÉON.

Tu n'as point frémi, tu n'as point hésité
Lorsque tu conspirais contre la liberté.

TIMOPHANE.

Mais je suis enchaîné!

TIMOLÉON.

Romps la chaîne du crime;
Secoue autour de toi l'ascendant qui t'opprime :
Que ce perfide ami, dont la séduction
Caressait ton orgueil et ton ambition,
Qui fit entrer le crime en ton âme flétrie,
(Car tu n'étais point né pour trahir la patrie;)
Que le vil Anticlès, ce prytane odieux,
Meure comme un esclave en blasphémant les dieux!

TIMOPHANE.

Anticlès! je lui dois...

TIMOLÉON.

On ne doit rien au traître.

TIMOPHANE.

Mais il est mon ami.

TIMOLÉON.

Mais le peuple est ton maître.

Je ne dis rien de toi; tu sais braver la mort.
Si des aveux sans feinte, un sincère remord,
Un entier dévoûment, mes discours, nos services,
Tes exploits, tes lauriers, tes nobles cicatrices,
Devant la république et l'inflexible loi,
Ne peuvent arrêter le fer levé sur toi;
Si ton sang doit payer ta sacrilège audace,
Que la postérité prononce au moins ta grâce :
Fais pleurer à Corinthe un si cher criminel;
Descends avec honneur au tombeau paternel;
Qu'au bien de tout l'État ton cœur te sacrifie :
Péris vainqueur du crime, et répare ta vie.

TIMOPHANE.

Écoute! il est trop vrai, ton frère a conspiré;
On m'appelait au trône, et je l'ai desiré :
Pour un ambitieux l'égalité pesante
M'accablait chaque jour de sa voix imposante :
Toutefois mon projet long-temps s'est ralenti;
Et, même en le formant, je me suis repenti.
Mais ne présume pas qu'en victime docile
J'offre à mon adversaire un triomphe facile :
Je n'abandonnerai ni mes amis ni moi,
Et je romps les liens qui m'unissaient à toi.
L'un et l'autre aujourd'hui dépouillons la contrainte :
J'abandonne un moment les remparts de Corinthe;
Je reviendrai terrible. Assemble tes soldats :
Je ne suis point Denys; ils ne me vaincront pas.
Un parti plus nombreux, plus puissant, plus fidèle,

ACTE III, SCÈNE V.

Par l'or et par le fer soutiendra ma querelle :
Et, si tes compagnons prétendent m'immoler,
De mon sceptre d'airain je veux les accabler :
Ils furent mes fléaux, ils seront ma conquête ;
C'est le glaive à la main, c'est la couronne en tête,
Qu'ils me verront bientôt reparaître en ce lieu.
Adieu, Timoléon...

TIMOLÉON, se voilant avec son manteau.

Ton heure sonne. Adieu.

SCÈNE VI.

TIMOLÉON, TIMOPHANE, ORTAGORAS ;
DÉMARISTE, un instant après.

ORTAGORAS, frappant Timophane.

Meurs, tyran.

TIMOPHANE.

Ciel !

(Il tombe auprès du tombeau de son père.)

TIMOLÉON.

Corinthe !

ORTAGORAS.

Elle est libre.

TIMOPHANE.

O mon père !
J'ai trahi mon pays...

TIMOLÉON, à Démariste qui arrive.

     Vous l'entendez, ma mère!

DÉMARISTE.

Timophane expirant!...

TIMOLÉON.

      Restez, n'avancez pas;
Il est coupable; il meurt des mains d'Ortagoras.

DÉMARISTE.

Mon fils!...

ORTAGORAS.

   Ce n'est pas lui: non, mère respectable:
Le voilà, votre fils: l'autre était un coupable;
Du peuple et de nos lois l'autre était l'assassin:
Remerciez les dieux, ils ont conduit ma main.

     (On emmène Timophane expirant.)

SCÈNE VII.

TIMOLÉON, DÉMARISTE, ORTAGORAS,
LE CHOEUR.

ORTAGORAS.

Accourez, citoyens, la trahison s'expie.
Apprenez qu'au milieu de son cortége impie,
Par mes soins, par mon ordre, Anticlès enchaîné,
Au pied du tribunal est à l'instant traîné.
Voyez le corps sanglant d'un indigne prytane:
Écoutez cet écrit: *Denys à Timophane.*

LE CHOEUR.

Quoi! Denys? Écoutons! quel mystère d'horreur!

ORTAGORAS.

Timophane n'est plus, n'ayez point de terreur.
« Il est temps que ton front porte enfin la couronne;
« Antielès est à nous; son parti t'environne :
« Prodiguez ma richesse et maintenez mes droits :
« Enchaînez d'un frein d'or tout ce peuple indocile;
« Qu'après de longs débats Corinthe et la Sicile,
  « Vivent en paix sous deux bons rois. »

LE CHOEUR.

O crime! ô trahison!

ORTAGORAS, *montrant le poignard sanglant.*

Pour frapper un perfide,
J'ai violé la loi qui défend l'homicide.
Mais les rois ne sont point protégés par la loi,
Et, magistrat de nom, Timophane était roi.
Il est mort sous mes coups. Si vous voulez ma tête,
Elle est à vous : parlez, et mon poignard s'apprête.
J'ai vécu, je mourrai comme un vrai citoyen :
La république existe, et mes jours ne sont rien.

LE CHOEUR.

Peuple libre et vengé, lève ton front auguste.
Toi, qui de Timophane as puni l'attentat,
Les lois étaient sans force, et son trépas est juste;
  Ton poignard a sauvé l'État.
Et toi, Timoléon, le destin te seconde;
Qu'à l'instant nos vaisseaux ouvrent le sein de l'onde;

Va confondre d'un roi l'avarice et l'orgueil :
Denys dans nos remparts achetait des complices ;
Ceux qui vivent encor marcheront aux supplices :
    Que Denys les suive au cercueil.

DÉMARISTE.

Tu pars, Timoléon ; Corinthe nous contemple :
Le peuple est satisfait ; je suivrai son exemple.
Hélas ! j'eus deux enfans : le coupable a vécu...
Tiens-moi lieu de tous deux à force de vertu.
Que Minerve et Neptune accompagnent tes armes ;
Que la mort de Denys vienne sécher mes larmes ;
Qu'en tous lieux par ton bras les tyrans soient punis :
Je suis ta mère encore, et j'embrasse mon fils.

TIMOLÉON, aux guerriers.

Vainqueurs du roi Denys, en quittant ce rivage,
Je jure, au nom du peuple, et par votre courage,
Que je ferai payer à ce grand criminel
Les pleurs de Démariste et le sang fraternel.
Que le poignard, vengeur de la cause commune,
Sanglant et suspendu, reste sur la tribune.
Si jamais dans ces murs il s'élevait un roi,
Que son frère indigné se souvienne de moi.
L'égalité renaît ; que nos destins s'achèvent ;
Qu'à son niveau sacré tous les fronts se relèvent ;
Que la loi règne seule, et fonde parmi nous
Le bonheur de l'État sur la grandeur de tous !

   (Timoléon monte sur les vaisseaux avec les guerriers de Corinthe.)

ACTE III, SCÈNE VII.

LE CHOEUR.

Demi-dieux de la Grèce antique,
Vous qui, de l'Hellespont abandonnant les bords,
Sur le navire prophétique,
Courûtes de Colchos enlever les trésors,
Nous n'allons point chercher sur le lointain rivage
Un métal corrupteur, le prix de l'esclavage :
Des enfans de Corinthe il blesse la fierté ;
Mais nous portons la mort à des rois homicides,
Et nos voiles tyrannicides
Vont conquérir la liberté.

FIN DE TIMOLÉON.

VARIANTES.

ACTE II, SCÈNE IV.

Au lieu de,
> Du fond du cercueil.....

il y avait, dans les éditions précédentes,
> Sous le froid cercueil.....

SCÈNE V.

A la fin de la strophe du Chœur, il y avait dans les éditions de MM. Foulon et Baudouin :
> La victoire étendant ses ailes
> Renversera les rois soumis.

ACTE III, SCÈNE III.
Page 395, vers 18 et 19.

On trouve dans toutes les éditions séparées de la pièce, ainsi que dans le théâtre in-8° et in-18, outre ces deux vers, deux autres auxquels Chénier les avait substitués. En les maintenant avec ceux que l'auteur avait corrigés, on faisait un double emploi et une erreur d'autant plus grossière que ces quatre vers forment quatre rimes masculines sans interruption.

Voici les deux vers que nous avons supprimés :
> Ramenant par degrés votre cœur combattu,
> Je fléchirai ma mère à force de vertu.

TABLE

DES PIÈCES CONTENUES DANS LE SECOND VOLUME.

HENRI VIII, tragédie en cinq actes..........Page 1
    VARIANTES............................... 73
CALAS. — LETTRE de M. Palissot................ 77
    CALAS, drame en cinq actes.................... 85
CAIUS GRACCHUS, tragédie en trois actes........ 167
LE CAMP DE GRAND-PRÉ, divertissement lyrique.. 221
    NOTE...................................... 244
FÉNÉLON. — ÉPITRE au citoyen Daunou............ 247
    FÉNÉLON, tragédie en cinq actes................ 271
    VARIANTE................................. 346
TIMOLÉON, tragédie en trois actes................ 347
    VARIANTES............................... 418

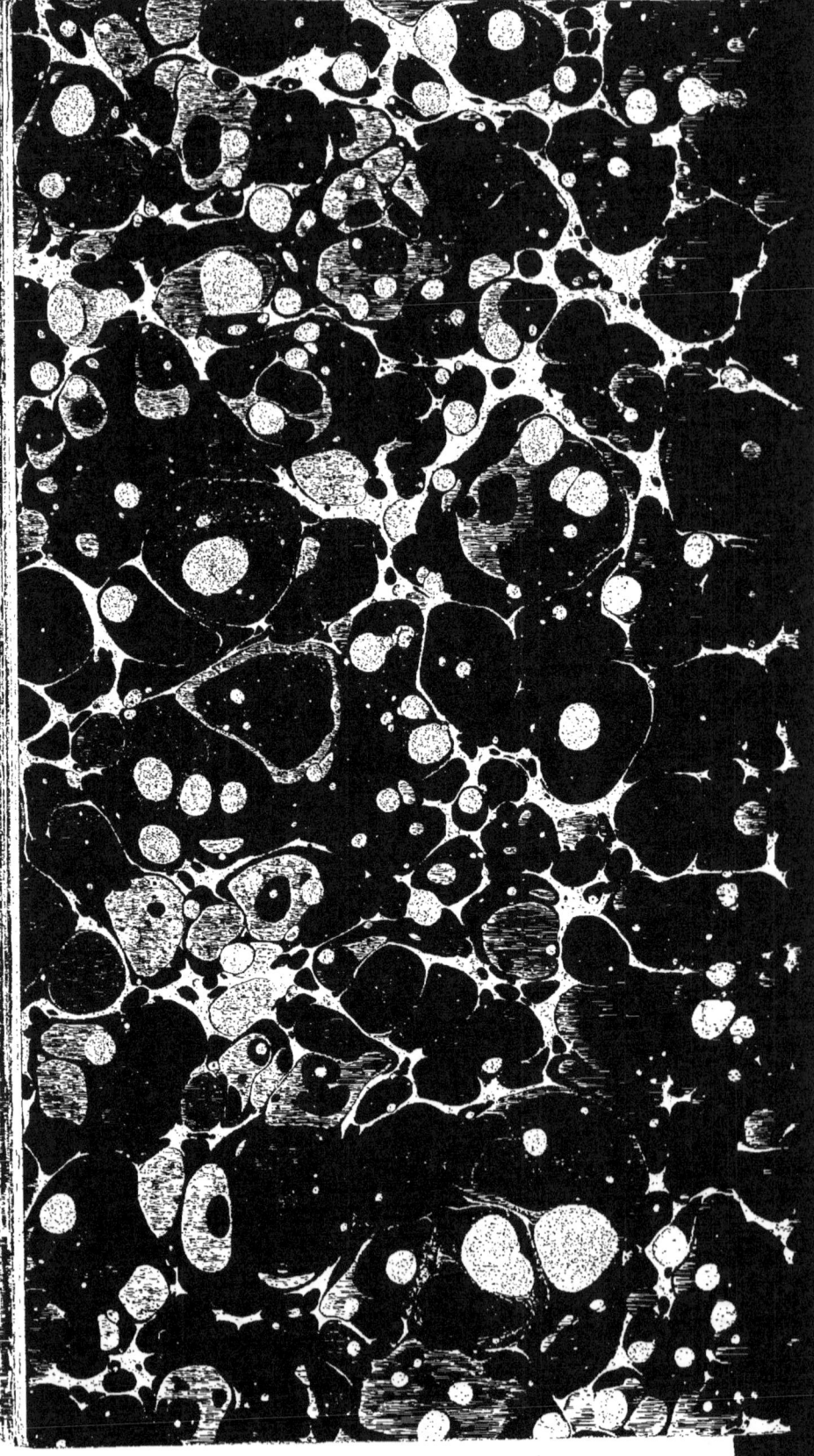

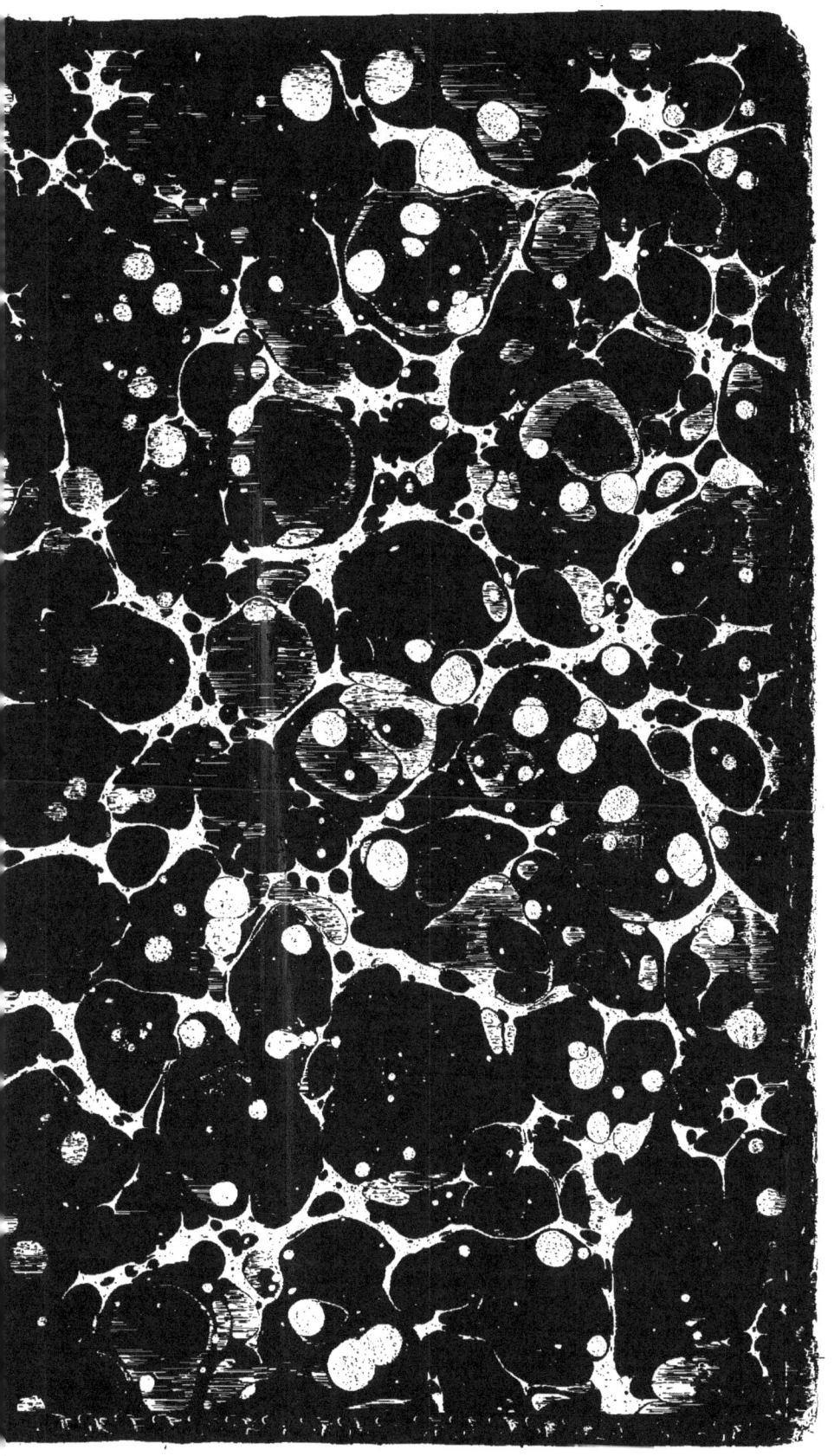

www.ingramcontent.com/pod-product-compliance
Lightning Source LLC
Chambersburg PA
CBHW070609230426
43670CB00010B/1457